AF177223

Anna Sanner

Wie man in Japan ~~Lehrerin~~ Ninja wird

Eine wahre Geschichte

REISEDEPESCHEN

Reisedepeschen
Außergewöhnliche Reisebücher seit 2018

Originalausgabe
1. Auflage, Oktober 2022, Berlin

Reisedepeschen ist ein klimaneutraler Verlag:
climatepartner.com/15175-2010-1001

ISBN 978-3-96348-022-3

Gestaltung, Herstellung sowie die Karte lagen in den Händen von Johannes Klaus.
Das Autorinnenfoto auf Seite 352 wurde von Evelyn Meinecke (ivyfotografiert.de)
aufgenommen. Das Lektorat übernahm Christoph Karrasch. Druck und Bindung
nahm PNB Print vor. Gedruckt wurde auf Munken Pure und Munken Print Cream,
zertifiziert mit dem EU Ecolabel, FSC und Cradle to Cradle bronze. Dieses Buch
wurde klimaneutral produziert.

Die Deutsche Nationalbibliothek verzeichnet diese Publikation in der Deutschen
Nationalbibliografie; detaillierte bibliografische Daten sind im Internet über
http://dnb.dnb.de abrufbar.

様々の
事思い出す
桜かな

samazama no
koto omoidasu
sakura kana

Viele, so viele
Erinnerungen kommen
mit den Kirschblüten …

verfasst von Basho
in Iga 1688

übersetzt von Anna
in Hannover 2022

Kyoto •
Osaka • • Iga

Tokyo •

JAPAN

0   250   500
Kilometer

Wie man japanische Wörter ausspricht und andere Erstaunlichkeiten, die sich im weiteren Verlauf dieses Berichts möglicherweise als aufschlussreich herausstellen werden:

Die wichtigsten Ausspracheregeln

j	wie in *Jazz*
z	wie in *Jazz*
s	wie in *Reis*
w	wie in *Wild Wild West*
f	nicht zwischen den oberen Schneidezähnen und Lippen, sondern nur zwischen den Lippen durchpusten
t	nach dem *t* kein *h* sprechen, man denke an ein hartes *d*
r	wie der erste zarte Anfang vom Zungen-*r*; wer das *r* im Japanischen richtig rollt, klingt wie ein Mafia-Grobian
n	– wie in *Mandel*
	– vor *m*, *b* und *p* wie das *m* in *Hamburg*
	– vor *g* und *k* und gelegentlich am Wortende wie in *Hang*
ch	wie in *Cheesecake*
sh	wie in *Shiitakepilz*
ai	wie in *Mai*; es heißt nicht *Hokka-ih-do*
ei	wie *Ey!*
ō	wie in *Tokyo*
ū	wie in *Mut*
u	– wie in *Umleitung*
	– am Wortende bei *-desu* und *-masu* gar nicht oder wie *ü*
	– am Wortende nach *s* bei anderen Wörtern wie *-dasu* oder *-arawasu* wie *ü*
ha	wenn *ha* alleine zwischen anderen Wörtern steht, wird es meistens *wa* ausgesprochen, das *w* wie in *Wild Wild West*, auch am Ende von *Konnichiha* und *Konbanha* (Guten Tag und Guten Abend)
shita	bei den Wortendungen *-deshita* und *-mashita* wird das *i* nicht ausgesprochen, also *deschda* und *maschda*

ō und ū Die lang ausgesprochenen Buchstaben *ō* und *ū* habe ich in diesem Buch nur benutzt, wo ich japanische Begriffe und Aussprüche einführe, nicht jedoch für Personen-, Orts- und andere Eigennamen oder japanische Wörter wie *Dojo*, dem Trainingsraum für Kampfkunst, die bereits ohne sie in den deutschen Sprachgebrauch eingegangen sind.

Englische Begriffe Bezeichnungen wie *Salary Man* und *Career Woman* sind in ihrer englischen Form eins zu eins ins Japanische übernommen worden. Um das widerzuspiegeln, verwende ich auch im Deutschen die englischen Begriffe.

Japanische Respektsprache und Hierarchie Im Japanischen gibt es eine spezielle Respektsprache, genannt *Keigo*, die dazu dient, sich innerhalb des Gesellschaftssystems höflich und angemessen ausdrücken zu können. Wie vieles in Japan basiert sie auf dem Hierarchieprinzip. Je nach Position kann man sich damit besonders demütig ausdrücken, beispielsweise einem Lehrer oder Abteilungsleiter gegenüber, oder besonders förmlich, beispielsweise dem unbekannten Mitarbeiter einer anderen Firma gegenüber, den man mit einer Bitte anschreibt. Gleichzeitig wird von Höhergestellten nicht erwartet, die Respektsprache bei Niedrigergestellten anzuwenden. Sie dürfen sich zuweilen auch etwas grob ausdrücken.
Während wir im Deutschen nur zwischen »Sie« und »Du« unterscheiden, sind die Abstufungen in der japanischen Hierarchie vielfältiger und komplexer. Wie ich meine Mitmenschen auf den folgenden Seiten anspreche, mag daher vom deutschen Verständnis her manchmal befremdlich wirken, aber ich möchte damit wiedergeben, wie ich mich innerhalb des japanischen Hierarchiesystems den jeweiligen Personen gegenüber wahrgenommen habe.

登場

Tōjō

[auftauchen]

Ein Ninja taucht wie das
Schicksal immer dort
auf, wo er eine Mission
zu erfüllen hat.

Aufbruch mit Vorzeichen

»Ich bin jetzt an der Tankstelle«, sagte Hiro am Telefon. Jesse und ich saßen an einem der Picknicktische, die vor meinem Apartmenthaus in Sone standen, einem von vielen hässlichen Stadtteilen Nordwest-Osakas. Die Sonne strahlte grell auf das Betonpanorama, das sich zwischen dem Baseballfeld hinterm Haus und dem Highway 176 um uns herum ausbreitete. Die verworrenen Kabel der Hochleitungen erinnerten an Gedärme, die aus der Bauchhöhle eines verwundeten Riesen hervorquollen, und warfen bizarre Schatten.

Normalerweise frühstückte ich nicht draußen, aber heute waren wir auf dem Sprung. Sobald Hiro an der wenige Meter von meiner Wohnung entfernten Tankstelle ankam, sollten wir schnellstmöglich dort hinkommen. Wir hatten etwas Wichtiges vor und wollten keine Zeit verlieren.

Jesse hatte zum Frühstück ein Golden-Week-Special von dem Kombini mitgebracht, an dem er auf dem Weg aus Ishibashi vorbeigekommen war. Es gab Bällchen aus gebratenem Reis, in die jeweils ein halbes hartgekochtes Ei so eingearbeitet

コンビニ

Kombini sind kleine Läden, die durchgehend geöffnet haben und so ziemlich alles verkaufen, was man im täglichen Leben braucht: Gummibonbons mit Muskateller-Geschmack, Chips mit Bratnudel-Geschmack, Kondome mit oder ohne Geschmack, Mangas, Eis, Zigaretten, Kaugummi, T-Shirts, Handtücher, Sonnencreme, bambusförmige Schokoladenkekse, warme chinesische Fleischbrötchen, getrocknete Tintenfischtentakel, Bier, Gesundheitsgetränke für schöne Haut, gegen Kater oder Erkältung, in eleganten Plastikschachteln kunstvoll arrangierte, vollständige Mahlzeiten namens Bentô sowie Reisbällchen aller Art und vieles andere mehr. Bekannte Kombini-Ketten in Japan sind zum Beispiel: Family Mart, Sunkus, Circle-K, 7-11 und Lawson. Kombini ist kurz für »Convenience Store«. Das kommt so zustande: In der alphabetischen Transkription des Japanischen in römische Buchstaben wird für den Laut, mit dem Kombini anfängt, grundsätzlich ein k und kein c verwendet. Das n wird im Japanischen in manchen Zusammenhängen zum m. Unser v oder w existiert im Japanischen nicht und wird durch ein b ersetzt. Alle Konsonanten-Cluster (nur n gilt als eigene Silbe) werden im Japanischen zu Silben, was die Wörter so lang macht, dass sie oft abgekürzt und für uns unerkennbar werden. So ist zum Beispiel »Sexual harassment« zu sekuhara geworden, McDonald's in Osaka und Umgebung zu Makudo, in Tokyo und Umgebung zu Makku, und Convenience Store in ganz Japan zu Kombini.

war, dass es einen aus dem klebrig-bräunlichen Reisball anstarrte wie das Auge eines Zyklopen. Die Zyklopenaugen schmeckten köstlich.

»Meinst du, es ist die richtige Tankstelle?«, fragte Hiro am Telefon. Ich kaute genüsslich einen Bissen Reis zu Ende.

»Hm«, sagte ich. »Irgendwelche Orientierungshilfen?«

»Da ist eine alte Frau, die kleine Bäumchen beschneidet.«

»Oh«, sagte ich. Ich konnte mich nicht daran erinnern, jemals in der Nähe meiner Wohnung Bäume gesehen zu haben, geschweige denn eine alte Frau, die sie beschnitt.

»Wir gehen los«, sagte ich. »Bleib, wo du bist.«

Jesse und ich nahmen unsere Zyklopenaugen in die Hand und aßen im Gehen weiter, auch wenn man das in Japan eigentlich nicht machte. Wir waren schließlich Gaijin und nutzten in solchen Fällen schamlos unsere daraus resultierende Narrenfreiheit. Die meisten Japaner gingen sowieso davon aus, dass wir es nicht besser wussten.

Wir liefen am Highway 176 entlang auf die Tankstelle zu – und tatsächlich: Direkt daneben standen auf einem winzigen Streifen Erde ein paar winzige Bäumchen. Eine alte Frau, gegen die Sonne von oben bis unten weiß eingehüllt, auf dem Kopf einen überdimensionierten, getönten Mützenschirm, machte sich

Gaijin ist das japanische Wort für »Ausländer« oder »Nicht-Japaner«. Es wird mit den Schriftzeichen 外 außen und 人 Mensch geschrieben und ist wegen der daraus resultierenden Außenseiter-Assoziation in seiner politischen Korrektheit umstritten. Es gibt auch das Wort 外国人 Gaikokujin, was mit den Schriftzeichen für »außen«, »Land« und »Mensch« geschrieben wird. Durch das »Land« in der Mitte wird in dieser Version der reine Außenseiter-Aspekt gemildert, aber in der Praxis hört man diese Variante eher selten. Nach meiner Erfahrung ist das Wort Gaijin meist nicht böse gemeint – außer jemand verallgemeinert Eigenschaften wie laut, unkultiviert oder unzuverlässig sein als typisches Gaijin-Verhalten, was hin und wieder vorkommt. Die meisten Japaner meinen mit einem Gaijin jedoch einfach einen Nicht-Japaner. Manchmal fügen sie sogar ein höfliches -san hinzu und sagen Gaijin-san, also etwa »Herr Ausländer« oder »Frau Ausländerin«, wenn sie einen erfreut in einem unerwarteten Kontext sehen, zum Beispiel wenn man ihnen in einem japanischen Museumsdorf im Ninja-Kostüm Eintrittskarten für eine Ninja-Show verkauft. Dann sind sie einem eindeutig freundlich gesinnt.

liebevoll mit einer Gartenschere an den Zweiglein zu schaffen. Wenige Meter weiter lehnte Hiro an einem frisch vollgetankten, weißen *Toyota Vitz*, den er in Kobe für unseren Ausflug gemietet hatte.

Wir gingen zu ihm hinüber, und ich tippte ihm hintenrum auf die Schulter. Der alte Trick funktionierte: Er drehte den Kopf in die falsche Richtung.

»Das ist Hiro«, sagte ich amüsiert zu Jesse. Nun entdeckte Hiro uns und erkannte, wer ihn angetippt hatte.

»Ah, Anna«, sagte er trocken. Nur weil ich ihn kannte, vernahm ich darin ein dezentes Lächeln.

»Gute Ortsbeschreibung«, begrüßte ich ihn und sah zu der alten Frau hinüber. »Schön, dass du hier bist. Und danke für den Wagen.« Er winkte bescheiden ab. Ich wandte mich Jesse zu.

»Hiro und ich haben in Bath zusammen unseren Master in Dolmetschen und Übersetzen gemacht«, setzte ich meine Vorstellung fort. »Er arbeitet jetzt bei *Noritz*, einer deutschen Boilerfirma in Kobe. Er ist Sprach- und Literaturfreak, genau wie ich.« Dann drehte ich mich zu Hiro: »Und das ist Jesse aus Kanada. Er wohnt in Ishibashi. Wir trainieren in Toyonaka zusammen Aikido. Wie schon angedeutet, ist er Kampfkunstfreak, genau wie ich. Nebenbei unterrichtet er auch noch ein bisschen Englisch.«

Die beiden schüttelten sich die Hand und verbeugten sich, eine verbreitete Kombination östlicher und westlicher Begrüßungsrituale. Jesse mit blondem Pferdeschwanz, groß, breitschultrig und tätowiert, Hiro winzig, mit dünner werdendem, schwarzem Haar. David und Goliath schütteln sich die Hände und verbeugen sich voreinander, dachte ich. Wenn das kein gutes Vorzeichen ist! Dann sprangen wir ins Auto und sausten westwärts den Highway hinunter Richtung Iga.

A New Dawn

*»It's a new dawn, it's a new day, it's a new life.
And I'm feeling good ...«*

Nina Simones Stimme schwebte aus dem Autoradio wie eine Samttrompete, gefolgt von einem souveränen Bass, der sanft aber bestimmt die Qualität des Gefühls in die Nackenmuskulatur hineinklopfte und alle Verspannungen löste. *Katakori* – Knoten in den Schultern – war eine japanische Volkskrankheit, unter der auch ich litt, seit ich in Japan lebte.

Hiro fuhr entspannt, aber zielstrebig Richtung Iga, einer ländlichen Stadt in der Präfektur Mie, zwei Stunden westlich von Osaka, wo ein altes Ninja-Geschlecht während der *Sengoku*-Zeit zwischen 1477 und 1573 seine Spuren hinterlassen hatte. Heute war das daraus entstandene Ninja-Dorf ein beliebtes Ausflugsziel für Touristen von nah und fern.

Es war Hiros Idee gewesen, nach Iga zu fahren. Er wusste, dass mich die Welt der Kampfkunst begeisterte, und da er aus Nara kam, kannte er sich in Westjapan bestens aus. Als ich Jesse davon erzählt hatte, war klar, dass er mit von der Partie sein würde. Er hatte es sich auf der Rückbank gemütlich gemacht und pfiff fröhlich mit.

Berge, bedeckt mit grünen Nadelbäumen, zogen an uns vorbei und Flüsse, die sich – vollkommen frei! – ihren Weg durch natürliche Felsformationen bahnten. Das war undenkbar in Osaka, der Betonmetropole mit 2,6 Millionen Einwohnern, aus der wir kamen, wo nur selten Bäume standen, wo Parks aus Sand und Flussbetten gepflastert waren. Eine herrliche Urlaubsstimmung stellte sich ein. Unser *Vitz* erstrahlte plötzlich in einer Aura von Heiterkeit und schwebte mühelos ein wenig schneller dahin.

»Freedom is mine«,
donnerte Nina Simone,
»you know what I mean.«

Und ob! Seit ich in Japan lebte, waren meine Arbeitszeiten unmenschlich geworden, und das bei vergleichsweise geringem Gehalt. Jesse, der aus Kanada kam und – wenn überhaupt – freiberuflich arbeitete, hatte meiner Arbeitsstelle den wenig schmeichelhaften Namen »Salzbergwerk« gegeben – als Sinnbild für besonders harte Arbeit. Natürlich war es eine *White-Collar*-Version. Trotzdem. Täglich von 13 bis 22 Uhr und samstags von 10 bis 20 Uhr saß ich im siebten Stock eines Bürogebäudes hoch über Juso, einem Verkehrsknotenpunkt, der gleichzeitig ein kleines Rotlichtviertel beherbergte. Eine Ansammlung winziger Gässchen, die sich, von einer riesigen Hauptkreuzung ausgehend, unübersichtlich verästelten wie ein Netz verstopfter Kapillargefäße um eine Hauptader herum. Billige Nudelbars, *Mister Donuts*, chemische Reinigungen, Kombini und traditionelle japanische Stripclubs, in denen – meist ältere – Frauen endlose, zusammengeknotete Seile aus ihrem Schoß hervorholten wie Zauberinnen – oder ganze Gurken darin versenkten. In Juso trafen Englischschüler und Geschäftsleute auf Stripper, Gangster und andere Schattenexistenzen, die von der glatt polierten Oberfläche der Gesellschaft abgerutscht waren.

Offiziell arbeitete ich als Englischlehrerin an der Sprachschule *GEOS*. In Wirklichkeit aber verbrachte ich die meiste Zeit – einschließlich zahlreicher, unbezahlter Überstunden – damit, einem diktatorischen, bürokratischen Regime zu folgen und mich von einer schweinsschnäuzigen Managerin herumkommandieren zu lassen, die das Wort »Effizienz« nicht kannte. Obwohl sie ein Jahr jünger war als ich, sah sie zehn Jahre älter aus und hatte es offensichtlich aufgegeben, eine richtige Frau zu sein.

Japanische Frauen haben normalerweise ein einziges Ziel: Sie wollen heiraten. Viele von ihnen besuchen gute Universitäten, nur um dann bei einer *guten* Firma angestellt zu werden und einen guten Ehemann kennenzulernen. Die Tendenz in Japan – nicht nur bei Frauen – ist, Anpassung über Selbstverwirklichung zu stellen. Wie ein altes japanisches Sprichwort sagt: »*Deru kugi ha utareru.*« – Der herausragende Nagel wird niedergehämmert. Die einzige Alternative für eine Frau ist es, ein *Career Woman* zu werden. Das war natürlich ein hartes Los. Nicht nur für »Manager« – wie in Japan üblich, sprachen wir unsere Vorgesetzte mit ihrem Titel an. Tag für Tag jagte sie mich durch ein kafkaeskes Labyrinth sinnloser Aufgaben. Wir saßen stundenlang zusammen und füllten Millionen kleiner Taschentuchpackungen mit *GEOS*-Werbung.

In Japan ist es üblich, kleine quadratische Taschentuchpakete, die dann ähnlich wie eine Taschentuchbox durch praktisches Aufreißen entlang einer perforierten Mittellinie geöffnet werden können, auf der Straße zu verteilen, um Werbung zu machen. Besonders an den Eingängen und Ausgängen von Bahnstationen und Kaufhäusern wird man regelmäßig mit Taschentuchwerbung versorgt, so wie bei uns Flyer verteilt werden – nur dass in einer Geschenkkultur wie Japan nicht nur »Gast ist König« gilt, sondern auch »Kunde ist Gott«. Die Taschentücher symbolisieren eine erste Geste diesen höheren Wesen gegenüber, die zeigt, dass man sich um ihre Gunst bemüht. Die darin eingeflossenen Bemühungen, ja, schweißtreibenden Anstrengungen, sind in Japan das Wichtigste. Reale Wirkkraft ist sekundär. An einem Verkehrsknotenpunkt wie Juso, wo jede Ramen-Bar und jede Kneipe mit Taschentuchpackungen warb, wurden die Leute förmlich mit Taschentüchern bombardiert. Aber solange ich bei *GEOS* tätig war, hat nie jemand »Taschentücher« auf die Frage geantwortet, wie er von unserer Schule gehört hatte. Angekreuzt wurden »Internet« oder »Freunde«.

Mittlerweile konnte ich die bedeutungslose Aufgabe des Eintütens von Taschentuchwerbung durch viel Übung und hart erarbeiteten Stoizismus mit großer Geschwindigkeit erledigen, während Manager fünf Minuten pro Packung brauchte und mir dabei unablässig ihre reichhaltige Erlebnis- und Gedankenwelt offenbarte: wo man am günstigsten Sojamilch mit Bananengeschmack bekam, ob es wichtiger war, teures Shampoo oder teure Haarspülung zu benutzen – Shampoo! –, wie man viel Alkohol trinken konnte ohne zuzunehmen – das klappte offensichtlich nicht – und wo man in ihrer Nähe die besten Takoyaki essen konnte – kein Wunder!

Heute jedoch musste ich keine Taschentuchwerbung eintüten. Es war Golden Week, abgesehen von einer kurzen Neujahrspause der einzige Abschnitt des Jahres, den alle Japaner frei bekamen, um scharenweise Vergnügungsstätten aufzusuchen wie *Tokyo Disneyland*, *Universal Studios Japan* in Osaka oder eben das Ninja-Dorf in Iga. Heute stand ich nicht unter Managers Fuchtel. Ich war vorübergehend auf eine Position befördert worden, von der aus ich mein eigenes Leben managen durfte. Meine eigene Zeit.

タ
コ
焼
き

Takoyaki heißt wörtlich: Oktopus-Bratlinge. Es sind kleine, runde Teigbällchen, gefüllt mit Oktopustentakel-Stückchen. Sie sind als Osaka-Spezialität bekannt und überall in Japan als Streetfood beliebt. Die Verkäufer in den Buden haben große, heiße Bleche mit halbrunden Einkerbungen vor sich, in denen sie unaufhörlich die kleinen Teigbällchen wenden. Zum Schluss werden diese meist in Gruppen von sechs bis zwölf Stück auf längliche Styroporboote verfrachtet, zickzackförmig mit süßlicher Sojasoße und Mayonnaise übergossen und mit getrockneten Seetangstreuseln und Bonito-Fischflocken bestreut, die bei der Berührung mit den heißen Bällchen wie lebendige Motten flattern. Man hievt sie dann mit einem Zahnstocher in den Mund und pustet während des Essens laut und hastig, um die extreme Hitze etwas abzuschwächen, die aus ihrem Oktopusherz hervordampft. Aber das gehört dazu – vor dem Essen abkühlen lassen gilt nicht!

Es war der erste Mai. Die Sonne hatte in schwungvollen, kalligraphischen Strahlen »Golden Week« auf die Berge und Straßen gepinselt. Nina Simone sang, Jesse pfiff und der kleine weiße Toyota rollte in raschem Tempo Richtung Iga, der legendären Stadt der Schattenkrieger.

Ninja-Haus

Der Parkplatz war klein. Dahinter ragten große Bäume empor. »Hm«, stellte Jesse fest. »Nicht gerade typisch für eine Touristenattraktion. Das hier ist eher, als wäre man auf dem Weg zur Kirche.« Ich stellte mir den kleinen Jesse hinten im Auto seiner Eltern vor, wie er durch die endlosen Weizenfelder Albertas zu einer ländlichen Kirche fuhr, in Sonntagskleidung und mit ordentlich gescheiteltem Haar.

Inzwischen war das *Dojo*, der Ort, an dem wir Kampfkunst trainierten, seine Kirche geworden. Daher verband uns sozusagen ein Band frommer Freundschaft, denn mir ging es ähnlich. Die Philosophie, die unser Meister, Zen-Priester und Aikido-Lehrer Shimamoto Shihan, lebte und predigte – wenn er auch stets bescheiden darauf hinwies, dass er nicht da war, um uns seinen Weg aufzudrängen, sondern um mit uns zusammen den richtigen Weg zu suchen –, half mir nach vielen Sackgassen endlich damit weiter, meine Beziehung zu anderen, zu mir selbst und zur Umwelt für alle Beteiligten möglichst friedlich und glücklich zu gestalten. Jesse kam eher von der praktischen Seite, aber auch er war überzeugt von Shihans Lehren. Was Shihan machte und sagte, hatte Hand und Fuß. Es gab keinen Unterschied zwischen beidem. Somit war er für Praktiker und Philosophen gleichermaßen überzeugend.

»Für uns ist es wahrscheinlich wirklich so, als würden wir in die Kirche gehen«, stimmte ich zu.

»Wenn man den Weg der Kampfkunst für sich gewählt hat«, begann Hiro meinen Gedanken weiterzuspinnen, »sollte man die Ninjas jedenfalls wie Götter verehren. Los, gehen wir!« Er deutete in Richtung eines breiten Weges, der zwischen den Bäumen aufwärts führte, und ging voraus, während er weitersprach. »Zumindest sollte man sie als Linie kämpferischer Vorfahren begreifen, die diesen Weg wahrhaftig gelebt und geatmet haben.«

Während meine Beziehung zu Jesse sich eher auf einer physischen Ebene abspielte und sich in sportlichem Wettbewerb, Ansporn zu noch größerer Selbstdisziplin und gegenseitigem Herumwerfen äußerte, hatten Hiro und ich uns hauptsächlich aufgrund unserer – gelegentlich abgehobenen – intellektuellen Diskussionen schätzen gelernt. Wir interessierten uns für die gleichen Themen – Sprache, Philosophie, Musik und Literatur – und liebten es, uns in langen Gesprächen dialektisch darüber auszutauschen. Wir motivierten und inspirierten einander zu neuen Gedanken und waren immer bereit, auf jeden abstrakten Planeten mitzufliegen, den das Gehirn des anderen gerade ansteuerte. Schon an der Uni hatten unsere Kommilitonen oft verständnislos die Köpfe geschüttelt, wenn wir in einer Lerngruppe wieder einmal etymologische Diskussionen führten oder auf einer Party heißgesichtig und rotbackig über Schopenhauers Stachelschwein-Parabel und das Prinzip hinter Ryuichi Sakamotos Musik debattierten, während die anderen auf den Tischen tanzten und die Zunge in der Mundhöhle ihres jeweiligen Gegenübers erforschten.

»Stimmt«, bestätigte ich Hiros Aussage. »Als Kampfkünstler sollten wir den Ninjas besondere Ehrerbietung entgegenbringen.«

Eine Ninja-Familie in voller Montur schlenderte uns entgegen: ein schwarzer und ein roter Erwachsener, zwei blaue Kinder und ein roter Hund. Man sah keine Gesichter. Hiro bemerkte meinen erstaunten Blick in ihre Richtung und sagte gelangweilt: »Kostümverleih.« Seiner Ansicht nach war das offenbar nicht ansatzweise interessant genug, um unser Gespräch zu unterbrechen.

»Die Ninjas«, nahm ich den Faden wieder auf, »eigneten sich alles an, was nützlich war. Heute ist die Welt der Kampfkunst ja so organisiert, dass sich die verschiedenen Disziplinen nur einzelnen Aspekten von dem zuwenden, was in einem Kampf nützlich sein könnte. Die Ninjas hingegen konnten alles.«

»So so so so!«, sagte Hiro mit scharfem s – ein japanischer Ausruf inbrünstiger Zustimmung, der zu tief in seine Sprachgewohnheiten eingemeißelt war, um jemals durch ein schwach klingendes, englisches »Exactly!« ersetzt zu werden.

»Und was sie noch stärker machte«, fuhr er fort, »war, dass sie sich nicht wie die Samurai einem strikten Ehrenkodex unterwerfen mussten. Wenn man Sun Tzu oder Liddell Hart liest, begreift man, dass die wichtigste Fähigkeit eines Kriegers eigentlich die ist, den Feind möglichst gekonnt zu überraschen.«

Eine derart endgültige Aussage in den Raum zu stellen und ungeniert ein Ausrufezeichen dahinter zu setzen, war eine von Hiros Lieblingstaktiken. Das Ergebnis war entweder, dass ich ihn durch ein »Warum?« dazu einlud, seinen Gedanken weiter auszuführen, oder ihm sofort mit Gegenargumenten widersprach, wodurch eine gute Diskussion ins Rollen kam.

Diesmal wurden wir jedoch unterbrochen. Jesse überfiel uns von hinten und hielt uns, in einem ordentlichen Fächer ausgebreitet, drei Karten für das *Iga-Ninja-Museum* unter die Nase. »*Arree?!*« Hiros verdutzter Ausruf der Überraschung kam auch diesmal wieder von einem Ort, der so tief in ihm lag, dass die englische Sprache nie bis dorthin vordringen würde. Seine Augen wurden kurzzeitig schmaler, und er nahm seine Karte etwas zögerlich entgegen. Es kam ihm verdächtig vor, wie Jesse so unvermittelt und ohne Schlangestehen an Tickets gelangt war – und das war durchaus nicht ganz unberechtigt. Jesse gehörte tatsächlich zu der Sorte Gaijin, die von den Japanern gefürchtet wurden, weil sie den ausgefeilten Gesellschaftsregeln nicht den unbedingten Gehorsam zollten, der allein es möglich machte, dass das tägliche Leben in Japan so geschmiert lief, wie man es gewohnt war.

»Vielen Dank, sehr aufmerksam von dir«, lachte ich Jesse kopfschüttelnd an und fragte nicht weiter nach.

Wir gingen den breiten Weg hinauf, gesäumt von riesigen, alten Bäumen. Durch ihre hohen Wipfel schlich leise der Wind, und die durch die Baumkronen gefilterte Maisonne tanzte in flimmernden Pünktchenschwärmen um uns herum, als wollte sie uns schleichend einsaugen in eine andere Welt. Der Übergang war fließend, nicht so einfach wie durch den Wandschrank, nicht so dramatisch wie durch den Kaninchenbau. Vielleicht lag es daran, dass ich in der Betonwüste Osaka lebte und die Nähe großer Pflanzen nicht mehr gewohnt war, aber zwischen den gigantischen Bäumen war mir, als beschritten wir durch einen magischen Tunnel die geheimnisvolle Schattenwelt der Iga-Ninjas.

Schließlich öffnete sich der Weg. Die Bäume zogen sich zurück und umringten uns nun weniger auffällig in einer sich ausbreitenden Trichterformation. Wir kamen auf einen kleinen Platz, auf dem altmodische Fressbuden Takoyaki und geschabtes Eis mit Sirup verkauften. Der Duft von gebackenem Teig, Seetangstreuseln und Fischflocken eroberte im Vorbeigehen zwei Atemzüge. Ein Blick auf meine Schuhe überraschte mich. Sie kamen mir fremd vor. Ihr schwarzer Stoff war von einer hellen Staubschicht überdeckt. Der Weg war aus Erde.

Links von uns versteckte sich hinter den Bäumen die *Weiße Phönixburg von Ueno.* Rechts kamen wir an einem glaskastenförmigen Souvenirshop und einem Toilettenhäuschen vorbei, schließlich lagen vor uns Ticketbude und Eingang. Es gab weder Schranken noch Tore, nur hüfthohe Holzschilder, die das *Iga-Ninja-Museum* ankündigten, und einen hochgewachsenen, dunkelblau gekleideten Ninja, der den höflich wartenden Besuchern einem nach dem anderen die Eintrittskarten anriss und strahlend nickend wieder zurückgab. Schon wieder ein fließender Übergang, dachte ich. Das Fließen machte Spaß.

Als wir am Kassenhäuschen vorbeiflossen, kurz vor dem Eintrittskarten-Ninja, winkte uns die ältere Dame hinterm Schalter aufgebracht mit einem kleinen Papierstapel entgegen. Mit dieser Geste waren eindeutig Jesse und ich gemeint. Es sah aus, als wollte sie uns mit ihren Wedelbewegungen vertreiben. Aber sie lächelte doch so freundlich?! Verwirrt sahen wir die Leute in der Schlange an, die nun uns ansahen, dann richteten wir unseren Blick hilfesuchend auf Hiro.

»Ich glaube, sie will euch was geben«, sagte er.

Jesse und ich gingen auf sie zu, bis sie es schaffte, uns mit ihrem ausgestreckten Arm den Papierstapel zu überreichen. Wir standen da wie Bruder und Schwester, die von ihrer Oma Taschengeld in die Hand gedrückt bekamen. Nur dass es sich in diesem Fall nicht um Taschengeld handelte, sondern um englische Broschüren über das *Iga-Ninja-Dorf.* Wir bedankten uns nickend bei der fürsorglichen Oma und flossen weiter.

Noch lange nach diesem Vorfall verwirrte mich diese japanische Geste immer wieder, weil sie meinem Gefühl nach genau das Gegenteil von dem meinte, was sie ausdrückte. Die Leute führten mit flacher Hand eine Wedelbewegung aus, die eindeutig Wellen von ihrem Körper wegschickte. Ich fühlte mich weggewedelt. Stattdessen wurde mir bedeutet näherzutreten. Irgendwann wusste ich es und begann selbst, meine japanischen Schüler bei der Arbeit handwedelnd zu mir zu rufen. Aber ich brauchte eine Weile, um meine Intuition umzupolen.

Der Eintrittskarten-Ninja zählte vor uns die erste Gruppe von Wartenden ab – wie Kinder, die einen Kindergartenausflug machten und mit einem Tatscher auf den Kopf gezählt werden mussten, bevor sie das Tor verließen. Dann durften sie geschlossen zur nächsten Führung durch die erste Attraktion antreten: das Ninja-Haus.

Wir warteten im nächsten Teil der Schlange und ließen unsere Blicke gemächlich umherschweifen, von Gesicht zu Gesicht, an sonnigen Flecken entlang, die über gefallene Blätter hinwegtanzten, und in die verschiedenen Muster der Schuhabdrücke im sandigen Boden hinein. Die helle Maisonne brutzelte nun ungehindert auf unsere Köpfe und trug bereits die ersten Anzeichen schwüler, japanischer Sommerhitze in sich. Mein Blick blieb an einem Tropfen Langsamkeit hängen, der an dem geröteten Gesicht eines kleinen Ninja-Jungen herunterlief und in seinen Mundschutz sickerte. Viele Familien machten ihren Ninja-Ausflug durch Kostüme zum Ganzkörperrundumpaket. Wer wollte sich nicht einmal in einen mittelalterlichen Helden verwandeln, dem übermenschliche Fähigkeiten und sogar Zauberkräfte nachgesagt wurden, der als klug und frei galt und sich keinem Moral- oder Verhaltenskodex zu unterwerfen hatte? In eine solche Rolle zu schlüpfen, war nicht nur für Kinder attraktiv – die Japaner verlangten von sich und anderen schließlich täglich eine große Anpassungsleistung an ein komplexes Gesellschaftssystem.

Meine Augen waren immer noch dabei, sich richtig zu öffnen im Angesicht dieser Freizeitwelt, in die wir weiter und weiter hineinflossen. In der Gefangenschaft meines Alltagsjobs waren mir Scheuklappen an den Schläfen gewachsen, die meine Sicht immer auf die jeweilige Pflicht beschränkten, die gerade erfüllt werden musste, und meine Gesichtsmuskulatur war immer noch im automatischen Lächelmodus gefangen. Als ich es bemerkte und endlich den störrischen Schalter umwuchtete, befreite sich ein neues Lächeln aus den Fesseln. Die Scheuklappen zogen sich zurück, die Muskeln entspannten sich, ich sah Sonne und Schatten. Mit jedem Atemzug machten sich meine Lungen freier von der stickigen Luft des *GEOS*-Salzbergwerks.

Mit neu erwachter Geisteskraft studierte ich die englische Broschüre. Die japanische Version hatte bis später Zeit. Ich würde sie mir am Ausgang geben lassen. Das Englisch war, wie man es von vielen Broschüren, Schildern und Speisekarten in Japan gewohnt war: eigenwillig bis befremdlich, größtenteils jedoch verständlich.

Da während der Sengoku-Zeit, der »Zeit der streitenden Provinzen« und Hauptblütezeit der Ninjas, die meisten Leute in und um Iga Bauern gewesen waren, hatten auch die Ninjas hier wie ganz normale Bauern gelebt. Schließlich hatte es zu ihrem Tagesgeschäft gehört, sich möglichst im Verborgenen zu halten. Sie waren nämlich so etwas wie Geheimagenten gewesen, als man mit dem Ehrenkodex der Samurai nicht mehr weiterkam. Das heutige Japan war damals weit davon entfernt gewesen, ein geeintes Land zu werden, und die Streitigkeiten zwischen den Kriegsherren waren zu zahlreich und komplex gewesen, um mit vorgeschriebener Etikette etwas erreichen zu können. War man ein aufrechter Samurai, musste man sich vor jedem Kampf erst einmal seinem Gegenüber vorstellen und ihm die eigene

Familiengeschichte herunterbeten, bevor man ein ehrenhaftes Gefecht mit ihm eröffnen durfte. Die empfindliche Ehre der Samurai entpuppte sich als ineffizient.

Also entstand im Schatten des Samurai-Ehrenkodex das Gewerbe der Ninjas, die keinen Regeln zu folgen hatten, außer dass sie sich und ihre Aktivitäten stets im Verborgenen halten mussten. Ihre Aufgabe war es, so trickreich und listig vorzugehen, wie es das jeweilige Ziel erforderte. Sie bekamen ihre Aufträge von denselben Kriegsherren, die sich offiziell Armeen aufrechter Samurai hielten und die sie für jede geheime Mission heimlich ausstatteten und belohnten.

Wir wurden für die nächste Gruppe abgezählt und zogen uns vor einer rings um das Haus herumlaufenden, schmalen Terrasse, wie man sie von japanischen Teehäusern kennt, die Schuhe aus. Nun durften wir auf leisen Sohlen eintreten in das Zuhause der Ninjas, die hier vor rund 500 Jahren gut getarnt unter ihren Zeitgenossen gelebt hatten.

»Irasshaimase!«, begrüßte uns ein zierliches, leuchtend rot gekleidetes Ninja-Mädchen in einer Tonlage, die sich gerade noch unter der Ultraschallgrenze befinden musste. So wurde man in jedem Etablissement Japans begrüßt, und zwar lauthals, mit Verbeugung. Das Mädchen hieß uns im *Iga-Ninja-Museum* willkommen und betonte, wie dankbar sie war, dass ihr die Ehre zuteil wurde, uns durch das Ninja-Haus führen zu dürfen. Es war von seinem ursprünglichen Standort in der näheren Umgebung hierher transportiert und ein wenig aufgearbeitet worden, um den Besuchern einen Einblick in die damalige Wohnwelt der Ninjas zu geben. Auf den ersten Blick, erklärte sie, sah das Ninja-Haus aus wie jedes andere Bauernhaus in dieser Gegend während der Sengoku-Zeit. Der Unterschied war, dass es ein paar versteckte Besonderheiten aufwies, die andere Bauernhäuser nicht hatten und in die sie uns nun einweihen würde.

Sie berührte leicht die Seite einer Wand, die sich daraufhin um sich selbst drehte. Das Mädchen verschwand. Das war eine kurze Führung, dachte ich gerade, da tauchte sie mit der nächsten Umdrehung wieder auf. Eine Drehtür! Die Gruppe machte »Häh?«, »Ah!« und »Oh!« Das Ninja-Mädchen verbeugte sich und führte uns einige Schritte weiter. Schon folgte der nächste Trick. Mit dem Fuß drückte sie auf ein loses Brett im Boden und legte darunter ein Waffenversteck frei. Mit einer eleganten Handbewegung zauberte sie aus der Versenkung ein Ninja-Schwert hervor.

»Das Ninja-Schwert war kurz und gerade«, erklärte sie, während sie es hochhielt. »Nicht lang und gebogen wie ein Samurai-Schwert. Trug jemand eine Rüstung, war er gegen die seitlichen Schnitte eines gebogenen Samurai-Schwerts ziemlich sicher, aber ein kurzes, gerades Ninja-Schwert konnte man durch die winzigen Öffnungen zwischen den Schuppenreihen der Rüstung hindurchrammen.«

Einige in der Gruppe nickten düster. Andere ließen verunsichert die Kinnlade fallen und vergaßen, sie wieder hochzuklappen. Der kleine Junge mit dem Schweißtropfen am Mundschutz sagte: »Cool!« Das Ninja-Mädchen lächelte süß und ließ die tödliche Waffe wieder im Boden verschwinden.

Als nächstes zeigte sie uns ein Regal an der Wand und fragte, was das wohl sei.

»Ein Regal«, sagte der kleine Junge.

»Ein Regal, stimmt's?«, bekräftigte sie. »Sehr gut. Meinst du, die Ninjas haben viel gelesen?«

»Ja«, sagte der Junge. »Sie waren schlau.«

»Da hast du recht«, lachte das Mädchen. »Ich zeig dir mal,

wie schlau sie waren.« Mit einer leichten Handbewegung hob sie das Regal von der Wand und verwandelte es in eine Leiter, die zu einer versteckten Klappe und weiter zum Dach führte. »Auf diese Weise«, erklärte sie, »konnten die Ninjas sich schnell verkrümeln, wenn anderswo im Haus ungebetene Gäste eindrangen und ihnen ihre Mission oder ihr Leben streitig machen wollten. Wenn sie genug Zeit hatten, hängten sie das Regal noch schnell wieder auf, sodass ihre Flucht keine Spuren hinterließ.«

In der Ecke der schmalen Außenterrasse gab es eine weitere Geheimklappe, die unter das Haus führte. Von dieser Stelle aus konnte man durch ein verdecktes Loch in der Wand unbemerkt beobachten, was im Haus vor sich ging und bei Bedarf in das umliegende Tunnelsystem fliehen.

Das Ninja-Mädchen bedankte sich fürs Zuhören und ließ uns auf der Rückseite des Hauses wieder hinaus. Unsere Schuhe waren inzwischen in einer geheimen Ninja-Aktion hergebracht und so ordentlich bereitgestellt worden, dass wir mühelos wieder hineinschlüpfen konnten. Die anderen hielten das offenbar für selbstverständlich. Jesse zeigte kurze Anzeichen von Überraschung, ließ sich aber nichts anmerken. Ich war begeistert und strahlte meine staubigen Schuhe an wie die aufflackernde Maisonne das Ninja-Haus.

Gemächlich bewegten wir uns vom Ninja-Haus fort und schlenderten den staubigen Weg entlang, neugierig auf die nächsten Ninja-Spuren, die auf uns warteten.

Durch die Dunkelheit ans Licht

Ein paar Stufen führten abwärts in eine Art Bunker. Die Augen brauchten einen Moment, um sich an die Dunkelheit zu gewöhnen. Dann fanden wir uns in einem unterirdischen, schlauchförmigen Raum wieder, der Ninja-Erfahrungshalle. Ich fragte mich, was genau das bedeuten sollte. Die Glaskästen und Informationstafeln erinnerten eher an ein konventionelles Museum. Lauerte in einer düsteren Ecke etwa ein Ninja, der nur unseren verwundbarsten Moment abwartete, um uns eine echte Ninja-Erfahrung zu verpassen?

Wir blieben vor einer geschwungenen Metallpistole stehen, einer echten Ninja-Waffe. Die war jedoch, so verriet uns die Tafel daneben, in den meisten Fällen nicht wirklich praxistauglich gewesen. Hauptsächlich hatten sich die Ninjas das Schießpulver zunutze gemacht, um mit kleinen Explosionen Feinde abzulenken und in der berühmt-berüchtigten Rauchwolke zu verschwinden, die man bis heute mit ihnen assoziiert.

Ein klapperndes Klopfen in der anderen Ecke des Raumes ließ meinen Blick in seine Richtung zucken. Auch Hiro sah sich um. Jesse war verschwunden. Oje! War das unsere Ninja-Erfahrung? Eine Entführung? Eine Geiselnahme? Wir starrten regungslos in die Ecke. Zögernd traten wir näher. Wieder machte die Dunkelheit unseren Augen zu schaffen. Vor dem schwarzen Hintergrund sahen wir ein paar blonde Haarsträhnen, Haut, Muskeln und T-Shirt-Stoff unübersichtlich hin- und herzappeln. Schließlich kam der erleichternde Aha-Moment: Es war Jesse. Er hatte das einzige Ausstellungsstück zum Anfassen entdeckt: Frei schwingend, ganz ohne Glaskasten, baumelte hier eine Strickleiter von der Decke. Sie sah aus wie jede andere Strickleiter, nur dass sie natürlich den Originalstrickleitern der Ninjas nachempfunden war. In null Komma nichts klebte Jesse unter der Decke, klemmte einen Fuß in die obere Ecke des Raumes und ballte wie ein Actionheld die Hand zur Faust.

»Toll!« Ich rollte mit den Augen. »Du kannst eine Strickleiter hochklettern.« Jesse sprang auf den Boden.

»Jetzt du«, sagte er. Unsere Freundschaft war von ständigen Herausforderungen geprägt. Schon hielt ich die erste Sprosse in der Hand.

»Als du eben plötzlich verschwunden warst, habe ich mir kurz Sorgen gemacht«, sagte ich. Diesmal verdrehte er die Augen.

Tollkühn bezwang ich die Strickleiter, schwang die Knie über die oberste Sprosse, ließ mich kopfüber hinunterbaumeln und richtete kaltblütig zwei imaginäre Ninja-Pistolen auf Jesse und Hiro.

Vom Ausgang her ertönte eine laute Stimme. Ich ließ meine Pistolen fallen und brachte schnellstmöglich die Füße zurück auf den Boden.

»In wenigen Minuten beginnt auf der Ninja-Bühne die nächste Actionshow«, hallte es durch die Ninja-Erfahrungshalle.

»Die hat hier gerade schon angefangen«, murmelte Hiro.

Die Stimme fuhr fort: »Treppe hoch, links. 200 Yen pro Nase. Tretet näher, tretet näher!«

Wir gingen zur Treppe und sahen hinauf. Von grellem Licht umrahmt wie ein Bote Gottes stand am oberen Ende eine imposante Gestalt. Geblendet kniffen wir die Augen zusammen. Lange Zeit verharrten wir in dieser Stellung ob des eindrucksvollen Anblicks. Wer auch immer da oben stand, er hatte nicht viel gemein mit den Museums-Ninjas, denen wir bisher begegnet waren. Der Eintrittskarten-Ninja und das Mädchen vom Ninja-Haus hatten die gleichen Sachen getragen, mit denen auch viele Familien vom Kostümverleih versorgt worden waren:

einfarbige Ganzkörperanzüge mit Mundbinde, frisch aus der Reinigung, knallschwarz, rot oder blau. Man wusste zwar, dass sie Ninjas sein sollten, aber man wäre nie auf die Idee gekommen, dass sie wirklich Ninjas waren. Der Kerl, der jetzt vor uns stand, sah hingegen aus, als wäre er soeben einer geheimen kriegerischen Mission des 15. Jahrhunderts entstiegen.

Während sich unsere Augen abermals den neuen Lichtbedingungen anpassten, entspannten sich unsere Gesichtszüge langsam wieder. Nun konnten wir den Ninja oben an der Treppe klarer sehen. Der Mundschutz – bei Ninja-Kostümen Pflichtprogramm – fehlte. Sein Gesicht war breit und ebenmäßig, mit einer für japanische Verhältnisse markanten Nase (immer wieder passierte es mir, dass Japanerinnen mit den charmantesten Stupsnasen beim Anblick meines zerbeulten Karate-Zinkens neidisch aufschrien: »Hast du aber eine schöne hohe Nase!«), seitlich gerahmt von winzigen Koteletten, unten abgerundet von einem spitz zulaufenden Kinn. Er sah jung aus, aber etwas mitgenommen. Unter den nach außen abwärts geneigten Mandelaugen waren Augenringe zu erkennen, und zwischen den kräftigen Augenbrauen saßen tiefe Falten. Der finstere Ausdruck der Augenbrauen wurde dadurch verstärkt, dass nur ihre inneren Enden sichtbar waren – darüber befand sich entlang der Stirn eine längliche, gebogene Metallplatte, vorne aufgenäht auf ein Stoffstück, das um den Kopf gebunden war und das über Kopf- und Nackenpartie hängende Tuch zu einer Art Kapuze machte. Wahrscheinlich diente das Metallstück im Kampf als Stirnschutz. Es sah ziemlich lädiert aus, abgewetzt und ausgebeult wie die Motorhaube eines Unfallwagens.

Nachdem ich das Gesicht des Ninjas eingesogen hatte wie eine Offenbarung, glitt mein Blick an seinem Körper hinunter. Er trug ein schräg über der Brust verlaufendes Kimono-Oberteil und die oben weiten, an den Waden eng zusammengeschnürten Hosen, die man von den Kostümen her kannte. Seine Kleidung war dunkel, aber nicht schwarz. Sie sah getragen und gebraucht aus. Er machte den Eindruck, als wäre er ein paar Tage unterwegs gewesen und wiederholt dazu gezwungen worden, durch Schlamm zu robben und sich in Staub zu wälzen. Der dunkle Stoff an seinem Körper war von einer hellen Staubschicht überzogen wie meine Schuhe. Handgelenke und -ballen waren mit schwarzem Tuch umwickelt. An den Füßen trug er neben dem großen Zeh gespaltene Ninja-Schuhe, sogenannte *Jika-tabi* – wörtlich »Fußtüten, die den Boden berühren«.

Als wir die respekteinflößende Erscheinung einigermaßen verkraftet hatten, schwebten wir, wie von einem Magneten angezogen, die Treppe hinauf. Im Vorbeigehen war der Ninja mindestens zehn Zentimeter kleiner als ich. Wahrscheinlich hatte es an der Perspektive gelegen. Ich hatte unten an der Treppe gestanden, er oben. Aber irgendwie hatte ich den Eindruck, dass das nicht der einzige Grund war.

Takekurabe, dachte ich. Größenvergleich. Das dreißigste von Miyamoto Musashis 35 strategischen Prinzipien. Shihan hatte uns beim Training davon erzählt. Musashi riet darin, dass man sich im Kampf stets größer machen sollte als den Gegner. Die

宮本武蔵 Miyamoto Musashi (1584–1645) ist der wohl berühmteste Schwertmeister der japanischen Geschichte – und vielleicht sogar der Welt. Der reale und der mythische Musashi sind über die Zeit so gründlich miteinander verschmolzen, dass man sie kaum noch voneinander trennen kann. Klar ist, dass Musashi über so unwahrscheinliche Fähigkeiten mit dem Schwert verfügte, dass niemand hoffen konnte, aus einem Kampf mit ihm lebendig hervorzugehen. An seinem Lebensabend zog er sich in eine Höhle zurück und verfasste »Das Buch der fünf Ringe«, in dem er seine Schwertkampf-Erfahrungen zusammenfasste. Heute ist es weltbekannt, und seine praktisch-spirituellen Weisheiten werden in Bereichen von Selbsthilfe bis Management verwertet und verwurstet. Musashi schrieb aber auch eine Art Kurzfassung davon, die sogenannten »兵法三十五箇条 – Heihō-sanjū go-kajō« oder »35 strategischen Prinzipien«, die mein Aikido-Lehrer Katsuyuki Shimamoto Shihan gern zitierte.

wahre Körpergröße spielte dabei keine Rolle. Es war vielmehr eine Frage der Haltung, und zwar der Körper- und Geisteshaltung, wie groß man aussah. Der Ninja, dem wir soeben begegnet waren, schien sich dieses Prinzip zunutze zu machen. Er strahlte Größe aus, auch wenn er in Wirklichkeit nicht über 1,65 Meter sein konnte.

Wir bezahlten jeder 200 Yen und besetzten drei Plätze in der ersten Bankreihe vor der sandigen Outdoor-Bühne. Während weitere Zuschauer hereinströmten, warteten wir gespannt. Verstohlen suchten wir an den Wänden nach atmenden Schatten und in der Stille nach Bewegung. Da ertönte eine ahnungsvolle Musik. Durch ein drängendes Crescendo öffnete sich ein Tor. Hindurch trat ein Ninja mit Pferdeschwanz, mitten ins erwartungsvolle Herz des Publikums hinein.

»Liebe Zuschauer«, begrüßte er uns strahlend. »Vielen Dank, dass ihr heute zu uns ins *Iga-Ninja-Museum* gekommen seid. In der Ninja-Actionshow, die ihr jetzt sehen werdet, benutzen wir echte Waffen.« Er hob den Zeigefinger. »Steht also während der Show nicht auf und kommt nicht nach vorne. Macht eure Handys aus oder stellt sie auf lautlos. Und Achtung, es kann ziemlich spannend werden. Manchmal fangen Kinder an zu weinen. Bitte geht mit ihnen nach hinten oder aus dem Zuschauerbereich hinaus, damit alle anderen die Show ungestört genießen können. Selbstverständlich bekommt ihr dann euer Geld zurück. Und noch etwas: Ich weiß, ihr seid zum Sightseeing hier. Viele von euch haben Kameras dabei. Während der Show ist Fotografieren und Filmen ausdrücklich ... erlaubt!« Er erntete einige Lacher und intensivierte mit den Augenwinkeln sein Strahlen. »Knipst nur drauf los, während wir euch unsere coolen Ninja-Tricks vorführen. Übrigens«, nun öffnete er die Augen bedeutungsvoll, »um uns richtig zu motivieren, müsst ihr mithelfen.

Wir üben das mal zusammen. Also, ich sage: ›Seid ihr dabei?‹ Und ihr ...« Er legte die Hände zusammen, sodass Zeigefinger und Mittelfinger nach oben zeigten. Die Geste kam mir aus Ninja-Darstellungen bekannt vor. »Ihr«, fuhr er fort, »macht: *Nin, Nin!*« Das war also der Text zu der Geste. »Seid ihr dabei?«, rief er.

Wir machten die Handgeste nach und sagten: »*Nin, nin!*«

»Soll das ein Witz sein?«, fragte er. »Gleich noch mal. Und diesmal richtig. Also: Seid ihr dabei?«

»*Nin, Nin!*«, machten wir lauter.

»Schon besser. Wollen wir es mal gelten lassen. So, und jetzt bedanke ich mich fürs Zuhören und wünsche euch viel Vergnügen bei unserer Ninja-Actionshow!«

Wir klatschten, während er eine Sandwolke aufwirbelte und von der Bühne rannte. Ein moderner Vollzeit-Ninja, dachte ich. Wie merkwürdig! Jahrhunderte lang waren die Ninjas, so unbemerkt wie sie konnten, durch die Dunkelheit der japanischen Geschichte geschlichen, heute standen sie als professionelle Unterhaltungskünstler im Rampenlicht.

Ninja-Show

Eine Nebelmaschine paffte weiße Schwaden auf die Bühne. Die musikalische Hintergrundkulisse waberte zwischen schwermütig und transzendent wie das Herz eines Kriegers vor der Schlacht. Eine schwarze Gestalt mit metallenem Stirnband erschien, kniete sich hin und formte mystische Handzeichen zu halb gesungenen Silben.

»Das soll Hattori Hanzo sein«, flüsterte Hiro von links auf Japanisch. Jesse saß rechts von mir und starrte gebannt nach vorn. Er hatte sich zwar durch tägliche Praxis ein bisschen

Alltagsjapanisch angeeignet, aber damit kam man nicht weit. Die Sprache war für indogermanische Muttersprachler nun mal fremd und kontraintuitiv. Alles musste man auswendig lernen und unzählige Male wiederholen, dann in der Praxis hören und anwenden, bis es sich einigermaßen setzte. Selbst wenn man ein unermüdlicher Nerd war wie ich, blieb Japanisch eine lebenslange Aufgabe, ein Weg, dessen Ziel man niemals ganz erreichen konnte. Es war gut, Hiro als ständige Lernquelle dabei zu haben. Dass dies auf Gegenseitigkeit beruhte, machte es umso besser.

»Hattori Hanzo ist eine historische Ninja-Figur«, erklärte Hiro, »die seit der Fernsehserie ›Shadow Warriors‹ in den 80er-Jahren jeder kennt.« *Jeder.* Außer mir, dachte ich. Den Namen Hattori hatte ich schon mal gehört: Eine Bahnstation auf meinem Weg zur Arbeit hieß so, und es war der Nachname von Jesses Ex. Aber Hanzo?

»Das, was er da macht, nennt sich *Kuji-no-in*«, flüsterte Hiro weiter. »Die sogenannte Neun-Buchstaben-Formel, eine taoistische Tradition. Die Ninjas benutzten sie vor gefährlichen Missionen, um sich zu sammeln und energetisch aufzuladen.«

»*Sō ka!*« – Aha! –, kommentierte sein rechter Nachbar. Das wusste also offensichtlich nicht jeder. Hiro hatte wirklich die obskursten Wissensbrocken parat. Was machte der Kerl bei einer Boilerfirma, fragte ich mich mal wieder, bevor mich der chantende Ninja auf der Bühne mit seinen magischen Handzeichen erneut hypnotisierte. Er endete auf der Silbe »-zen« und ließ seine Handrücken in den Schoß sinken, bis sich die Daumenspitzen berührten.

Einen Moment später vereinte er die Hände zu einer Schale, fing darin die frisch gesammelte Energie auf und hob sie zum Gesicht. Seine Finger formten eine Lotusblüte. Er blickte himmelwärts, hielt einen Moment lang inne und pustete. Dann klatschte er mit größer werdenden Bewegungen dreimal in die Hände: eins – z w e i – d r e i !

Hanzo erhob sich gewichtig und doch leichtfüßig, zog sein Schwert und köpfte damit etwas, das aussah wie ein Riese und mehrere Menschen, sich dann jedoch als großer Bambus und aufrecht auf Ständer gesteckte, zusammengerollte Strohmatten herausstellte. Danach zerstückelte er sie alle. Einen Moment lang verharrte er in der Endposition seines letzten Schwerthiebs und atmete. Dann steckte er das lange, gebogene Schwert mit einem geübten Schwung zurück in die Scheide – und verbeugte sich kurz. Wir klatschten ehrerbietig.

»Das hier«, sagte Hanzo, »ist ein traditionelles japanisches Samurai-Schwert. Man nennt es *Shinken* – echtes Schwert. Was ihr eben gesehen habt, nennt sich *Shinken-iaigiri*. Den Bambus hier muss man genau im richtigen Winkel schneiden, sonst fliegen die abgehauenen Stücke wild durch die Gegend – das kann ins Auge gehen.« Ich schluckte. »45 Grad, nicht mehr und nicht weniger«, sagte Hanzo. »Heute hat es zum Glück geklappt.« Ein paar Zuschauer lachten hysterisch auf, andere zogen Grimassen und igelten sich ein. Das schien Hanzo besonders amüsant zu finden.

»Diese Strohrollen hier heißen *Makiwara*«, fuhr er fort. »Über Nacht in Wasser eingelegt, bieten sie der Klinge den gleichen Widerstand wie menschliche Hälse.« Er lächelte lieblich. »Wie ihr gesehen habt, kann man also ohne Weiteres drei Hälse auf einmal durchschneiden – oder auch mehr, das ist Übungssache.«

Hanzo holte ein gerades, kürzeres Schwert aus einer Halterung an der Seitenwand der Bühne.

»Als nächstes möchte ich euch das Ninja-Schwert vorstellen, das sogenannte *Ninjatō*. Wie ihr seht, ist es kürzer als das

Samurai-Schwert. Aber der Hauptunterschied ist, dass es im Gegensatz zum gebogenen Samurai-Schwert gerade ist. Die Samurai waren Meister der eleganten Kurvenbewegungen. Aber das war auch das einzige, was sie konnten.«

Diese Aussage fand ich interessant: Die Samurai hatten elegante, kurvenförmige Schwerter gehabt und damit elegante, kurvenförmige Bewegungen gemacht. Auch im täglichen Leben waren sie elegant auf den vorgegebenen Wegen des komplexen Samurai-Ehrenkodex herumgekurvt. So hatten sie sich immer nur indirekt um die Dinge herumbewegen können, niemals geradewegs darauf zu.

Diese Samurai-Tradition war in Japan heute noch weit verbreitet. Aus meiner Sicht machten die Leute ständig Umwege. Einmal hatte mich Manager zu Hause angerufen, um mir mitzuteilen, dass ein Nachbar meinen Staubsauger am Samstagabend zu laut gefunden hatte. Ihr Anruf am Sonntagmorgen danach war mir eigentlich auch zu laut gewesen. Aber das hatte ich natürlich nicht gesagt – schließlich war sie meine Chefin, und anscheinend konnte man hier nicht mal seinem Nachbarn etwas sagen. Vielleicht hatte sich der Nachbar vor der Sprachbarriere gefürchtet. Andererseits: Zu laute Staubsauger konnte man doch mit Gesten und Geräuschen darstellen. Warum war er nicht einfach zu mir herübergekommen? Ich hätte den Staubsauger sofort ausgemacht und mich entschuldigt. Wir hätten uns auf eine bessere Zeit zum Staubsaugen einigen können. Bei dieser Gelegenheit hätte ich ihn auch gleich mal kennengelernt. Aber als Gaijin dachte ich offensichtlich viel zu geradlinig. Japans Kurvenkultur war historisch gewachsen und nicht so leicht geradezurücken.

Das Dasein war sorgfältig eingeteilt in *Honne* und *Tatemae*. Honne, das waren die wahren Gedanken und Gefühle, die man als Mensch hatte. Tatemae war die für außen bestimmte, stets schützend und dekorativ davor gesetzte Maske. In Japan gehörte sie zum guten Ton. Es war nicht wie bei uns, wo man Ehrlichkeit und Authentizität anstrebte. Nein, ein vernünftiger Japaner verbarg seine wahren Gefühle und Gedanken stets hinter einer gesellschaftstauglichen Maske. Die Devise lautete: Wenn jeder mir nichts, dir nichts seine Gefühle rausließe – wo kämen wir denn da hin?

Ich fand diese Einstellung in vieler Hinsicht angenehm. Nie traf man schlecht gelaunte Menschen. Alle lächelten und sprachen mit sanfter, freundlicher Stimme demütige und höfliche Worte. Sie waren immer einer Meinung und widersprachen sich nie. Was mich störte war, dass sie oft auch dann nichts sagten, wenn man sie nach ihrer Meinung fragte. Ich fragte mich dann immer, ob ihre Meinung grundsätzlich Teil von Honne war und durch Tatemae versteckt werden musste oder ob sie sich so daran gewöhnt hatten sich anzupassen, dass sie selbst gar keine eigene Meinung mehr hatten. Letztere Möglichkeit verursachte in meiner Magenkuhle ein aufbegehrendes Unwohlsein – wahrscheinlich eine Meinung.

Vielleicht teilte nicht nur jeder einzelne Japaner, sondern die ganze Gesellschaft das Dasein sorgfältig in Honne und Tatemae ein. Damals, während der Sengoku-Zeit, hatte man heimlich die geradlinigen Ninjas bemüht, um das kurvenreiche, kriegerische Chaos zu überwinden und schließlich all die kleinen Landfetzen zum heutigen Japan zu vereinen. Übernahm heute vielleicht auch irgendjemand die Rolle, heimlich Ordnung zu schaffen? Hanzo durchstieß mit seinem Ninja-Schwert meine kurvigen Gedanken: »Die Ninjas benutzten gerade Schwerter zum Stoßen, um sich gegen die Kurvenbewegungen der Samurai zu verteidigen. Wenn es gut lief, konnten sie mit dem

Ninja-Schwert einfach geradeaus vorstoßen und das Herz ihres Gegners treffen, bevor er mit seinem Kurvenschwung ihren Körper erreichte. Aber das Ninja-Schwert hatte auch andere Vorteile. Seht selbst!«

Actionmusik drang aus den Lautsprechern wie eine Armee von Pauken und Trompeten mit geflügelten Helmen. Dann wirbelten hintereinander zwei jüngere Ninjas auf die Bühne: Bote Gottes rollte staubwirbelnd von links nach rechts, Pferdeschwanz flickflackte hinterher. Auf der anderen Seite angekommen, steckten sie die Spitzen ihrer Schwertscheiden in den Boden, nahmen die langen Schnüre daran zwischen die Zähne, kletterten schnurstracks die drei Meter hohe Wand hoch und zogen die Schwerter zu sich herauf. Oben formten sie aus Zeige- und Mittelfinger ein V für *Victory* und lächelten süß. Jetzt durften wir Fotos machen.

Nachdem beide verschwunden waren, kam Bote Gottes allein wieder. »Das hier sind echte Ninja-Sterne aus der Sengoku-Zeit«, sagte er. »Sicher habt ihr die schon mal in irgendwelchen Actionfilmen oder Animes gesehen – da haben die Ninjas immer einen ganzen Stapel davon in der Hand und schießen sie waagerecht ab, zack zack, einen nach dem anderen.« Er machte die Bewegung vor, die man aus den Filmen kannte. »Cool, hm?«, kokettierte er. »Aber das machten die Ninjas nicht wirklich. Man kann Ninja-Sterne gar nicht so werfen. Dafür sind sie viel zu schwer. Ein Ninja-Stern wiegt um die 200 Gramm. Man trug vielleicht einen oder zwei davon bei sich, und die benutzte man nur, wenn man keinen anderen Ausweg mehr wusste. Bevor die Ninjas zu einer Mission aufbrachen, vergifteten sie die Zacken der Sterne – zum Beispiel, indem sie sie in Pferdeäpfel tunkten. Ninja-Sterne waren nicht dafür gedacht, lebenswichtige Organe oder Arterien zu zerstören. Sie mussten dem Feind nur einen leichten Kratzer zufügen, schon konnten sie Lähmungen oder Schlimmeres hervorrufen, je nach Wirkung des jeweiligen Gifts.«

Bote Gottes hielt einen kreuzförmigen Ninja-Stern mit vier gleichgroßen Zacken hoch.

»Den hier nennt man *Jūji-shuriken*. Ich führe mal vor, wie man ihn schlägt. Ja, im Ninja-Fachjargon heißt es Ninja-Stern schlagen, nicht Ninja-Stern werfen.«

Schwungvoll setzte er zu einem Schlag mitten ins Publikum an. Der Mann, der Hiros Kurzreferat über die Neun-Buchstaben-Formel gelauscht hatte, zuckte zusammen. Als wir zu ihm hinübersahen, begradigte er beschämt seine Haltung. Im letzten Moment kriegte der Ninja die Kurve, schwang Arm und Hüften wie ein Baseballspieler und zielte auf eine Holzwand. »Klonk!«, machte der Stern und blieb darin stecken. Bewundernde »Ho!«-Rufe erklangen.

Als nächstes trat Hattori Hanzo wieder auf.

»Scheint eine Drei-Mann-Show zu sein«, flüsterte ich Hiro zu.

»Sieht so aus«, nickte er.

»Die Kleidung, die ich hier trage«, begann Hanzo diesmal und zeigte auf sein schwarzes Ninja-Gewand mit dem kapuzenartigen Tuch überm Kopf. »Meint ihr, die Ninjas trugen tatsächlich solche Klamotten? Ninjas waren Spione. Es war ihr Job, Informationen zu sammeln. Wenn sie sich so angezogen hätten, hätte ja jeder sofort gemerkt, dass sie Ninjas waren.«

Einige lachten, andere wunderten sich mit langgezogenen Staunlauten.

»Was ich hier anhabe, ist nur für historische Theaterstücke und Ninja-Shows geeignet«, sagte Hanzo. Nun lachten alle. »Die echten Ninjas nahmen immer die Gestalt an, die sich am besten für ihre jeweilige Spionagemission eignete. Manchmal zogen sie sich wie Priester an, manchmal wie Handwerker, in Iga meist als Bauern. Häufig verkleideten sie sich auch als Daikagura. Das waren Unterhaltungskünstler, die im Dienste von *Shinto*-Schreinen glückverheißende Kunststücke darboten, um die Götter gnädig zu stimmen. Seht selbst.«

Eine fröhliche Zirkusmusik erklang. Man erwartete jeden Moment den Auftritt eines Clowns. Stattdessen kam Pferdeschwanz auf die Bühne und zog einen großen Schirm aus dem Gurt hinter seinem Rücken. Es war ein traditioneller asiatischer Schirm, wie man ihn in Miniaturformat aus Eisbechern kannte: dicht nebeneinander positionierte Holzrippen, flach mit hübschem Papier bespannt.

Pferdeschwanz öffnete den Schirm und tanzte damit anmutig über die Bühne. Dann rief er »Yo!«, stellte ihn auf seine Stirn und balancierte ihn dort. Wir klatschten. Aus seiner Brusttasche holte er eine quadratische Holzschachtel. »Jetzt werde ich für euer aller Gesundheit, Glück und Erfolg diese Schachtel rollen lassen. Seht her!« Wieder rief er »Yo!« und fokussierte seinen Körper wie ein Turner vor einem schwierigen Kunststück. Dann warf er die Schachtel oben auf den Schirm und ließ sie darauf herumrollen.

»Die Leute auf dieser Seite der Bühne klatschen sehr laut für mich«, sagte er. »Ich werde für euch ein paar Extrarunden drehen. Mögen die Götter euch und euren Familien gnädig sein.«

Daikagura bezeichnet eine traditionelle japanische Unterhaltungskunst und die Künstler, die sie ausüben. Der erste schriftliche Nachweis findet sich im 16. Jahrhundert, aber vermutlich ist sie in Wirklichkeit viel älter. Da nicht alle Japaner es schafften, schicksalsverbessernde Pilgerreisen zu wichtigen Schreinen zu unternehmen (z.B. dem Ise-Schrein in der Präfektur Mie, wo auch Iga liegt), fingen einige Schreinlehrlinge an, die Gnade der Götter in künstlerischer Form zu ihnen zu bringen. Ihr Repertoire reichte von Tanz und Musik bis hin zu Jonglier- und Balanciertricks. Diese glückverheißenden Kunststücke entwickelten sich über die Jahrhunderte zu einer eigenen, von den Schreinen unabhängigen Unterhaltungsform. Kashira behauptete immer, man könne das Rollen von Gegenständen auf einem Schirm nur lernen, wenn man im Alter von fünf Jahren damit anfing. Später las ich einmal ein Interview mit dem modernen Daikagura Senno Maruichi, in dem er sagte: »Das Schirmrollen ist einer der leichtesten Tricks. Wenn man genug übt, kann man ihn in drei Monaten meistern.«

太
神
楽

Schließlich ließ er sie mit einem mehrfachen Schachtelsalto vom Schirm springen, fing sie auf und verbeugte sich galant. »Was ich als nächstes rollen lassen werde«, er tauschte den großen gegen einen kleinen Schirm, »ist das hier.« Zwischen den Fingern hielt er eine 500-Yen-Münze. »Geld! Diese Darbietung wird für euch alle den Rubel rollen lassen. Yo!«

Er warf die 500-Yen-Münze auf den Schirm und ließ sie Runde um Runde drehen, ohne dass sie ein einziges Mal stockte, stolperte oder auch nur in Schräglage geriet. Schließlich fing er die Münze auf und verbeugte sich.

»Ich danke euch!« Wir klatschten, bis Hanzo wieder erschien und mit seiner respekteinflößenden Präsenz Ruhe einforderte.

»Das, meine Damen und Herren«, verkündete er, »war mein Sohn. Ich bin sehr stolz auf ihn. Wenn man nicht im zarten Alter von fünf Jahren anfängt, diesen Trick zu üben, hat man keine Chance, ihn jemals zu meistern.«

In den Händen hielt er ein unspektakuläres, dünnes Seil mit Knoten an beiden Seiten und ausgefransten Enden.

»Hier habe ich ein Seil«, fuhr er fort. »Damit kann man sich den Feind vom Leib halten, seine Körperteile oder Waffen einfangen, ihn würgen, fesseln und vieles mehr. Diese Art von Seilkampf heißt *Hobakujutsu*. Wenn man dem Feind die Waffe abgenommen und sich ihm genähert hat, macht man mit Nahkampftechniken weiter: Hebel, Würgegriffe und Schläge, wie man sie auch aus modernen Kampfkunstdisziplinen kennt – Judo, Karate und Aikido zum Beispiel.« Jesse und ich sahen uns begeistert an, als der Begriff Aikido fiel. »Wir Ninjas«, sagte Hanzo, »nennen diese Techniken *Taijutsu*.«

Hanzo fuchtelte mit dem Seil so durch die Luft, dass es Staub aufwirbelte. Nachdem er Bote Gottes damit das Schwert abgenommen hatte, folgte der Taijutsu-Part. Der alte Ninja verpasste dem am Boden liegenden Angreifer ein paar kräftige Faustschläge ins Gesicht und rammte ihm schließlich eine zum Dolch geformte Hand in den Bauch. Ein blutschmatzendes Geräusch ertönte. Eine angespannte Stille erfüllte die Luft. Ein weiteres Geräusch begleitete das Herausziehen des Handdolchs und eine dramatisch aufseufzende Trompete erklang aus dem Lautsprecher. Der alte Ninja zog den jüngeren am Nacken hoch und lehnte ihn sitzend an sein Knie. Düster sah er seine eigene Hand an, die im nächsten Moment zum schicksalhaften Todesinstrument werden würde. Dann griff er das Kinn des Verdammten und drehte ihm den Hals um. Das Knochenknacken klang so realistisch, dass man eine Gänsehaut bekam. Der Kampf war zu Ende. Die Menge tobte.

»Hey«, sagte Hanzo zu seinem Opfer, das immer noch mit Todesgrimasse im Gesicht in unbequem anmutender Genickbruchhaltung am Boden saß. »Wir sind fertig.«

Bote Gottes erwachte mit einer entschuldigenden Verbeugung aus der Totenstarre und sprang fröhlich wieder auf die Füße. Die beiden Ninjas, eben noch in einen erbitterten Kampf verwickelt, verbeugten sich nun in strahlender Harmonie.

Ich war begeistert. Für 200 Yen pro Nase wurde einem hier wirklich erstklassiges Action-Edutainment geboten.

»Heute«, sagte Hanzo, »haben wir euch einen kleinen Einblick in unsere Arbeit als Ninjas gegeben. Aber das war nur ein Bruchteil von dem, was wir können.« Aha, dachte ich. Der Marketing-Talk. »Wenn ihr also noch mehr faszinierende Ninja-Tricks sehen wollt«, der jüngere Ninja war inzwischen in professioneller Ninja-Manier verschwunden und mit einer DVD wieder aufgetaucht, »kauft unsere Original-Ashura-Ninja-DVD!«

»Ashura ist ein Kriegsgott«, erklärte Hiro. »Bestimmt haben sie ihre Truppe nach dem benannt.«

»Darauf«, fuhr Hanzo fort, »zeigen wir euch noch viel mehr als heute in der Show.« Der wieder auferstandene Bote Gottes hielt die DVD hoch. »Ich hoffe, unsere Show hat euch gefallen. Der Ausgang befindet sich rechts. Wir wünschen euch weiterhin einen schönen Tag in Iga.«

Er verbeugte sich. Wir klatschten und trampelten. Die Ninjas verschwanden in Staubwolken.

Ninja gesucht!

Als wir uns von unseren Sitzen erhoben, brummte mein Kopf vor Eindrücken und neuem Ninja-Wissen.

»Dieser Regenschirmtrick war cool«, schwärmte Jesse.

»Ja!«, stimmte ich beeindruckt zu. »Wie hat er das gemacht?«

»Guck mal«, sagte Hiro und deutete auf ein Plakat, das an der Wand vor dem Zuschauerausgang hing. »Der perfekte Job für dich.«

»Ninja gesucht«, las ich. »Suchen junge, motivierte Person bis 25 für unsere Gruppe.«

»Hm«, machte Jesse interessiert.

»Einen Gaijin wollen die bestimmt nicht«, lachte ich.

»Fragen kostet nichts«, sagte Hiro.

Ein Job, in dem ich meine Kampfkunstbegeisterung ausleben und mein Japanisch nutzen konnte, wäre ein Traum, dachte ich, wagte jedoch kaum, einer so kühnen Hoffnung Raum zu geben.

Pferdeschwanz fegte gerade die Bühne. Wir gingen auf ihn zu und trugen unser Anliegen vor. Nickend hörte er zu und sagte dann freundlich: »Ich hole Kashira.«

»Ein altertümlicher Ausdruck für Chef«, flüsterte Hiro. »Man schreibt ihn mit dem Schriftzeichen für Kopf.«

Hattori Hanzo erschien, der Meister höchstpersönlich.

»Guten Tag, ich bin Anna aus Deutschland«, sagte ich mit der besten japanischen Respektsprache, die ich auf Lager hatte. Innerlich zitterte ich vor Angst. Ich riss mich zusammen und zwang mich, zur Sache zu kommen, bevor ich es mir anders überlegen konnte. »Ich bin schon 26, aber ich hätte Interesse an der Ninja-Position, die Sie ausgeschrieben haben.«

»Sie kann Japanisch, oder?«, fragte der Ninja-Meister Hiro und mutmaßte ungläubig: »Sie versteht das meiste, was ich sage?«

»Ja«, sagte Hiro. Hanzo sah mich erneut an.

»Und Englisch spricht sie auch?« Hanzo sprach mit Hiro, als wäre er mein Manager.

Zweifel an meinen Japanischkenntnissen hatten Japaner häufig auch nach mehrstündigen Gesprächen mit mir in ihrer Muttersprache. Dass Gaijin kein Japanisch konnten, war in ihrem Kopf als unumstößliche Tatsache gespeichert und selbst erlebte Realität vermochte es oft nicht, daran zu rütteln. Das konnte gelinde gesagt frustrierend sein, aber ich hatte mich schon daran gewöhnt und nahm es den Leuten nicht mehr so übel wie am Anfang. Meine Erfahrung hatte gezeigt: Dieser wiederkehrende Irrtum war absurd, aber nicht böse gemeint.

Ich erkühnte mich, selbst zu antworten.

»Ja«, sagte ich. »Zur Zeit arbeite ich als Englischlehrerin, aber mein Plan war, mir während der Golden Week einen neuen Job zu suchen.«

»Hm«, sagte er. »Und wo wohnt …?« Hanzos Blickrichtung war ebenso wenig eindeutig wie die japanische Grammatik, aus der nicht hervorging, ob er »Wo wohnt sie?« oder »Wo wohnst du?« gesagt hatte.

»Ich wohne in Osaka«, antwortete ich.

»Das ist nicht zu weit weg.«

»Nicht zu weit«, pflichtete ich ihm bei.

»Sie hat einen Schwarzgurt in Karate«, fügte Hiro hinzu.

»Normalerweise nehmen wir die Leute erstmal an Wochenenden in die Lehre und beobachten, wie sie sich machen«, sagte Hanzo. »Wenn sie als Ninjas nichts taugen, feuern wir sie sofort. Wenn sie einen guten Eindruck machen, behalten wir sie bei uns und trainieren sie. Es dauert ungefähr drei Jahre, bis man professionell als Ninja arbeiten kann.«

Hanzo sah mich an und ich war mir nicht sicher, ob er sagte »In drei Jahren könnte sie Actionschauspielerin werden« oder »In drei Jahren könntest du Actionschauspielerin werden.«

Danach entschied er sich wieder eindeutig für Hiro und fuhr fort: »Und dieses Mädel hier hat ein gutes Gesicht.« Zum Glück errötete es nicht leicht. »Das ist in diesem Job wichtig. Für Frauen.«

»Außerdem ist sie stark«, sagte Hiro. Prüfend huschte der Blick des Ninja-Meisters über meine Arme und Beine.

»Ist sie auch dehnbar?«, fragte er.

»Zeig's ihm«, zischte Hiro und bohrte mir den Ellbogen in die Rippen.

Zögerlich nahm ich mein linkes Bein in die Hand und streckte es gen Himmel, bis ich mit dem Schienbein meine Schläfe berührte. Ein kaum sichtbares Lächeln huschte über Hanzos Lippen.

»Sonst verletzt man sich nämlich beim Training«, erklärte er. Er musterte mich noch einmal. »Hm, genau so jemanden suchen wir.«

Inzwischen hatte Jesse mitbekommen, dass es durchaus möglich schien, als Gaijin zur Show-Ninja-Lehre zugelassen zu werden.

»Was ist mit meinem Kumpel hier?«, fragte ich. »Könnte er auch bei Ihnen anfangen?«

Ich wusste, dass er sich genauso wie ich die Finger danach leckte, für ein Leben voller Kampfkunsttraining bezahlt zu werden.

»Wer die Reinheit des Körpers verschandelt, den er von seinen Vorfahren geschenkt bekommen hat, kann nicht bei uns arbeiten«, entgegnete Hanzo kalt und warf einen verächtlichen Blick auf die Tattoos, die unter Jesses T-Shirt hervorguckten. »Mit solchen Leuten wollen wir nichts zu tun haben.«

Sein harter Ausspruch traf mich wie ein Ninja-Stern direkt in die Brust und löste darin konzentrische Kreise des Schmerzes aus. Ich flüchtete mich in eine entschuldigende Verbeugung, die sowohl Hanzo als auch Jesse galt. Ich war traurig über Hanzos Strenge und froh über Jesses gleichbleibenden Gesichtsausdruck. Er hatte es nicht verstanden.

Dann wandte sich Hanzo zum ersten Mal seit Anfang des Gesprächs eindeutig an mich, als hätte er in seinem Kopf eine Weiche gestellt.

»Denk drüber nach«, sagte er. »Wenn du es wirklich machen willst, ruf an.«

Er zog eine Visitenkarte aus den Falten seines Ninja-Gewands und überreichte sie mir mit beiden Händen, wie es sich gehörte. Ich nahm sie beidhändig entgegen und tauchte erneut in eine tiefe Verbeugung ab. Als ich den Kopf wieder hob, hatte er sich in Luft aufgelöst.

Ich fragte mich, ob das Gespräch mit dem Ninja-Meister wirklich stattgefunden hatte. Andererseits sprach gerade sein professionelles Verschwinden für seine Echtheit. Die Idee, eine Karriere als Show-Ninja zu starten, rollte in meinem Kopf herum wie die 500-Yen-Münze auf dem Schirm. Augenscheinlich verhieß sie Glück, aber ich hatte keine Ahnung, wie ich sie auffangen, wo ich sie hinstecken und was ich mit ihr anfangen sollte.

Springt ein Frosch

»Mach dir nichts draus«, flüsterte Hiro Jesse ins Ohr, als wir gingen. »Der Ninja-Meister hat altmodische Ansichten. Er hält nichts von Tattoos.«

Tätowierungen waren in Japan immer noch ziemlich verpönt. Wegen der Yakuza, der japanischen Mafia, mit ihren T-Shirt-förmigen Tintenuniformen, die in aufwendiger, traditioneller Handarbeit gestochen wurden. Die daraus resultierenden, großflächigen Hautgemälde machten ihre Träger lebenslang als Mitglieder einer Schattenwelt erkennbar, die kaum jemand freiwillig betrat – so fürsorglich und höflich die japanische Gesellschaft zu großen Teilen war, so grausam und skrupellos waren ihre Schatten. Es gab viele Onsen-Bäder und Fitnessstudios, die keinem Tätowierten Einlass gewährten.

Jesse zuckte mit den Schultern und sagte: »Okay.«

Die abweisende Art, in der sich der Ninja-Meister meinem Freund gegenüber geäußert hatte, stieß mir noch einmal sauer auf. Mich selbst hatte er eher als Objekt behandelt. Frauen- und Ausländerfeindlichkeit waren in Japan keine Seltenheit.

 Onsen bedeutet wörtlich: heiße Quelle. Es waren ursprünglich natürliche, vulkanbeheizte Wasserstellen, in denen Menschen und Affen seit jeher gerne baden. Auch menschengemachte öffentliche Bäder zur täglichen Körperreinigung haben in Japan eine lange Tradition, da es – bis heute, inzwischen jedoch selten – in einigen Privathaushalten kein Bad und keine Dusche gibt. Darauf aufbauend haben sich im Laufe der Jahrhunderte Bäder, Kurorte und Resorts entwickelt – von der traditionellen japanischen Herberge bis hin zum modernen Luxus-Spa-Hotel. Bäder, in denen das Wasser künstlich beheizt wird, heißen Sentō 銭湯, solche, die um eine natürliche vulkanbeheizte Quelle herum entstanden sind, Onsen 温泉.

Immerhin, sagte ich mir, war er offen für eine Zusammenarbeit mit mir – einer Gaijin-Frau. Optimistisch betrachtete ich das als Chance ihn umzustimmen.

Wir schlenderten durch die Halle der Ninja-Traditionen, einen umgebauten Reisspeicher, und verschlangen weitere Wissensbrocken über die Ninjas: Sie verstreuten geheime Botschaften aus bunten Reiskörnern. Aßen weder Fisch noch Fleisch, um nicht durch Körpergeruch aufzufallen. Lebten tagelang nur von harten Keksen. Hielten ihr Gewicht unter sechzig Kilogramm und stemmten zum Training zweifingrig ebenso schwere Reissäcke, damit sie sich im Ernstfall selbst mit Daumen und Zeigefinger hochziehen konnten – vermutlich an Stellen, die keinen Platz für weitere Finger boten. Der Sinn der Zweifingertechnik wurde nicht erklärt, aber das machte nichts. Die Ninjas hatten uns bereits den Kopf verdreht, und jedes Geheimnis ließ sie nur noch mystischer und heldenhafter erscheinen.

Ich blieb vor einem großen Ninja-Mandala stehen, in dessen Mitte von Flammen umringt mit finsterer Miene der blaue Gott Fudo Myoo saß. Plötzlich dröhnte das Lied von der Hinfahrt durch meinen Kopf wie durch einen in meine Ohrknorpel installierten Lautsprecher: »*It's a new dawn, it's a new day, it's a new life for me …*«. Fudo Myoo lächelte. Fudo Myoo, der Unbewegliche. Fudo Myoo, der Gott mit der finsteren Miene.

»Alles klar?«, unterbrach Jesse freundlich meine mystische Begegnung.

»*I'm feeling good*«, sang ich. »Und du?«

»Ich bin am Verhungern«, sagte Jesse.

Wir verließen das Museumsdorf, fuhren zu einem Nudelrestaurant, das in der Broschüre empfohlen wurde, und bestellten Ninja-Udon. Obendrauf schwamm ein Ninja-Stern aus getrocknetem Seetang. Die Suppe schmeckte unspektakulär, die

Nudeln waren labberig. Am Boden der Schüssel tauchten überraschend zwei Leckerbissen auf: ein klebriges Stück Mochi und ein Ei. Hiro legte seine Stäbchen auf einem Stäbchenhalter ab, den er durch Verknoten beider Enden aus der Papierverpackung seiner Einwegstäbchen gebastelt hatte, und sah mich an.

»Eine *Kunoichi* also.«

Jesse und ich beschossen ihn mit Fragezeichen.

»Das Schriftzeichen für Frau (女)«, sagte Hiro, »besteht aus drei Pinselstrichen. Wenn man sie hintereinander schreibt, kann man den ersten als KU lesen (く), den zweiten als NO (ノ) und den dritten als ICHI (一). Daraus machten die Ninjas ein Codewort für weibliche Ninjas und nannten sie KU-NO-ICHI.«

»*Heee!*«, sagte ich und zog die Silbe aufwärts in die Länge, um meinem anerkennenden Staunen über diese faszinierenden Neuigkeiten auf japanische Art Ausdruck zu verleihen. Meine Stimme koinzidierte mit dem Faden, den Jesses Mochi zwischen Schüssel und Mund zog. Er biss ihn ab, schob den klebrigen Klumpen in die Backe und sagte: »Das ist dein neuer Name!«

Wir machten uns auf den Weg. Iga hatte neben den Ninjas eine weitere illustre historische Persönlichkeit zu bieten. Die Stadt war der Geburtsort von keinem Geringeren als Matsuo Basho (1644–1694), dem bescheidenen Wanderpoeten, der die japanische *Haiku*-Dichtung erstmalig zu einer ernsthaften, literarischen Form erhoben hatte. Somit war Iga für mich im doppelten Sinne ein Wallfahrtsort: die Ninjas als Universalmeister der Kampfkunst und Basho als Wegbereiter der Poesie.

Der Weg, auf dem ich wandelte, hieß *Bunburyōdō*, der Doppelweg der Schreib- und der Kampfkunst, der Faust und der Feder. Es war derselbe, den viele Samurai verfolgt hatten. Ähnlich wie die europäischen Ritter fühlten sie sich in ihrem Streben sowohl der Kampfkunst als auch der Schreibkunst verpflichtet. Nachdem ich mit sechs Jahren das Schreiben und mit Anfang 20 Karate als transformative Disziplinen für mich entdeckt hatte, beschloss ich voller Überzeugung, diesem Weg mein Leben zu widmen.

Wir hätten lange auf den Spuren des großen Dichters mit den kleinen Versen wandeln können, aber nachdem die Ninjas uns so lange festgehalten hatten, beschränkten wir uns auf sein Geburtshaus.

Die Räume waren leer, einfach und elegant. Als ich zum ersten Mal ein Bild von einem solchen Raum gesehen hatte, war ich hineingesprungen wie Mary, Bert, Jane und Michael in Berts Kreidezeichnungen und hatte darin erfrischende Stunden verbracht. Ich hatte mich verliebt in diese Art der Architektur und Inneneinrichtung, die kaum als solche auffielen und gerade dadurch so vollkommen schienen. Ein Funken war in mein Herz gesprungen, einer der zurückhaltenden, japanischen Funken, die schließlich das Feuer in mir entfacht hatten, ihr Ursprungsland zu studieren und persönlich kennenzulernen.

Hinter dem Speicher lag ein größerer Garten, darin stand *Basho*. Nicht der Mann, sondern der Bananenbaum, von dem er seinen Namen hatte. 1680 hatte ihm ein Schüler eine ehemalige Karpfenteichwächterhütte in Edo zur Verfügung gestellt. Zum Umzug hatte ihm ein weiterer Schüler einen Bananenbaum geschenkt. Die Banane war selten in Japan und wuchs dort normalerweise nicht besonders gut. Früchte entwickelte sie schon gar nicht. Sie war nicht als nutz- oder gewinnbringend bekannt, nicht als gelb oder süß, und im Gegensatz zu Chrysantheme und Co fand sie kaum Beachtung bei den chinesischen und japanischen Dichtern, an denen sich Basho orientierte. Nur gelegentlich trat die Bananenpflanze in ihren Versen auf, meist in

Anlehnung an buddhistische Sutras, die sie mit dem menschlichen Körper und dessen Zerbrechlichkeit assoziierten. Fast immer stand sie dabei von Regen gepeitscht in Nacht und Sturm und machte eine bemitleidenswerte Figur. Das Pflänzchen neben Bashos Hütte hingegen gedieh prächtig. Seine Schüler sahen, wie sehr ihr Meister die Pflanze liebte, und begannen, ihn *Bashō-ō* zu nennen – Meister Bananenbaum. Das gefiel ihm. Seine Hütte bekam den Namen *Bashō-an* – Bananenhütte. Zu guter Letzt übernahm der Meister den Namen für sich selbst und seine Schule der Zen-, Dicht- und Lebenskunst.

Der Baum, der uns jetzt seine faserigen Blätter entgegenstreckte, war natürlich erst später gepflanzt worden, im Andenken an den ursprünglichen Bananenbaum. Als ich im tanzenden Licht unter seinen Phönixfedern ein Froschballett erkannte, sprang mir eine neue Übersetzung des berühmten Gedichts in den Kopf:

> *In den alten Teich*
> *springt ein Frosch hinein. Hörst du*
> *den Klang des Wassers?*

Das *Du* war äußerst westlich von mir. Aber ich fühlte mich direkt angesprochen, also sprach ich direkt zurück.

Auf der Rückfahrt hörten wir Leonard Cohen. Die grüne Landschaft um uns herum wurde allmählich grau. Mit der Dämmerung hielt auch die Schattenwelt Einzug. Hiro und ich setzten Jesse bei seinem Fahrrad in Osaka ab und fuhren zu zweit weiter nach Kobe. Wir brachten den Mietwagen zurück und trafen uns mit Yuri und Taeko im *IZNT*, einer Bar mit englischsprachigem Personal in Sannomiya. Wir hatten alle zusammen in

Bath Dolmetschen und Übersetzen studiert und uns seit Ende des Studiums nicht mehr gesehen. Das war nun zwei Jahre her.

Yuri war eine Seltenheit: eine Japanerin mit Kurven. An Yuri hatte ich viele Erinnerungen. Wie wir uns zum ersten Mal begegnet waren, in der Küche der WG im Studentenwohnheim, sie rührte gerade in einem Topf herum, und festgestellt hatten, dass wir im selben Kurs waren. Wie sie die Jungs unter den Tisch gesoffen hatte. Wie sie abends an meine Zimmertür geklopft hatte, ich schon im Bett mit dem *Guardian*, alle gelesenen Doppelseiten auf dem Boden verstreut, und gesagt hatte: »Anna-chan, du liest aber wild Zeitung.« Wie sie mir eine Übung für die seitliche Bauchmuskulatur nachgemacht und dabei ausgesehen hatte wie ein Seehund. Wie sie erzählt hatte, sie habe einmal vorgehabt, zur *Takarazuka-Revue* zu gehen, einem Musicaltheater in Osaka, in dem alle Rollen von Frauen gespielt wurden, und sei strebsam Captain des Schultanzteams geworden, aber dann habe ihr damaliger Freund, der Co-Captain, sie als *donkusai* bezeichnet – lahmarschig – und sie habe ihn, das Tanzteam und den *Takarazuka*-Traum in den Wind geschossen. Wie jemand uns auf einer Party in Bath einmal gefragt hatte, ob wir uns küssen könnten und ich an ihrem Blick gesehen hatte, dass Mädchenküssen für sie ebenso off limits war wie als »donkusai« bezeichnet zu werden.

Meine Erinnerung an Taeko hingegen war lückenhaft: Sie beschränkte sich auf die Zahnlücke zwischen ihren oberen Schneidezähnen, umrahmt von einem rötlichen Gesicht. Auch als wir uns wiedersahen, fiel mir nur ihre Zahnlücke auf. Eine klare Linie. Daneben verschwamm ihr englischer Boyfriend Steve in *»Another pint, please«*. Hiro trank ein halbes, während Steve so oft neue Pints bestellte, dass ich selbst nüchtern nicht mehr mit dem Zählen hinterherkam.

Ich bestellte ein Cranberry Soda. Die Schattenwelt zwischen Realität und Möglichkeit machte mich benommen genug. Yuri nahm auch ein Cranberry Soda. Ich sah sie an.

»Ich habe aufgehört zu trinken«, sagte sie knapp. Dabei strahlte sie von innen durch die Wangen und sah schlanker aus. Schärfer. Als hätte jemand ihre Kurven mit einem dicken, schwarzen Pinsel nachgezogen. Auch ich erzählte noch nichts von dem, was in mir vorging. Es war zu früh.

Trotzdem stürzten Worte aus unseren Mündern wie Schmelzwasser in einen Bach. Hiro forderte Steve zu einer Koordinationsübung heraus. Auf den Tisch klopfen: Faust, Daumen, Zeige- und Mittelfinger, Zeige- und kleiner Finger. Rechte Hand, linke Hand, beide Hände. Eine Hand zeitlich um eine Position versetzt. Steve strengte sich an, kam aber kein bisschen hinterher. Hiro amüsierte sich. Steve war ein guter Verlierer.

Yuri und ich plapperten. Hiro spielte mit Steve. Taeko klopfte Steve auf den Rücken wie einem braven Pferd. Steve blickte durch glasige Augen zufrieden ins Nichts. Yuri und ich bestellten ein letztes Cranberry Soda. Hiro einen Oulongtee. Taeko nichts. Steve noch eins für unterwegs.

Zwei Wochen später rief Yuri an. Sie war schwanger. Von einem Kollegen. Ob ich zur Hochzeit kommen wollte. Ich lächelte. Deshalb die Cranberry Sodas. Die scharfen Linien.

»Ich frag mal, ob ich frei kriege«, sagte ich.

Ich dachte an den Frosch im Teich. Mit energetischen Zügen schoss er unter der Wasseroberfläche vorwärts. Niemand hörte ihn.

Verbeugung am Telefon

Am zweiten Tag der Golden Week hatte ich mich Hals über Kopf in die Idee verliebt, Kunoichi zu werden. Die verdammte Schnapsidee hob so schnell Richtung Himmel ab wie ein Fahrstuhl mit Raketenantrieb und lupfte die Unterseite meines Magens an. Dann machte sie von morgens bis abends Saltos in meinem Kopf, brachte vernünftige Gedanken wie Dominosteine zu Fall, verwandelte mein Innenleben in ein Netz aus chaotisch pulsierenden Flussadern, die alle umliegenden Felder mit Fantasie wässerten und irrationale Hoffnungen darauf wuchern ließen wie Unkraut.

Ich raste mit dem Fahrrad zum Sportzentrum. Neben dem Dojo gab es einen Fitnessraum. Ich rannte auf dem Fließband, stemmte Gewichte, krümmte mich, streckte mich, schraubte die Ebene schiefer, krümmte mich, streckte mich, duschte heiß, duschte kalt, heiß, kalt. Ich ging zum Automaten und trank eine Flasche *Pocari Sweat*. Auf dem Rückweg ließ ich mir in Toyonaka zwei Reisbällchen mit meiner Lieblingsfüllung machen – Thunfisch und Seetang mit Sesam –, beobachtete die beruhigenden Handbewegungen der Verkäuferin und aß ihre Meisterwerke, während sie noch warm waren.

Es brachte alles nichts.

Ich ging nach Hause, knirschte mit den Zähnen und wusch eine Ladung Wäsche. In der Abenddämmerung trat ich auf meinen Miniaturbalkon hinaus, um sie aufzuhängen. Ich sog die frische Luft ein und machte die Augen zu. Als ich sie wieder aufmachte, erschien mir zu allem Überfluss auch noch Kashira. In voller Himmelsbreite schwebte er dunkelgrau im Abendrot über dem Baseballfeld, hielt sich einen blitzenden Ninja-Stern vors Auge und zwinkerte mir zu. Ich spürte einen kurzen, stechenden

Schmerz. Wahrscheinlich hatte er ihn mir ins Herz geschlagen. Kashira, dachte ich. Schon trägt er in meinem Kopf diesen altmodischen Namen für Chef, den man mit dem Schriftzeichen für Kopf schreibt. Es war zum Wäscheaufhängen. Ich konnte seinem Bann nicht entfliehen.

»Was für ein Unsinn«, dachte ich. »Das klappt sowieso nicht.« Dann wurde ich übermütig und dachte: »Egal. Ich versuch's einfach. Mal sehen, wohin es führt.«

Ich nahm Hanzo Ukitas Karte – anscheinend benutzte Kashira privat den Namen des historischen Fernseh-Ninjas in Kombination mit seinem bürgerlichen Nachnamen – und wählte die Handynummer. Er ging nicht ran. Ich klaubte meine demütigste Respektsprache zusammen und hinterließ ihm eine Nachricht, in der ich um Rückruf bat, sobald sein voller Terminkalender es zuließ. Danach schrieb ich in einer SMS vorsichtshalber noch einmal das gleiche. Als nächstes wählte ich die Festnetznummer.

Seine Frau ging ran. Ich bemühte mich umso mehr um Demut, Respekt und Etikette. Frau Ukita klang freundlich. Gekonnt setzte sie die extrahohe Telefonstimme japanischer Frauen ein.

»Golden Week ist immer sehr voll für ihn«, piepste sie anmutig. »Er übernachtet die ganze Woche im Hotel beim Ninja-Dorf, damit er nicht so lange Arbeitswege hat. Aber wenn du ihm eine Nachricht hinterlassen hast, ruft er bestimmt zurück.«

Ich bedankte mich und erwischte mein Spiegelbild in der Balkontür bei einer tiefen Verbeugung. Am Telefon. Na ja, dachte ich. Schließlich hörte man angeblich auch ein Lächeln am Telefon.

Ehe ich mich's versah, fiel ich schon wieder kopfüber in einen überfluteten Fluss, dessen wilde Strudel mich mit sich fortrissen, stürzte einen rauschenden Wasserfall hinunter, wurde von den spastischen Zuckungen meiner Fantasie hin- und hergeworfen, schlug auf Felsen auf und wurde von fallenden Dominosteinen verschüttet. Zehn Minuten später tauchte ich wieder auf. Das Telefon klingelte. Es war Kashira.

»Guten Abend«, sagte ich. »Ich habe darüber nachgedacht. Ich würde gern bei Euch in die Lehre gehen.«

»Du willst Kunoichi werden?«

»Ja.«

»Du hast uns auf der Bühne alle möglichen coolen Sachen machen sehen. Aber um das hinzukriegen, muss man viel Langweiliges und hartes Training machen. Normalerweise nehmen wir keine Gaijin auf. Es gibt Ninja-Dojos, an denen Gaijin angeblich Ninja-Tricks lernen können und dafür viel Geld bezahlen müssen. Mit sowas wollen wir nichts zu tun haben. Aber ich bin an dir interessiert, weil du Japanisch und Englisch sprichst. Das könnte für uns nützlich sein.«

Geblendet von meinem Glück überhörte ich seine abschätzigen Bemerkungen und warf eifrig Zuhörlaute ein, die man als höflicher Mensch machen musste, um seinem Gegenüber zu zeigen, wie aufmerksam man ihm folgte.

»Die Art von Training, die du bei uns machen würdest, hat nichts mit dem zu tun, was du aus dem Dojo kennst. Im Dojo zahlst du einen Monatsbeitrag. Wenn du hier trainierst, nehmen wir dafür kein Geld. Du würdest erstmal mit deinem jetzigen Job weitermachen und zu uns kommen, wenn du frei hast. Dann würden wir sehen, was passiert. Wenn du dich gut machst, könntest du mit dem richtigen Training loslegen. Eine Ninja-Lehre dauert ungefähr drei Jahre. Dann bist du ein professioneller Show-Ninja. Du wärst sicher beliebt bei Film- und Fernsehproduzenten. Gaijin-Ninjas sind selten.«

Er schien mich als potenziell gewinnbringende Investition zu betrachten. Ich fühlte mich geehrt. Gaijin-Ninja, dachte ich. Das wäre doch was. Ich wollte es zumindest versuchen. Ich wollte so viel von dieser Geschichte erleben wie möglich. Wenn es schiefging, konnte ich sie immer noch aufschreiben. Die Welt würde nicht untergehen. Es würde diese und weitere Geschichten geben, die geschrieben werden wollten. Irgendwann würde ich Zeit finden, über alles nachzudenken und Ordnung in das Chaos zu bringen, das mir widerfuhr. Aber noch war keine Zeit, ans Aufräumen zu denken. Erst einmal war Zeit für Action.

»Das Training ist hart«, sagte Kashira. »Kennst du *Shita-bataraki*?« Zwei Schriftzeichen tauchten vor meinem inneren Auge auf: niedere Arbeit.

»Ja«, sagte ich.

»Am Anfang musst du niedere Arbeit machen. Saubermachen, Sachen wegräumen, Tickets verkaufen. Wenn du das alles gut machst, bekommst du vielleicht die Chance, zum Kampfkunsttraining zugelassen zu werden.«

Vor meinem inneren Auge tauchte eine Reihe von Szenen aus Kung-Fu-Filmen auf. Und meine Zeit bei Kanchō, meinem japanischen Karate-Meister. Während ich in Tokyo studierte, hatte ich meine Semesterferien bei ihm verbracht und jeden Morgen, bevor ich zum Training antrat, alle Kieselsteine auf dem Hof einzeln poliert. Als ich mit meinem Grüngurt bei ihm ankam, hatte er mir sofort erklärt: »Karate ist nicht nur Training im Dojo. Karate ist Putzen. Aufräumen. Büroarbeit. Karate ist alles.« Ich hatte geputzt, aufgeräumt, Formulare ausgefüllt, Briefe eingetütet und trainiert. Ein paar Monate später war ich zur Schwarzgurtprüfung wiedergekommen, die mit einer Stunde Luftboxen in Pferdereitposition begann, nach der man unverzüglich seinen Schweiß wegwischen und mit dem nächsten Prüfungspunkt fortfahren musste. Niedere Arbeit schreckte mich nicht.

»Außerdem bin ich nicht sehr nett«, warnte mich Kashira. Da hatte er recht. »Ich werde dich nicht durch falsches Lob ermutigen. Ich werde streng sein.«

Wieder dachte ich an Kanchō und die unzähligen Liegestütze, die meine Kameraden und ich als Strafe für meine Fehler hatten machen müssen. Auch Strenge schreckte mich nicht. Im Gegenteil. Ich war die geborene gute Schülerin. Mit jedem Wort, das Kashira sagte, fühlte ich mich besser bei ihm aufgehoben.

»Verstehe«, versicherte ich. »Ich werde mein Bestes geben.«

Ich hörte ihn nicken. »Ich bin noch die ganze Woche hier«, sagte er. »Du kannst zu einer Audition kommen, wenn du willst. Wir haben den Welt-Karate-Champion hier. Sie hat früher bei uns als Kunoichi gearbeitet und hilft uns diese Woche aus. Ich stelle sie dir vor.«

»Vielen Dank«, sagte ich. »Ich freue mich darauf.«

Ich machte mir nicht viel aus Berühmtheiten und wusste nicht, wer der derzeitige Welt-Karate-Champion war. Der Verlauf unseres Gesprächs und der bizarre Gedanke, mich per Handy mit einem Ninja zu verabreden, ließen mich kurz zweifeln, ob ich nicht zu weit in den Strudel meiner stürmischen Geistesverfassung hineingesaugt worden war. Aber dann dachte ich: Was soll's? Wenn diese Welt mich wirklich aufnimmt, will ich sie mit Strebsamkeit und Respekt bewohnen. Pflichtbewusst nahm ich meinen Terminkalender in die Hand.

»Wenn es Euch nichts ausmacht, würde ich gerne am Freitag kommen«, sagte ich.

»Klar«, sagte Kashira. »Bis dann. Danke für deinen Anruf.«

»Ich bedanke mich, dass Ihr Euch trotz Eures vollen Terminkalenders Zeit genommen habt mich anzurufen«, sagte ich. »Bitte beehrt mich auch zukünftig mit Eurer Weisheit und Eurem Wohlwollen.«

Wieder verbeugte ich mich tief. Nach einer Weile nahm ich das Telefon vom Ohr und blickte auf das Display. Kashira war noch dran. Erst als er auflegte, richtete ich mich wieder auf.

Freitag war noch drei Tage hin. Trotzdem war ich bereits auf dem Weg nach Iga. Auf geräuschlosen Sohlen und unsichtbaren Wegen sprintete ich mit dem Wind um die Wette. Bei mir trug ich eine geheime Botschaft, die ich unbedingt dort abliefern musste, bevor ich starb.

Vor dem Schlafengehen schrieb ich ein Gedicht in Form eines Waka, einer längeren Vorform des Haiku:

> *Der Mai trifft das Herz*
> *mit lachhafter Leidenschaft:*
> *»Auf, Gaijin-Ninja!«*
> *Sternförmig steckt sie dort fest*
> *und hält das Blut im Körper.*

SMS vom Ninja-Meister

Kashira schrieb mir eine SMS: »habe deinen kontakt gespeichert bitte schreib SMS bin zu beschäftigt zum abnehmen«

Er war kein Mann des geschriebenen Worts. Ich schrieb zurück, wie es japanische Etikette verlangte: »Ich stehe in Eurer Schuld. Vielen Dank. Ich werde mich per SMS melden. Bitte beehrt mich weiterhin mit Eurer Güte.«

Am nächsten Tag schickte mir Hiro eine E-Mail mit einer detaillierten Beschreibung meiner Reiseroute nach Iga-Ueno. Ich musste häufig umsteigen und dabei Bahnlinien benutzen, mit denen ich noch nie gefahren war, ja, deren Namen in meinen Ohren bereits nach Abenteuer klangen. Kintetsu-Linie! Mich aus dem Betriebsbereich der Bahnlinien Osakas herauszubewegen, war aufregend. Nach genauem Studium des Fahrplans schrieb ich Kashira: »Ich werde am Freitag früh aufbrechen und voraussichtlich gegen 14 Uhr in Iga eintreffen.«

Abends, während ich mit Yuri in einer Bar saß, vibrierte plötzlich mein Handy.

»Entschuldige, Yuri«, sagte ich. Ich konnte nicht widerstehen.

»du bist ein seltener fund du musst nicht unbedingt freitag kommen komm wann du willst ich warte«. Schockiert nahm ich einen Schluck von meinem Ananas-Joghurt-Longdrink und setzte das Glas ab.

»Ich muss kurz antworten«, sagte ich.

»Kein Problem, Anna-chan.« Sie lächelte, holte ihr mondscheinfarbenes Handy raus und schrieb selbst eine Nachricht.

»Ich stehe in Eurer Schuld«, schrieb ich und ignorierte in meiner gaijinhaften Geradlinigkeit die Möglichkeit, dass er mir auf kurvige Art sagen wollte: »Freitag passt mir doch nicht.«

»Vielen Dank«, tippte ich weiter. »Wenn es Euch keine Umstände macht, komme ich gerne diesen Freitag und bleibe so lange es Euch beliebt.«

Yuri löste sich in den funkelnden Punkten der Discokugel auf, die an der Decke hing. Vielleicht war sie in Wirklichkeit eine Kunoichi. Nachts träumte ich von einem Himmelstheater, in dem Yuri vor dem Mond tanzend ein Kind gebar. Sofort glitt das Kind auf den Boden und tanzte mit. Die Choreographie konnte es durch die Nabelschnur.

Am nächsten Tag schrieb Kashira: »wenn du ankommst sag am ticketschalter du willst zu mir dann musst du keinen eintritt zahlen ich stelle dir den welt-karate-champion vor sei nicht nervös freu dich du kannst mit uns im hotel übernachten was ist deine schuhgröße«

Wieder hatte ich das Gefühl, in den Sog eines Traums geraten zu sein. Ich schrieb: »Ich stehe in Eurer Schuld. Vielen Dank. Ich freue mich darauf, Euch in Iga zu sehen und den Welt-Karate-Champion kennenzulernen. Meine Schuhgröße ist 25. Bitte beehrt mich weiterhin mit Eurem Wohlwollen.«

Auf 25 Zentimeter langen Füßen würde ich am morgigen Tag das Ninja-Dorf betreten und mich um eine Rolle als Kunoichi bewerben.

Es war Zeit für Action.

生捕

Ikedori

[lebend fangen]

Ein Ninja muss die Kunst
beherrschen, Menschen
lebend und intakt
unter seine Kontrolle
zu bringen.

Ninja-Stadt

Auf dem Weg zum Bahnhof hielt ich bei einem kleinen japanischen Süßigkeitenladen an. Hinterm Tresen standen eine alte Frau mit einem 1.000-Falten-Lächeln und ein alter Mann mit einem freundlichen, runden Glatzkopf. Kaum kam ich herein und begrüßte sie, sagten sie kopfnickend: »*Nihongo ga jōzu desu ne!*« – Du kannst aber gut Japanisch.

»Vielen Dank«, sagte ich. »Ich bin auf dem Weg nach Iga und möchte den Ninjas gern etwas Besonderes aus Osaka mitbringen.« Die beiden lachten. Um mich nicht noch lächerlicher zu machen, fuhr ich fort: »Ich habe im Museumsdorf ihre Show gesehen, und sie hat mir sehr gut gefallen. Heute fahre ich noch mal hin, da wollte ich mich erkenntlich zeigen und ...«

Je mehr ich sagte, desto mehr lachten sie. Sie kriegten sich gar nicht mehr ein. Der Alte wischte sich die Augen und sagte: »Japanisch macht Spaß, stimmt's?«

Endlich verstand ich den Grund ihrer Erheiterung. Einem Gaijin zu sagen, dass sein Japanisch gut war, war eine Sache. Das gehörte zum guten Ton. Wenn er aber tatsächlich Japanisch sprach, war das zum Totlachen.

Die alte Frau zeigte mir ein paar Spezialitäten. Da es heiß war, entschied ich mich für eine Schachtel erfrischender Fruchtgelees für 1.600 Yen. Ich hätte gern mehr ausgegeben, um meine Wertschätzung für den Ninja-Meister zu zeigen, aber da ich festgestellt hatte, dass während der Golden Week sogar die Geldautomaten zuhatten, ging ich mit meinem Bargeld sparsam um. Schließlich musste ich damit noch die lange, komplizierte Reise nach Iga-Ueno und zurück bezahlen.

Der alte Mann wickelte die Fruchtgeleeschachtel diagonal in das blassgrüne, ladeneigene Geschenkpapier ein, setzte gekonnt einen goldenen Aufkleber darauf und steckte sein beeindruckendes Speed-Art-Kunstwerk in eine passende Papiertüte. Seine Frau zählte mir liebevoll mein Wechselgeld in die Hand. Sie machten eine simultane Abschiedsverbeugung und baten mich vorschriftsmäßig, bald wiederzukommen. Gegen das 2.000-Falten-Lächeln, das sie mir hinterherschickten, verblasste selbst das Strahlen der Sonne an diesem heißen Maitag.

Iga war keine große Stadt. Ihr Glück war, dass sie trotzdem etwas zu bieten hatte. In jedem Winkel, an jedem Laden, jedem Restaurantschild und auf so ziemlich jedem Produkt, das verkauft wurde, prangten Ninjas. Furchterregende Ninjas, niedliche Ninjas, große Ninjas, kleine Ninjas, Plastik-Ninjas, Holz-Ninjas, Ninja-Hunde, Ninjas mit Kuscheltieren auf dem Arm, Ninjas mit Kameras um den Hals und Ninjas, die in hochhackigen Schuhen herumstaksten. Die Stadt platzte buchstäblich vor Ninjas. Es gab Ninja-Nudeln, Ninja-Reiscracker, Ninja-Armbänder, Ninja-Handyanhänger, Ninja-Gummiwaffen, Ninja-Ohrreiniger, Ninja-Anzüge und Ninja-Damenbinden.

Zu Lebzeiten hatten sich die Ninjas so gekonnt versteckt, dass niemand wusste, wo und wer sie waren, geschweige denn, was sie machten. Über die Jahre hatte ihre Meisterschaft und Weiterentwicklung dieser Kunst und des dazugehörigen Spektrums von Spionage- und Kampftechniken sie unsterblich gemacht. Sie wurden zur Inspiration unzähliger Barden und Schriftsteller. Mit ihren Auftritten in Liedern, Romanen und Theaterstücken hangelten sie sich durch die Jahrhunderte und veränderten weiterhin gekonnt ihre Gestalt. Anfang der 60er-Jahre nutzten sie dann den Schwung, den ihnen Futaro Yamadas Roman »Die Schriftrollen der Koga-Ninjas« verlieh, und zogen mit Sicheln und Macheten in die moderne Popkultur ein.

Wer an der Kunst der Ninjas, genannt *Ninpō*, als ganzheitlichem Lebensweg interessiert ist, sollte sich über das *Bujinkan*-Dojo in Noda, fünfzig Kilometer nordöstlich von Tokyo, informieren. Dort wird unter dem Namen *Bujinkan Budo Taijutsu* seit Generationen das Wissen weitergegeben, das die Ninjas in der Sengoku-Zeit entwickelten und praktizierten. Oberhaupt dieser weltweit größten *Ninjutsu*-Schule war jahrelang der vielseitig talentierte und interessierte Masaaki Hatsumi, der immer auch seine Erfahrungen als Schauspieler, Autor und Osteopath in den Unterricht mit einfließen ließ. 2020 gab er seinen Titel als Oberhaupt der Schule offiziell ab und verlegte die Ausübung seiner Zauberkunst in den Schatten hinter den Kulissen.

In Iga hingegen war das Ninja-Business inzwischen unzertrennlich mit dem Showbusiness und dem Tourismus verbunden, und die Ninja-Bühne im Museumsdorf war das Zentrum dieser Action. Zur Ferienzeit und an Wochenenden fanden dort alle dreißig bis sechzig Minuten Shows statt. Hin und wieder verließen die Ninjas auch ihre Heimatstadt, um ihre Fähigkeiten einem breiteren Publikum vorzuführen, und traten in Hotels und Festivalprogrammen, in Kino- und Fernsehproduktionen wie »Der letzte Samurai« auf.

Ich folgte dem Strom die Treppe hinunter und die Straße hinauf, wo es grüner wurde und große Laubbäume den breiten Weg zum Ninja-Dorf säumten, hinein in die Welt der Schatten.

Als ich um 14 Uhr ankam, stand bereits eine Schlange vor dem Ninja-Museum. Sicher war Kashira schon dabei, mit mystischen Gesängen und Schwertschlägen, die Strohrollen wie Butter schnitten, den vorigen Besucherschwarm zu unterhalten.

»Guten Tag, mein Name ist Anna«, sagte ich am Ticketschalter. »Ich bin hier, um Herrn Hanzo Ukita zu sehen. Er hat gesagt, ich soll mich hier melden, wenn ich ankomme.«

Die Dame am Schalter rief eine Frau in einem lila Ninja-Anzug herüber.

»Ah, Anna-san!«, begrüßte mich die charmante lila Kunoichi und bedeutete mir, mitzukommen.

Sie führte mich den Weg entlang und bog so unauffällig an einer unscheinbaren Ecke ab, dass ich es beinahe nicht mitbekam. Ein schmaler Sandweg führte uns zu einem aus Planen und einer Spanholztür zusammengesetzten Zelt. Davor war als Überdachung eine weitere Plane gespannt. Unter dieser stand ein Anglerstuhl, umgeben von großen Mülltonnen, Aschenbechern und anderen Objekten. Die Szene, die ich vor mir sah, erinnerte an einen Campingplatz oder ein Filmset. Große, staubige Fußmatten markierten den Weg zum Eingang.

Die Kunoichi klopfte und rief: »Anna-san ist da.«

Audition

Im Zelt waren Kashira und Bote Gottes gerade dabei, sich auf die nächste Show vorzubereiten. Kashira schien ruhig, so als hätte er alle Zeit der Welt.

»Ah, Anna«, sagte er. »Wenn du die Latschen da anbehältst, wirst du schnell erschöpft sein. Ich geb dir welche mit Gummisohle. In denen kannst du besser laufen. Sei nicht nervös. Guck dir einfach alles an und entspann dich.«

Er gab mir einen Schuhkarton, darin lagen schwarze Ninja-Schuhe mit abgefederten Gummisohlen in Größe 25. Ich bedankte mich demütig für die unverdiente Aufmerksamkeit, überreichte ihm das Fruchtgelee und schlüpfte hinein.

»Passen perfekt, oder?« Kashira lächelte zufrieden. Ich lief darin wie auf Wolken.

Er gab mir ein rotes Schweißarmband, auf dem zwei silbrige Schriftzeichen prangten: 忍者. Das erste Zeichen hieß »Nin«, das zweite bedeutete »Person«. Früher hatte man »Shinobimono« gelesen, heute las man »Ninja«.

Das Schriftzeichen 忍 Nin zeigte ein Herz unter einer Klinge. Genauer gesagt 心 Kokoro unter einer Klinge. Kokoro war ein japanischer Begriff, in dem Herz und Geist, Seele und Verstand eine für uns Westler schwer verständliche Einheit bildeten. Selbst unter der scharfen Klinge fiel diese Einheit nicht auseinander. Das bedeutete, ein Ninja blieb stets cool. Egal, welchen Bedrohungen er ausgesetzt war, sein Verstand blieb scharf wie eine Klinge. Dass das Herz unten war, bedeutete auch, dass man als Ninja seine Absichten versteckt halten musste. Ließ man sie an die Oberfläche steigen, lief man direkt ins Messer.

Ehrfurchtsvoll streifte ich mir das Band über und trug nun am Armgelenk ein komplexes Bedeutungsgefüge mit mir herum, das zwischen Versteckkunst, Selbstkontrolle und Durchhaltevermögen den idealen Ninja definierte.

Als ob das nicht schon genug war, gab Kashira mir noch ein T-Shirt und sagte: »Die Schriftzeichen da drauf bedeuten ›Ninja-Seele‹.« Er kicherte vergnügt. »Willst du dich umziehen?«

»Hai!« Ich verbeugte mich.

Kashira und Bote Gottes verließen höflich das Zelt. Ich legte meine Ninja-Seele an.

Wir gingen aus dem Versteck in den Hauptbereich des Museumsdorfes zurück. Am Eingang zur Ninja-Bühne begrüßte Kashira eine kleine, kräftige Frau mit kurzen Haaren, die wie eine eifrige Marktschreierin verkündete, dass in nur zehn Minuten die nächste spektakuläre Ninja-Actionshow anfangen würde. Währenddessen verkaufte sie an eine nicht enden wollende Schlange aufgeregter Besucher eine Karte nach der anderen, hielt die drängenden Massen mit gekonnten Gesten und sparsamen Worten im Zaum und gab mit einem professionellen Lächeln Wechselgeld heraus.

Wir traten in den Bühnenbereich ein. Noch waren beide Eingänge verschlossen. Die Sitzreihen waren leer. Hinten wurden sie mittig von einer kleinen Kabine durchbrochen. Darin saß eine Frau mittleren Alters an einem Pult, mit dem Soundeffekte gemacht wurden.

»Das ist Uchinoura-san«, sagte Kashira. Die Frau drehte sich um und sah unter ihrem langen Pony zu mir auf, obwohl ich weiter unten stand. Ihre Schulmädchenfrisur und ihr Blick passten nicht zu ihrem Alter. »Sie kann dir viele gute Ratschläge geben.«

»Guten Tag«, sagte ich.

»Guten Tag«, sagte Uchinoura-san.

Während ich mich ordnungsgemäß vor ihr verbeugte und sie um ihr Wohlwollen in der Zukunft bat, übersetzte ich im Kopf ihren Namen: *Uchi-no-ura*. Rückseite des Inneren. Ich konnte mir nicht erklären, woran es lag, aber in all ihrer Unterwürfigkeit hatte sie etwas an sich, das mir Angst einjagte.

Uchinoura-san trug ein Kimono-Oberteil, auf dem der *Kujino-in* stand, die mystische Formel, mithilfe derer sich die Ninjas auf ihre Missionen vorbereitet hatten. Die Formel, die Kashira vor seiner Schwertnummer chantete.

»Uchinoura-san hilft uns hier mit allen möglichen Sachen«, sagte Kashira. »Sie verkauft Tickets, weist Besuchern Plätze zu, bedient das Soundpult und so weiter. Alles, was nötig ist, damit sich die Besucher wohlfühlen.« Sie hatte einen Job, in dem man sie nur bemerkte, wenn etwas schiefging. Wenn alles gut lief, huschte sie unbemerkt von A nach B, saß versteckt am Pult und drückte unauffällig ihre Knöpfe, sie war der Schatten der Schattenkrieger. Die Rückseite des Inneren.

»Übrigens«, sagte Kashira, »die Frau, die du da draußen gerade beim Ticketverkauf gesehen hast ...«

»Hai!«, sagte ich neugierig.

»... das ist Welt-Karate-Champion Sugita-san.« Er kicherte und ging mit der Genugtuung voraus, dass ich einen Moment brauchen würde, mich wieder zu fangen. »Wenn du bei uns anfängst«, sagte er, »musst du das als erstes lernen. Tickets verkaufen, Besuchern helfen, putzen. Das gesamte Drumherum. Wir machen die Show. Du machst den Rest.«

Das war also die erste mysteriöse Fähigkeit, die ich mir aneignen musste: der Rest. Ein Aspekt davon war, dass ich die Besucher glücklich machen musste.

Wie ein Adler beobachtete ich Uchinoura-sans Bewegungen. Was war ihr Geheimnis? Wie wurde man gut darin? Wahrscheinlich musste man die Zufriedenheit der Besucher zu seiner eigenen Mission machen. Das war schon mal nicht schwer. Menschen zu unterhalten und glücklich zu machen, war eine vortreffliche Mission. Sie lag mir am Herzen. Ich wollte den Menschen ein wenig Spaß und Ablenkung schenken in einer Welt niemals enden wollender, oftmals trister und anstrengender Pflichten. Einen Ausweg aus dieser Welt wünschte ich mir für alle, mich selbst eingeschlossen. Deshalb war ich hier.

»Setz dich und genieß die Show«, sagte Kashira, drückte mich auf eine Bank und ging mit großen Schritten davon.

Bedröppelt saß ich mitten in der ersten Reihe des leeren Zuschauerraums vor der Bühne. Einen Moment später strömten die Leute von allen Seiten herein und füllten die anderen Plätze. Auch die nächsten Shows durfte ich mir von hier aus ansehen. Schließlich musste es erst einmal weitergehen im Ninja-Dorf. Es war immer noch Golden Week und damit Hochsaison. Die Ninjas hatten keine Zeit, sich um mich zu kümmern.

Der Inhalt der Show variierte, aber selbst die Nummern, die ich mehrfach sah, verloren dadurch nicht ihren Reiz. Den ganzen Nachmittag lang fühlte ich mich bestens unterhalten von schwungvollen Saltos, eleganten Schwerthieben, mystischen Gesängen, rollenden Münzen und herrlichen Slapstick-Momenten.

»Anna«, rief Uchinoura-san nach der zweiten Show. »Geh mal zur Schlange. Dolmetschen!«

Ich rannte, bis ich Kashira neben einem kleinen Grüppchen Gaijin entdeckte.

»Ich glaube, die wollen mich was fragen«, sagte er. Ich fragte, ob sie ihn was fragen wollten. Ihr Englisch klang holländisch.

»Ja, wir wollten wissen, wie lange wir warten müssen, bis wir reinkommen.«

»Tut mir leid«, sagte Kashira, nachdem ich die Frage an ihn weitergegeben hatte. »Diese Show ist voll. Die nächste fängt um halb vier an, aber wenn ihr gute Sitze wollt, solltet ihr um viertel nach drei da sein.«

Ich gab die Information weiter, und die Holländer bedankten sich. Ich wünschte ihnen einen schönen Tag in Iga.

»*Very good!*«, sagte Kashira auf Englisch und lächelte. »Genau das haben wir gesucht. Jemanden, der Englisch spricht und uns mit den ausländischen Besuchern helfen kann.« Ich leugnete vehement jegliche Art nützlicher Kenntnisse. Das gehörte sich so. Im nächsten Atemzug versicherte ich, dass ich ihm stets zu Diensten sein würde. Auch das musste gesagt werden.

Wieder rief Uchinoura-san: »Anna!«

Ich rannte zurück in den Zuschauerraum und half der nächsten Gaijin-Gruppe. Diesmal waren es Amerikaner. Einer von ihnen hatte eine Kamera und wollte wissen, von wo aus er die besten Bilder machen konnte. Ich schlug ihm vor, sich direkt hinter die Kinder zu stellen, die vor der Bühne auf Matten saßen, und es von dort aus zu probieren.

Uchinoura-san beobachtete den Austausch, machte runde Augen und sagte klatschend: »*Sugoi!*« – Wow!

Es war erstaunlich, wie man jemanden mit ein bisschen Englisch beeindrucken konnte, der tagein, tagaus echte Ninjas dabei beobachtete, wie sie Wände hinaufrannten, mit echten Sicheln jonglierten und mit Pusterohrpfeilen aus sieben Metern Entfernung einen winzigen Luftballon zum Platzen brachten.

Die nächsten Shows verbrachte ich neben Uchinoura-san in der Soundkabine. Krampfhaft versuchte ich, mir zu merken, welcher Knopf welches Geräusch machte.

Das linke Bedienfeld hieß *BANK A*: 1 – Irgendetwas fliegt in der Luft herum und macht Wind. Das rechte Bedienfeld hieß *BANK B*: 1 – Messer wird in den Hals gerammt. 2 – Messer wird wieder rausgezogen. 3 – Seil wird zurückgeholt.

Ein Rädchen unten drunter wurde ganz nach rechts und schnell wieder zurückgedreht, wenn ein Ninja-Stern in der Wand landete, und verlieh dem Geräusch den Rumms, den man aus Actionfilmen gewohnt war. Offenbar war es ein Regler für ein verstecktes Mikrofon. Moderne Ninjas, moderne Technik.

Knöpfe und Geräusche verschwammen in meinem Kopf. Es gab zu viele, und es war schwierig, Ninja-Action und Pult gleichzeitig im Auge zu behalten. Als Kashira zwischen zwei Shows zu uns kam, um zu sehen, wie es lief, flüsterte Uchinoura-san ihm offensichtlich etwas Nettes über mich zu.

Nachdem die letzte Show vorbei war, spannten die Ninjas eine große Plane über die Bühne, damit sie über Nacht nicht nass wurde. Kashira sagte, das sei ein Männerjob, und befahl Welt-Karate-Champion Sugita-san, Uchinoura-san und mir, uns auf die Publikumsbänke zu setzen.

Unterwegs zur anderen Bühnenseite kam Kashira an uns vorbei und sagte: »Sugita-san, kannst du mal gucken, ob das Mädel brauchbar ist? Irgendwann, wenn du mal Zeit hast.« Sugita-san sah erschöpft aus, obwohl sie sich sehr zusammenriss. Kein Wunder. Sie war inzwischen verheiratet und hatte Kinder. Sicherlich hatte sie zu Hause genug zu tun. Sie arbeitete eigentlich nicht mehr im Ninja-Dorf, war jedoch nach wie vor ein treues Mitglied des Clans und half, wenn viel los war. Den ganzen Tag lang hatte sie in der sengenden Maisonne Zuschauerschwärme im Zaum gehalten und glücklich gemacht.

»Ach, was soll's«, sagte sie. »Machen wir es jetzt.«

Sie holte eine der Plastikplanen, die vor den Sitzreihen ausgebreitet wurden, wenn es voll war, um zusätzliche Plätze zu schaffen, und legte sie auf die Bühne. Sie selbst setzte sich in die erste Bankreihe.

»Okay, Anna«, sagte sie, »Männerspagat.« Ich stellte mich auf die Plastikplane und ließ meine Füße seitwärts gleiten, so weit ich konnte. Dann stützte ich die Hände vor mir auf und setzte mich auf den Hintern. Es waren keine 180 Grad. Wahrscheinlich war ich damit bereits durchgefallen. »Okay«, sagte sie, »dreh dich nach links.« War das ein gutes Zeichen? Ich wechselte in den Frauenspagat. Der war mir schon immer leichter gefallen. »Okay, und wieder in die Mitte.« Ich wechselte zurück in den Männerspagat. »Kannst du den Oberkörper nach vorn beugen?«, fragte sie. »Wie weit kommst du runter?« Ich legte meinen Oberkörper vor mir auf den Boden. Heute tat es ziemlich weh. Die Schmerzintensität variierte, aber möglich war es immer. »Yawarakai!«, urteilte sie. Dehnbar. Mein Herz dehnte sich aus. Ich war erleichtert.

»Tritte«, sagte sie. In meinen Tenshinkan-Karate-Zeiten hatte ich hin und wieder Wettkämpfe mit Tritten gewonnen. Ein Tritt in Kopfhöhe gab drei Punkte. Damit gewann man den Kampf. Aber seit ich *Shorinji*-Karate trainierte, zum Training Helme und Rüstungen trug und plötzlich ungewohnte Roundhouse-Kicks mit Drehungen und Sprüngen machen musste, hatte ich das Gefühl, Tritte waren meine Schwachstelle.

»Roundhouse-Kick rückwärts«, sagte Sugita-san. Ich gab mein Bestes und fühlte mich unwürdig. Immerhin war sie Welt-Karate-Champion. Ich unterdrückte meine Minderwertigkeitskomplexe, so gut ich konnte. Beim Karate war *Seishin* alles. Übersetzen konnte man das am besten mit »Spirit« oder »innere Einstellung«. Aber das traf es nicht ganz. Denn natürlich handelte es sich dabei um eine bestimmte Einstellung – eine, bei der man sich jede Sekunde innerlich selbst mit »Gib alles!« anschrie und diesem Befehl nachkam, so gut man konnte.

Egal, dachte ich. Falls ich durchfiel, hatte ich immer noch die Chance auf einen nützlichen Rat von einem Welt-Karate-Champion, den ich mit zurück ins Dojo nehmen konnte.

»Okay«, sagte Sugita-san. Ihre Intonation ließ auf keine Gefühlsregung schließen.

»Und?«, fragte Kashira, als er wiederkam.

»Ja, sie ist sehr dehnbar«, sagte Sugita-san. »Keine Verletzungsgefahr. Wenn sie trainiert, wird sie schnell lernen.«

»Ich bin mir auch sicher, dass sie es schaffen kann«, bestätigte Kashira.

Woher nahm er nur sein Zutrauen?

Während ich nach einer Antwort suchte, wanderte meine Hand zu meinem Herzen. Auch wenn man es nicht sah, war ich mir sicher, dass in diesem Moment direkt darunter zwischen Hand und Herz zwei Schriftzeichen aufleuchteten. Sie bedeuteten: Ninja-Seele.

Eine Art Heimfahrt

Sugita-san zeigte mir, welche Kisten ich vom Backstagebereich zum Auto tragen sollte. Wir luden sie mit den *Nunchakus* – den durch eine Kette verbundenen Kampfstäben, die Bruce Lee so virtuos beherrscht hatte – und den Schwertern zusammen in den Kofferraum. Das Auto war ein geräumiger, glänzend schwarzer Van, auf dessen Seite überlebensgroß Kashiras Antlitz prangte. Vor dem Auge hielt er einen Ninja-Stern.

»Anna, *Dōzō!*«, sagte Uchinoura-san – Nach dir! – und bedeutete mir, einzusteigen.

Während wir im Auto warteten, kam ich mit Uchinoura-san ins Gespräch. Unter der Woche hatte sie einen normalen Job und kam immer nur sonntags nach Iga. Sie machte das schon seit Jahren, hatte es jedoch nie satt, die Show zu sehen und mitzuhelfen. Alle hier waren wie eine Familie. Man stand sich nahe und hatte Vertrauen zueinander.

»Kann ich verstehen«, sagte ich und erzählte ihr, dass ich zwar nicht unter Ninjas aufgewachsen war, aber unter Schauspielern. Meine Mutter hatte, bis ich 16 war, in diesem Beruf gearbeitet. Als Kind hatte ich viel Zeit damit verbracht, im Schatten hinter der Bühne mit Requisiten und Mitwirkenden zu spielen, mich in den weiten Röcken der Schauspielerinnen zu verstecken und ihre bizarren Sprachübungen nachzumachen.

»Was hat deine Mutter danach gemacht?«, fragte Uchinoura-san. »Sie hat beschlossen, Kinder- und Jugendpsychotherapeutin zu werden, und ist dafür zurück an die Uni gegangen.«

»Sie muss sehr intelligent sein«, sagte sie.

Hätte das Gespräch nicht in Japan stattgefunden, hätte ich sofort gesagt: »Klar ist sie das!« In Japan aber musste man mit innerfamiliärem Lob vorsichtig sein. Man definierte sich in erster Linie als Teil einer Gruppe, nicht als Individuum. So wäre offen ausgesprochener Stolz auf meine Mutter eine Art unverschämtes Eigenlob gewesen.

Zum Glück kamen in diesem Moment Pferdeschwanz und Kashira die Straße hinauf. Den ganzen Tag lang schnappte ich Informationsfetzen auf und puzzelte sie nach und nach zusammen. So wusste ich inzwischen, dass Pferdeschwanz eigentlich Tomonosuke hieß, Bote Gottes war Masanosuke. Die beiden waren Brüder und Kashiras Söhne. Trotzdem nannten auch sie ihn Kashira – Boss.

Tomonosukes Pferdeschwanz hatte sich inzwischen aufgelöst. Sein Haarschnitt war eindeutig für einen Pferdeschwanz ausgelegt. Der Pony lief an den Seiten schräg abwärts, der Rest fiel hinten lang herunter. Ein Ninja mit Vokuhila. Und Jeansjacke. Ich dachte an die Schauspieler im Unterhemd, die ich als Kind an den Waden gekitzelt hatte, während sie sich schminkten.

Kashira trug ein Bruce-Lee-Shirt. Schließlich erschien auch Masanosuke, zusammen mit dem vierten Ninja, der wie Uchinoura-san nicht durch Blutsverwandtschaft mit dem Rest des Clans verbunden war, sondern vertraglich. Er war Schauspieler und Stuntman, spielte in historischen Fernsehserien mit und half den Ninjas, wenn viel los war. Der Stuntman sprang neben Tomonosuke auf den Beifahrersitz. Kashira und Masanosuke fuhren mit einem anderen Auto.

In einem etwas abgewetzten Businesshotel aus den 80er-Jahren hatten die Ninjas ein Kontingent für mehrtägige Ferien. Am Tag meiner Audition hatte ich die Ehre, es mit zu nutzen. Das eigentliche Zuhause des Ninja-Clans war außerhalb von Iga auf dem Lande. Nicht zu weit weg, aber weit genug, um sich das mit dem Pendeln zweimal zu überlegen, wenn man mehrere Tage hintereinander lange arbeiten musste.

Wir betraten das Hotel *Neo Fukuton,* zogen die Schuhe aus, stellten sie in die Schuhfächer und schlüpften in glatte, biegsame Hotelpantoffeln aus Kunstleder. Uchinoura-san drückte mir einen Schlüssel mit der Zimmernummer 403 in die Hand. Sie kaufte am Empfang ein paar Handyanhänger in Form von Seilen, mit denen Ninjas Körperteile einfingen und unbeweglich machten.

»Hier, für dich«, sagte sie und gab mir einen.

»Oh, vielen Dank! Das wäre doch nicht ...«

»Meine Mutter will unbedingt so einen haben«, sagte sie. »Sie war sauer, dass ich ihr letztes Mal keinen mitgebracht habe.«

»Das ist wirklich nett von Ihnen« sagte ich.

»Geh auf dein Zimmer und ruh dich aus«, sagte sie. »Um 19.30 Uhr treffen wir uns im Speisesaal.«

Ich bedankte mich mit einer tiefen Verbeugung für ihre Hilfe und Großzügigkeit und fuhr mit dem Fahrstuhl nach oben. Hinter der Nummer 403 verbarg sich ein kleines, aber feines japanisches Zimmer, ausgestattet mit Tatami-Matten, einem Fernseher, einem Tischchen, einem Kosmetikset einschließlich Zahnbürste, Zahnpasta, Rasierer, Abschminkpads und Wattestäbchen, einem Wasserkocher, grünem Tee und einem perfekt geplätteten Baumwollbademantel in einer Wandnische.

Der Anblick von Ordnung war angenehm und beruhigend. Gleichzeitig erinnerte er mich daran, dass es in meinem Kopf noch einiges zu ordnen gab. Ich nahm mein Notizbuch aus der Tasche, öffnete es und legte es auf den Tisch. Dann holte ich meinen Stift heraus, hielt ihn beidhändig wie ein Schwert empor und verbeugte mich demütig vor den leeren Seiten. Bis zum Abendessen war nicht viel Zeit, aber ich würde einen Anfang machen.

Dazugehören

Um kurz vor halb acht fuhr ich hinunter und betrat den Speisesaal. Vor mir zitterten mehrere Reihen nackter, weißer Kantinentische unter grellen Halogenleuchten wie in einem spastischen Krampf. Es dauerte einen Moment, bis sie sich beruhigten. So als hätten sie bei meinem Anblick einen Schreck bekommen, mich dann aber für ungefährlich befunden.

In dem großen, grellen Raum sah ich ein Dutzend Männer und drei Frauen: Sugita-san, Uchinoura-san und ein Pin-Up-Girl auf dem Kalender an der Wand. Das *Neo Fukuton* war ein typisches Businesshotel für geschäftsreisende Männer – günstige Preise, sättigendes Essen, Getränkeautomaten auf den Fluren und eben Pin-Up-Girls an der Wand. Dadurch wirkten Sugita-san und Uchinoura-san wie aus dem Rahmen gefallene weibliche Fremdkörper. Sie erinnerten mich an eines dieser Gehirntrainingsspiele für Kinder: Kreuze an, was nicht dazugehört.

Innerlich kreuzte ich Sugita-san und Uchinoura-san an. Das Pin-Up-Girl gehörte in diesem für arbeitende Männer konzipierten Businesshotel zur Ausstattung, die beiden berufstätigen Frauen hingegen nicht.

Sie sagten Guten Abend. Ich nahm mir ein Tablett.

Hinter der Durchreiche entdeckte ich noch eine weitere Frau. Sie stand in der Küche und servierte Essen. Da sie die Geschäftsmänner bediente, gehörte auch sie zur Ausstattung.

Ihr nickender Gruß wirkte neugierig und nervös, ihr Lächeln überkompensiert, ihre Bewegungen ein wenig zu schnell, als sie mich bediente. In dieser beschleunigten Verfassung servierte sie mir ein japanisches Abendessen, bestehend aus den typischen Komponenten: einer Schüssel weißem Reis, einer Schüssel Miso-Suppe, einem winzigen Teller mit eingelegtem Gemüse und einer variierenden Beilage. Sicher hatte sie bei meinem Anblick Angst, gegen eine Sprachbarriere oder auf irgendwelchen Widerstand mit dem Essen zu stoßen. Ich bedankte mich so beruhigend ich konnte und setzte mich zu Sugita-san und Uchinoura-san.

Das eingelegte Gemüse des Tages war *Takuan,* knallgelber salziger Rettich, erfunden von und benannt nach Takuan̄ Soho, einem dichtenden Wander-Zen-Mönch aus dem 17. Jahrhundert, der trotz seines Ruhmes zeitlebens bescheiden geblieben war und großen Einfluss auf die japanische Kampfkunst gehabt hatte. Shihan erwähnte ihn häufig und hatte mir die Ehre erwiesen, das *An* in meinem Namen mit dem gleichen Schriftzeichen zu schreiben wie das in Taku*an*.

Die Beilage bestand aus Rindfleisch, Gemüse und klebriger, dunkelbrauner Soße. Ein Allerweltsgericht, das keine großen Überraschungen bereithielt – außer, dass es noch unspektakulärer schmeckte, als es aussah. Trotzdem machten sich alle, einschließlich des in die Tage gekommenen *Salary Man* am Nachbartisch, große Sorgen, ob ich es essen könne, da ich japanisches Essen als Gaijin ja nicht gewohnt sein konnte.

In Japan fanden die Leute nie, dass ich dazugehörte. Immer kreuzten sie mich an. (In einem Buch über Beziehungen hatte ich einmal gelesen, dass die Wörter »immer« und »nie« auf einen überhitzten emotionalen Zustand hinwiesen, in dem man nicht mehr sachlich argumentieren konnte und im Konflikt mit dem Partner nicht mehr weiterkam. Wenn es um Japan und mich ging, gab ich mir Mühe, sie nie zu benutzen, aber in unserer Anfangszeit fiel es mir immer schwer.) Als ich anstandslos mit dem Essen begann, ging ein Seufzer der Erleichterung durch den Saal. Leise seufzte ich mit. Gegenseitiges Wohlwollen war die Hauptsache.

»Sie sind früh dran«, bemerkte ich. Uchinoura-san war mit einem Bissen Rindfleisch beschäftigt. Sugita-san sagte: »Ich bin früher runtergekommen, weil ich nachher noch waschen will.«

Sie beendete ihre Mahlzeit, indem sie gekonnt die letzten drei Reiskörner mit den Stäbchen aus der Schüssel sammelte, trank einen Schluck Gerstentee und sah mich an. Anscheinend hatte sie sich vor dem Waschen noch etwas anderes vorgenommen: mich.

Sie sprach schnell, mit einem ungewohnten Akzent. Ich musste mich konzentrieren. Schließlich hatte sie das, was ich vor mir hatte, schon hinter sich. Jeder von ihren Ratschlägen konnte ein unabdingbarer Pflasterstein auf meinem Weg zur Kunoichi sein. Kashira hatte mir gegenüber mehrmals seinen Respekt für ihre Fähigkeiten als Kunoichi ausgedrückt. »Sugita-san ist eine geniale Kampfkünstlerin«, hatte er gesagt. Und: »Sie hat auch alles andere drauf, was man hier in Iga braucht. Guck sie dir beim Kartenverkaufen an und merk dir, wie man das macht.«

Sugita-san war ein Vorbild. Jetzt saß sie vor mir und sprach zu mir. Sie erinnerte mich an eine Elfe: runder Kopf, kurze Haare mit herunterzeigenden Pfeilen vor den Ohren, eine reizend vorstehende Oberlippe und weit offene, wach glänzende Augen. Sie war eine strenge, respekteinflößende Elfe, aber zweifellos besaß sie Zauberkräfte und brachte Glück. Ich konnte nicht zwinkern und nicht schlucken, so angestrengt hörte ich ihr zu.

»Was du dir als erstes merken musst«, sagte sie, »du darfst dir für keine Aufgabe zu schade sein. Du musst lernen, alles zu machen, was anfällt, und zwar gut. Ob es sich dabei um das Ninja-Stern-Schlagen handelt oder um das Abwischen der Zuschauersitze. Sei niemals faul und sei niemals stolz. Sei demütig und arbeite hart. Erstmal musst du viel nervige, niedere Arbeit machen. Das Kampfkunsttraining kommt später. Und während du dann Kampfkunst trainierst, musst du immer noch niedere Arbeit machen. Alle machen alles. Ein japanisches Sprichwort sagt: ›Ein Weg von 1.000 Ri beginnt mit dem ersten Schritt.‹ Wenn du den ersten Schritt nicht hinkriegst, wirst du nicht weit kommen. Verstehst du, was ich meine? Du musst den ersten Schritt machen, und zwar richtig. Um Fortschritte zu machen, ist es am wichtigsten, dass du lernst, Kashiras Gedanken zu lesen. Wenn du verstehst, was er will, wenn du ihn lesen kannst, wird es dir viel leichter fallen, Dinge zu lernen.«

Kashiras Gedanken lesen, dachte ich. Klar. Werde ich schon schaffen. Schließlich war ich die geborene gute Schülerin und las für mein Leben gerne.

»Er ist sehr streng«, fuhr sie fort. »Und er kann sehr gemein sein. Wenn ich früher eine Technik mit dem Schwert nicht hinbekommen habe, hat er immer wieder zu mir gesagt: ›Du bist nichts als eine dumme Frau!‹ Ich habe viele Male mit dem Schwert in der Hand so geweint, dass ich die Klinge nicht mehr sehen konnte. Das passiert. Beim Karate endet alles mit der Reichweite eines Faustschlags, mit der Länge eines Arms. Mit Waffen ist das anders. Du musst dich an ihre unterschiedlichen Reichweiten und an die dadurch bedingten Kampfabstände zwischen deinem Partner und dir gewöhnen. Dafür wirst du ungefähr ein Jahr brauchen. Du musst verstehen, dass die Leute kommen und sich die Show angucken, weil sie etwas Gefährliches sehen wollen. Wenn es nicht gefährlich wäre, würde niemand kommen. Also musst du vorsichtig sein. Und hart trainieren. Aber wenn du trainierst, kannst du es lernen. Guck dir alles an. Bemerke alles.«

Ich bemerkte den großen Tomonosuke, der soeben durch die Tür des Speisesaals kam. Das war nicht schwierig, der Münzenrollkünstler trug einen knallorangefarbenen Schlafanzug.

Er sah plötzlich sehr jung aus. Es war schwer, diesen Teenager im Schlafanzug mit dem Ninja unter einen Hut zu bringen, der noch vor wenigen Stunden über die sandige Bühne gerollt war und seinen stabwirbelnden Gegner mit einer schwindelerregenden Kombination aus allen Mechanismen des Ninja-Schwerts besiegt hatte. Nun kam auch Masanosuke, der kleinere und ältere der beiden, und setzte sich zu seinem Bruder an den Nachbartisch.

Sugita-san schenkte mir ein kurzes Lächeln, als wolle sie sagen: »Das war's von mir. Und jetzt, viel Glück!« Sie entschuldigte sich. Waschzeit. Ich bedankte mich, sagte »Gute Nacht!« und schickte ihr ein paar Herzensworte hinterher: »Danke, Sugita-san! Ich werde es nicht vergessen. Ich schreibe mir alles auf.«

Die Ninjas kannten viele Methoden, Botschaften zu verschlüsseln und zu entziffern. Eine davon basierte auf bunt gefärbten Reiskörnern. Jedes Reiskorn, das ich aß, war gleich weiß, aber im Kopf gab ich ihnen Farben, mit denen ich Sugita-sans Worte aufschrieb, damit sie nicht verloren gehen konnten. Dankbar verleibte ich mir ihre Ratschläge ein und spürte, wie sie in meinen Körper übergingen und mir Kraft gaben. Sugita-san selbst hingegen war inzwischen höchst professionell verschwunden.

Größer als die Sonne

Als ich die halbe Reisschüssel aufgegessen hatte und gerade eine Scheibe gelben Rettich zwischen die Stäbchen nahm, erschien Kashira in Jogginghose und Bruce-Lee-Shirt. Er sah aus wie ein zufriedener Familienvater, der nun endlich zum

Bier-und-Baseball-Teil des Tages übergehen konnte. Er holte sich etwas zu essen und setzte sich auf den leeren Platz, den Sugita-san hinterlassen hatte.

»Also, Anna«, sagte er. »Wie wollen wir weitermachen?«

»Ich weiß nicht. Soll ich länger bleiben?«, sagte ich. »Ich habe einen Freund in Nara, bei dem ich für ein paar Tage unterkommen könnte.« Hiro war für eine Weile bei seinen Eltern in Nara und hatte mir angeboten, dort übernachten zu können, so lange ich wollte.

»Ich könnte ihn morgen besuchen und übermorgen wiederkommen«, schlug ich vor. »Ich möchte keine Umstände machen.«

»Umstände machen?«, sagte Kashira angewidert. Er kaute sein Rindfleisch zu Ende und spülte es mit einem Schluck Miso-Suppe herunter. »Du musst aufhören, so zu denken«, winkte er den Gedanken ab. »Das ist nicht der Geist unserer Gruppe. Wir geben dir alles, was du brauchst: Essen, Schlafplatz, Versicherung. Mach dir keine Sorgen. Das machen wir schon.« Er sah mir in die Augen, um das zu unterstreichen. »Du bezahlst mit Arbeit.«

»Versicherung?«, fragte ich.

»Ja,« sagte er. »Als Ninja-Lehrling verletzt man sich.«

Ich musste an ein Comedy-Programm auf YouTube denken, das Jesse und ich uns ab und zu anguckten. »*Nobody has ever survived a ninternship!*«, sagte der als Ninja verkleidete Comedian an einer Stelle. Mit etwas Mühe schluckte ich meine letzten Reiskörner hinunter.

»In Japan will uns Ninjas keine Versicherung haben. Ist ihnen zu riskant. Unsere Arbeit ist zu gefährlich. Deshalb sind wir bei einer ausländischen Versicherung. Aber das ist alles organisiert. Also, keine Sorge. Wir bieten dir ein Umfeld zum

Trainieren, du trainierst deinen Körper. Verwandle ihn in einen Ninja-Körper mit Ninja-Fähigkeiten. Erst machst du kleine Aufgaben: Putzen, Karten verkaufen, Soundeffekte drücken, Dolmetschen für ausländische Besucher. Wie ein Teilzeitjob. Was wir dir bezahlen, hängt davon ab, wie sehr du dich anstrengst. Wenn du faul bist, kriegst du nichts. Wenn du hart arbeitest, kannst du vielleicht besser davon leben als jetzt.«

Geld oder kein Geld, dachte ich, besser leben würde ich bestimmt. Jedenfalls, was meine Jobzufriedenheit anging. Als Englischlehrerin bei GEOS war ich nicht besonders glücklich. Ständig musste ich ungefragt unbezahlte Überstunden machen und wurde gezwungen, meinen Schülern neue Unterrichtsmaterialien aufzuschwatzen, die sie gar nicht brauchten. Zum Glück waren die meisten Schüler nett, und die Zeit, die ich mit ihnen verbrachte, bescherte mir innerhalb meiner trostlosen Arbeitstage im Salzbergwerk hin und wieder ein paar kleine zwischenmenschliche Highlights.

»Wann willst du anfangen?«, fragte Kashira.

Ich überlegte. »Vielleicht könnte ich meinen Lehrerjob zu Ende Juni kündigen.«

Kurz vor meinem Geburtstag mit dem Training in Iga zu beginnen, war ein schöner Gedanke. Wenn die Ninja-Ausbildung drei Jahre dauerte, könnte ich sie noch bis zu jenem Alter beenden, in dem man das erste Mal einen Anflug von Panik vor dem Älterwerden bekam. Vor dem man alles Mögliche geschafft haben wollte, um sich erfolgreich und stark im Leben zu fühlen: einen Doktortitel machen, ein Haus kaufen, heiraten, Kinder kriegen, auf der chinesischen Mauer Swing tanzen und so weiter.

Was willst du erreicht haben, wenn du 30 bist?, fragte ich mich. Mit 30, dachte ich, will ich Ninja sein.

»Okay«, sagte Kashira.

Dann fielen mir meine Sommerpläne ein. »Oh«, sagte ich schnell. »Ein Freund heiratet im August in Schottland, und mein Vater kommt mich danach hier in Japan besuchen.«

»Keine Sorge«, sagte Kashira. »Wir sind hier nicht so verkrampft. Mein Herz ist größer als die Sonne.« Er breitete seine dicken Wurstarme aus und strahlte so hell, dass ich blinzeln musste. »Wir machen immer am 20. unseren Plan für den nächsten Monat. Wenn du uns bis zum 20. Juli sagst, wann du im August keine Zeit hast, planen wir das ein.« Er stopfte sich eine Stäbchenladung Reis mit Rindfleisch in den Mund.

»Du musst wissen, wir sind eine gute Gruppe. In unserem Geschäft wimmelt es nur so vor Yakuza. Mit denen haben wir nichts zu tun. Bei uns gibt es keine verkorksten Leute. Außer dem da.« Er zeigte quer über den Tisch auf den Stuntman mit dem goldenen Zahn, der schweigend neben Tomonosuke sein Abendmahl einnahm.

»Was?« Der Stuntman machte ein schockiertes Gesicht.

»Das ist *Hentai*«, stellte Kashira ihn vor. Das hieß soviel wie »abartig« oder »pervers«.

»Hey, was soll sie denn jetzt für einen Eindruck von mir kriegen?«, protestierte Hentai und verzog sein hübsches Gesicht zu einer verstörten Grimasse. Uchinoura-san und Masanosuke kicherten.

»Ja, er stottert«, sagte Kashira. »Manchmal murmelt er irgendwas vor sich hin, was kein Mensch versteht. Er spricht mit sich selbst.« Hentai wurde rot. »Und heute«, fuhr Kashira fort, der inzwischen aufgrund des Bieres ebenfalls rot war, »heute ist er besonders schüchtern, weil wir eine hübsche Frau am Tisch haben.«

»Was soll sie nur für einen Eindruck von mir kriegen?«, wiederholte Hentai hilflos.

»Keine Sorge«, sagte ich. »Ich habe einen sehr guten Eindruck von dir.«

»Zu Hause habe ich noch einen kleinen Ninja«, wechselte Kashira das Thema. »Atchan. Er ist drei. Er fängt gerade mit dem Schwerttraining an. Und meine Frau bringt ihm Englisch bei. Meinem Tomo hier sollst du auch Englisch beibringen. Wenn du ihm Englischunterricht gibst, könntest du als Gegenleistung in der kleinen Einliegerwohnung an unserem Haus wohnen. Das müsstest du uns allerdings vorher sagen, damit wir alles vorbereiten können.«

»Ihr meint, ich könnte meine Miete mit Englischunterricht bezahlen?«, fragte ich ungläubig.

»Klar«, sagte Kashira, während er sich noch mehr Reis und Rind in den Mund schaufelte. »Uns ist gerade eine Kunoichi abhanden gekommen. Sie hatte ihren Willen verloren, Ninja zu sein. Ich habe schon so viele Leute trainiert. Ich kenne mich aus. Dass du hier gerade jetzt auftauchst, ist Schicksal.«

Schicksal.

Kashira und ich waren sehr verschiedene Leute. Und doch verband uns an dieser Stelle ein entscheidender Motor für die Lebensgestaltung, eine gewisse Schicksalsgläubigkeit.

Uchinoura-san erzählte Kashira vom späten Karrierewechsel meiner Mutter.

»Sie muss sehr intelligent sein«, sagte er. »Du bist auch intelligent. Es ist Gold wert, dass du Englisch und Japanisch sprichst. Genau das, was wir brauchen.«

Eine große Flasche Bier landete auf unserem Tisch. Eigentlich wollte ich nichts trinken, also lehnte ich höflich ab. Kashira sagte: »Ich trinke auch nur noch ein Glas. Alles andere wäre zu viel für mich. Komm schon, trink ein Gläschen mit!«

Natürlich konnte ich ihm seine Bitte nicht abschlagen. Zum

Glück waren die Gläser winzig. In Japan trank man aus kleinen Gläsern und schenkte sich am laufenden Band gegenseitig nach. Sich selber durfte man auf keinen Fall nachschenken. Dafür musste man höllisch aufpassen, allen Höhergestellten in der Hierarchie nachzuschenken, sobald sie den letzten Schluck getrunken hatten. Schon während sie das Glas an die Lippen setzten, musste man sich auf seinen nächsten Nachschenkeinsatz gefasst machen.

Das war eine Technik, die auch in der Kampfkunst üblich war. Ich war mir nicht sicher, ob sie im Trinken oder im Kampf ihren Ursprung hatte, jedenfalls ging es um Timing und Instinkt. Ich hatte sie parallel im Karate-Dojo und bei den Trinkzusammenkünften mit Lehrern und Mitschülern nach dem Training gelernt. In Kampfkunstbegriffen ausgedrückt lautete sie so: »Jeder Angriff hat drei Stufen. Man stelle sich einen Angriff mit dem Schwert vor. Zuerst hegt man die Absicht, anzugreifen. Das ist Stufe eins. Dann hebt man das Schwert zum Angriff. Stufe zwei. Schließlich lässt man es fallen – das ist das, was gemeinhin als der eigentliche Angriff, gesehen wird. In Wirklichkeit ist es aber schon Stufe drei. Als guter Kampfkünstler spürt man bei seinem Gegenüber bereits die erste Stufe: die Absicht anzugreifen. Nur wenn man bereits zu diesem Zeitpunkt reagiert, hat man eine Chance, den Angriff erfolgreich abzuwenden.«

Die aufmerksame Überwachung der Trinkgefährten und ihrer Gläser hielt einen auf Zack. Seltsamerweise gab es auch immer jemanden, der mir nachschenkte, auch wenn ich mich am untersten Ende der Hierarchie befand. Anscheinend waren die Höhergestellten so schnell und geschickt, dass sie es schafften, mir das Glas zu füllen, ohne dass es jemand bemerkte.

»Bemerke alles!« Sugita-sans Worte hallten warnend durch meine Schädeldecke.

Nach einem weiteren Glas Bier wurde Kashira violett, was einen Trunkenheitsgrad anzeigte, bei dem man unbedingt aufhören sollte. Und obgleich ich einen starken Impuls verspürte, ihm sofort nachzuschenken, ließ ich es bei ein paar stressbedingten Schweißtropfen bewenden und hielt mich zurück, in der Hoffnung, keinen gravierenden Fehler zu begehen, der mich unverzüglich aus dem Ninja-Land herauskatapultieren würde, das ich gerade voller Hoffnung betreten hatte.

Die Söhne und Hentai schafften etwas mehr und hatten bereits eine effektive Nachschenkordnung etabliert. Obgleich mich auch hier der Nachschenkimpuls nicht losließ, entschied ich mich, hauptsächlich aus Überforderung, es dabei zu belassen, anstatt mich einzumischen und dadurch verwundbar zu machen. Zusammen mit den Ninjas genoss ich die sonnengoldene Flüssigkeit, die, wie ich einmal auf einer Uni-Exkursion in die *Sapporo*-Brauerei gelernt hatte, nach deutschem Vorbild und deutschem Reinheitsgebot gebraut wurde. In kleinen Schlückchen trank ich, so langsam ich nur konnte, aus meinem winzigen Glas, um mir unsichtbare Nachschenk-Ninjas vom Leib zu halten.

»Ninjas«, sagte Kashira, »sind Spezialisten. Wenn man für etwas kein Talent hat, sollte man die Finger davon lassen. Wenn man jedoch ein Talent hat oder eine bestimmte Fähigkeit, dann baut man sie aus und perfektioniert sie. Wenn du in ein, zwei Dingen gut bist, reicht das. Mein Tomo hier wird bis ans Ende seiner Tage genug zu essen haben, weil er eine Münze auf einem Regenschirm herumrollen lassen kann. Das kann sonst niemand auf der Welt.«

Alle Zweifel, die sich in meinem Geiste hätten regen können, schliefen längst in einer sonnig-malzigen Seligkeit.

»Also«, fuhr er fort. Es war offenbar der Abend der Motivationsreden. Alle gaben mir in großen Säcken Ratschläge mit auf den Weg, die ich in meiner Ninja-Lehre umsetzen und zu etwas machen sollte, durch das ich bis an mein Lebensende genug zu essen haben würde. »Du musst herausfinden, was deine Stärken sind. Das einzige, worauf ich bestehen werde, ist Schwertkunst. Wenn du es bis zum Kampfkunsttraining schaffst, werde ich dich im Schwertkampf trainieren. Aber zuerst sind die kleinen Aufgaben dran. Ich bin gut darin, Leute zu trainieren. Vertrau mir. Ich weiß, was ich tue.«

Er lachte in sich hinein, bevor er seinen kleinen Becher Gerstentee zum Munde hob. Schadenfreude. Ich erkannte sie sofort. Dass die Japaner dieses Wort nicht hatten, lag nur daran, dass sie es vorzogen, die Dinge nicht beim Namen zu nennen. Meine Zweifel schnarchten selig weiter. Kashira hatte alle Gefäße auf seinem Tablett fein säuberlich geleert. Er hatte zusätzlich zum regulären Abendmenü noch einen Teller Bratnudeln gegessen. Ich war beeindruckt, wie viel Nahrung durch seinen Mund gelangt war, wo er doch gleichzeitig so viel erzählt hatte.

»Wir müssen viel essen«, sagte er, als hätte er meine Gedanken gelesen. »Während der Golden Week brauchen wir viel Energie.« Damit schlug er die Handflächen auf den Tisch und stand auf. »Bettzeit«, sagte er. »Ausruhen ist auch wichtig. Vergiss das nicht. Wer sich abends nicht hinlegt, kann morgens nicht aufstehen. Gute Nacht.« Mit diesen Worten verschwand der nächste Ninja professionell aus dem Speisesaal.

Der Schatten, der Licht werden wollte

Am nächsten Morgen brachen wir früh zum Ninja-Dorf auf. Es war immer noch Golden Week, und als wir ankamen, erstürmten bereits zahlreiche Besuchergruppen das Tickethäuschen.

Wir deponierten unsere Sachen im Zelt. Ich hatte meine Ninja-Seele angezogen und meine Schweißarmbänder umgemacht. Kashira gab mir eine traditionelle Kopfbinde, wie man sie von Samurai und Kamikazepiloten in Filmen kannte. Darauf stand in schwungvollen Zeichen »Mushin«.

Die Übersetzung dieses Begriffs war problematisch. Mu bedeutete »nichts«. Shin bedeutete »Herz und Geist«. »Herzlos«, »gefühllos« oder »gedankenlos« bedeutete es jedoch nicht. Mein Aikido-Lehrer hatte es einmal so erklärt: »Mushin ist ein Geisteszustand, der sich durch vollkommene Stille auszeichnet. Erst, wenn Geist und Herz leer sind, kann das Universum hineinströmen und sie ausfüllen. Erst, wenn wir uns von Hoffnung, Angst und anderen Erwartungen befreit haben, können wir jeden Moment nehmen, wie er ist, und unmittelbar darauf reagieren.« Kashiras Interpretation lautete: »Du musst dich selbst aufgeben. Du musst alles, was du willst und fühlst, aufgeben. Erst dann kannst du mit voller Hingabe für uns arbeiten. Erst dann kannst du ein echter Ninja werden.«

Sobald ich mir das Tuch um den Kopf band, bildeten sich erste Schweißperlen. Ich versuchte, mich aufzuheitern und interpretierte den Schriftzug als perfektes Motto für die niederen Arbeiten, die auf mich warteten. Alles, was ich machte, bedurfte hochgradiger Aufmerksamkeit und Konzentration: Zuschauersitze entstauben, Wege von Laub befreien, die Bühne mit Wasser besprenkeln. Egal, was ich tat, meine Bemühungen würden erst fruchten, wenn mein Körper von allein perfekte Arbeit machte, ohne dass ich darüber nachdenken musste.

Mushin schien unerreichbar. Dabei war ich doch so bemüht. Es war, als sänge jedes Staubkorn unter meinem Besen hämisch: »Du darfst auf gar keinen Fall an Mushin denken!« Dabei tanzte es fröhlich wieder an seinen ursprünglichen Platz zurück.

Kashira war nachsichtig. Er trug mir auf, Sugita-san bei der Arbeit zuzugucken. Sie winkte Besuchermassen heran und teilte die lange Schlange mit Seilen in zwei Abschnitte, damit die Leute vorbeikamen, die ins Ninja-Museum oder ins Haus der Ninja-Traditionen wollten. Sugita-san war gerade so höflich, demütig und respektvoll, dass sie die Besucher auf ihr rechtmäßiges Podest stellte, hielt den Abstand dabei jedoch gering genug, dass sie auch Wärme spürten und das Gefühl hatten, von Herzen willkommen zu sein. Es war eine ziemliche Leistung. Ich bewunderte sie.

Die Eintrittskarten holte sie aus einem kleinen Korb, das Wechselgeld aus einer schwarzen Ledertasche. Nach einer Weile schickte sie mich zu Tomonosuke, um neue 100-Yen-Münzen und Ninja-Broschüren zu holen, in denen all die Delikatessen und Attraktionen rund um das Ninja-Dorf aufgelistet und in einer Karte eingezeichnet waren. Golden Week war eine der größten Wochen für den japanischen Inlandstourismus, und die Broschüren gingen weg wie warme Reisbällchen.

An einem normalen Sonntag fanden sechs Ninja-Shows statt, immer zur vollen Stunde von 11 bis 16 Uhr. Nach jeder Show durften sich die Zuschauer unter Anleitung im Ninja-Stern-Schlagen ausprobieren. Dafür wurden große Styroporwände mit aufgemalten Zielscheiben und Eimer voller Ninja-Sterne auf die Bühne getragen. Jeder, der wollte, durfte nach vorne kommen und bekam für 200 Yen fünf Versuche. Auf der einen Seite der Bühne die Kinder, auf der anderen die Erwachsenen.

Während der Golden Week aber war alles anders: Da gab es zehn Shows pro Tag, jede halbe Stunde eine, und nur Kinder durften Ninja-Sterne schlagen, allerdings nicht auf der Bühne, sondern nebenan im Haus der Ninja-Traditionen. Während sich ganz Japan ausgelassen vergnügte, hatten die Ninjas die härteste Zeit des Jahres. Das war eine der Schattenseiten der Unterhaltungsbranche. Kurz drängte sich eine Erinnerung an mehrere Silvesterfeiern in meiner Kindheit auf, an denen meine Mutter drei Vorstellungen hintereinander gehabt hatte und erst nach Mitternacht mit uns hatte feiern können.

Mushin, dachte ich wieder, und dabei fiel mir eine neue Übersetzung ein: »Ach, was soll's!«

Am Eingang der Ninja-Bühne begrüßte ich die heranströmenden Besucher inbrünstig mit »*Irasshaimase!*«, dem obligatorischen Willkommensgruß, der überall zum Einsatz kam, wo es Kundenverkehr gab. Dazu gehörte eine laute, enthusiastische Stimme und eine tiefe Verbeugung. Die herausströmenden Besucher verabschiedete ich mit »*Arigatō gozaimashita!*« – Vielen Dank! – und »*Kochira he dōzō!*« – Hier entlang, bitte! Ich verbeugte mich und beehrte die Vorbeigehenden mit meinen demütigen Grußworten, während sie mich kaum bemerkten. Nicht, weil ich ein guter Ninja war und mich professionell unsichtbar machen konnte, sondern weil ich nichts als ein Schatten war, ein Schatten, der das Licht beobachtete – in der leisen Hoffnung, eines Tages dazuzugehören.

Sobald die Leute drinnen waren und keiner mehr hereingelassen wurde, durfte ich mir die Show ansehen. Zu ein paar Shows kamen Gaijin, und ich wurde zum Dolmetschen abkommandiert. Gegen 17 Uhr sagte Kashira: »Für heute hast du genug gesehen. Du kannst jetzt nach Hause fahren.« Ich verbeugte und bedankte mich. »Also, dann bis nächsten Sonntag.«

»Ja«, sagte ich, bedankte mich noch einmal und bat ihn ein weiteres Mal um sein Wohlwollen.

»Bis nächsten Sonntag«, hörte ich mich sagen und traute meinen Ohren nicht. Während ich zum Bahnhof torkelte und es irgendwie schaffte, zurück nach Osaka zu kommen, befand ich mich in einer Art Trancezustand. Nächste Woche würde ich als Ninja-Lehrling nach Iga zurückkehren. Es war unfassbar!

Um mich selbst davon zu überzeugen, dass ich nicht träumte, rief ich Hiro an.

»Ich habe meine Audition bestanden«, sagte ich.

»Herzlichen Glückwunsch«, sagte Hiro. Sein Ton war wie üblich pures Understatement, aber ich hörte darin echtes Glück mitschwingen. »Dann geht es jetzt also los mit dem *Shugyō*.«

Als er das Wort sagte, lief mir vor Schreck und Rührung ein kalter Schauer über den Rücken. Normalerweise bezeichnete man damit die asketischen Übungen in Selbstaufgabe, denen sich hauptsächlich Mönche und Kampfkünstler unterzogen. Auch Reinigungsrituale, bei denen man beispielsweise mit Lendenschurz und Kopfbinde unter einem eisigen Wasserfall meditierte, gehörten zum Shugyō. Es war das, was man machte, um zu zeigen, dass es einem ernst war mit dem Wunsch, sich selbst aufzugeben.

Die Welt des Shugyō lag jenseits der alltäglichen Geschäftsbeziehungen, jenseits des gewohnten Austauschs von Arbeit gegen finanzielle Kompensation. Man arbeitete an seiner Selbstaufgabe, so hart man konnte, und wurde dafür mit reiner Erfahrung belohnt – und wenn man Glück hatte, mit Erkenntnissen, die einen näher an die Erleuchtung heranführten.

Kashira hatte mir nicht umsonst eine Kopfbinde gegeben, auf der »Mushin« stand.

Ein vernünftiges Arrangement

Am ersten Tag nach der Golden Week rief Kashira an. Ich hatte gerade Mittagspause und war auf dem Weg zum Kombini. Er sagte, sie würden mir die Fahrtkosten erstatten und 5,000 Yen pro Arbeitstag zahlen. Aus dem Angebot mit der Einliegerwohnung hatte ich herausgehört, dass er mich am liebsten sofort adoptiert hätte. Mittlerweile aber hatte er mit seiner Frau gesprochen. Er sprach voller Respekt von ihr. Seinen Berichten zufolge konnte sie sehr gut Englisch und war in ihrem Ninja-Clan für Management und Finanzen verantwortlich. Dies mochten einige der Gründe gewesen sein, warum Kashira nun, nachdem er mit ihr gesprochen hatte, sagte, ich sollte meinen Job in Osaka erst einmal behalten und vorerst nur an den Wochenenden nach Iga pendeln (bevor ich zu einem weiteren hungrigen Mitglied wurde, dass der Ninja-Clan auf seine Kosten durchfüttern musste). Außerdem befürchtete Frau Ukita potenzielle Visumsprobleme, sollte ich meine Stelle in Osaka kündigen.

Frau Ukita war bewundernswert vernünftig.

In Fahrt

Während meiner Mittagspause am Samstag entdeckte ich auf meinem Handy eine Nachricht von Uchinoura-san: »Frau Ukita will einen Lebenslauf von dir.«

»Wird gemacht«, antwortete ich automatisch, während ich innerlich in Panik geriet.

Sofort kam die nächste Nachricht: »Wann planst du, morgen loszufahren?«

»Was halten Sie von 7 Uhr?«, fragte ich.

»Du bist neu in diesem Job«, lautete ihre Antwort. «Also solltest du vor allen anderen da sein und alles sauber machen und für ihre Ankunft vorbereiten. Ich kann dich mitnehmen. Kannst du um 7 Uhr am Bahnhof Furukawabashi sein?«

In der Hoffnung, dass der Zugfahrplan es zuließ, tippte ich: »Selbstverständlich.«

»Bis dann«, schrieb Uchinoura-san. Mit diesen Worten war unser Austausch beendet.

Bis spät in die Nacht arbeitete ich an einem japanischen Lebenslauf für meine Bewerbung als Ninja-Lehrling. Dann versuchte ich, zu schlafen, aber es war schwierig, vor allem, weil ich wusste, dass mir nur wenige Stunden dafür bleiben würden.

Um 4.44 Uhr zwang ich mich, aus dem Bett zu klettern und meine Ninja-Seele anzulegen. Ich aß zwei Scheiben Toast mit Butter, trank eine Tasse Kaffee und machte mich auf den Weg zum Bahnhof.

Uchinoura-san wartete bereits in ihrem roten *Opel Corsa,* ausgestattet mit an den Fenstern festgesaugten Sonnenblenden und einer schäfchenförmigen Taschentuchbox. Nach ein paar frühmorgendlichen Begrüßungsformeln fuhren wir auf den Highway Richtung Iga. Unsere Umgebung wurde grüner.

»Heute ist Tomo-chan bei einer Hochzeit«, sagte Uchinoura-san. »Kashira und Ma-chan sind alleine. Ma-chan ist ja der ältere der beiden Brüder – er ist 27, genau wie du, also hat er sechs Jahre mehr Erfahrung als Tomo-chan und kriegt das schon ganz gut hin, seinen Vater zu unterstützen – aber trotzdem. Heute werden sie definitiv meine Hilfe brauchen.«

Uchinoura-san machte die ganze Fahrt über keine Pause. Sie redete und redete. In einem breiten Osaka-Dialekt, der ebenso liebenswert wie gewöhnungsbedürftig war. Ich wollte alles einsaugen, was sie zu sagen hatte, aus Höflichkeit, aus Interesse und aus Pflichtbewusstsein – schließlich war sie eine wichtige Informationsquelle für mich als Ninja-Lehrling. Also spitzte ich die Ohren und gab mein Bestes.

Es erforderte viel Konzentration, mitzukommen. Während ich das Gefühl hatte, dass sie immer wieder das gleiche in unterschiedlichen Worten erzählte – dass die Ninjas heute nur zu zweit waren und sie definitiv brauchen würden – rutschten meine Augenringe Etage um Etage tiefer. Neben Uchinoura-san im Auto zu sitzen war, als stünde ich bereits unter einem eisigen Wasserfall und hätte nichts an außer einem Lendenschurz und einer Kopfbinde, deren Aufschrift ich nicht entziffern konnte. Hinter dem mysteriösen Schriftzug auf meiner Stirn, wo sich eigentlich das dritte Auge öffnen und mehr sehen sollte als die anderen zwei, bildete sich ein schmerzhafter Knoten. Und das, bevor mein offizielles Shugyō überhaupt begonnen hatte.

Möglichst unauffällig schob ich meine Wangen aufwärts. Da sagte Uchinoura-san Gott sei dank etwas Neues.

»Tomo-chans Regenschirmtrick bringt Glück. Er ist wie eine Darbietung für die Götter, deshalb wird er häufig für Hochzeiten gebucht.«

Ein Hochzeitsunterhalter, dachte ich, beeindruckt von den vielseitigen Aufgaben, die ein moderner Ninja zu seinem beruflichen Portfolio zählte. Er schien eine wahrhaft anpassungsfähige Kreatur zu sein.

Als wir fast da waren, hielten wir an einem Kombini.

»Es kann sein, dass nachher keine Zeit für eine Mittagspause bleibt«, sagte Uchinoura-san. »Höchstens 15 Minuten. Essen wir lieber jetzt noch was.«

Ich kaufte mir einen handgeformten Riesenreisball mit einer frittierten Garnele in der Mitte, eine Flasche dunkelgrünen Tee, eine Dose heißen Kaffee und eine Dose Red Bull. Wir setzten uns wieder ins Auto. Ich biss von meinem Reisball ab. Automatisch wandte ich mich nach rechts, denn dort geschah etwas Unerwartetes: Uchinoura-san sagte nichts. Sofort erkannte ich, woran es lag: Sie aß ein Ei-Sandwich.

Fegkunst und Lappenkampf

Als wir im Ninja-Dorf ankamen, standen bereits ein paar Autos auf dem Parkplatz. Es war halb neun. Zwei Opas saßen vor dem Zelt und begrüßten uns freundlich. Wir grüßten zurück, gingen hinein und brachten unsere Sachen auf der bühnenartigen Holzerhöhung unter.

»Die beiden Herren halten hier im Ninja-Dorf die Pflanzen und das Gelände in Schuss«, sagte Uchinoura-san. »In Japan sagen wir: Wenn du die Leute nicht vernünftig begrüßen kannst, kannst du gar nichts.«

Ich dachte an meinen Meister Shihan. »Seinen Partner von Herzen zu begrüßen, wenn man ihm begegnet, gibt den Ton für die ganze Begegnung an«, pflegte er zu sagen. »Und ein Abschied, der von Herzen kommt, gibt den Ton für die nächste Begegnung an. Begrüße alle von Herzen. Immer.«

Bei *GEOS* taten mir vom Lächeln die Wangenmuskeln weh. Aber dort war ich auch zehn Stunden am Tag eingesperrt und machte etwas, worauf ich keine Lust hatte. Hier im Ninja-Dorf war es nicht schwierig, die Menschen freundlich zu begrüßen. Man musste nur in die Melodie einsteigen, die sie mit ihrem Lächeln und ihren kleinen, grazilen Verbeugungen anstimmten. Hier, wo Leute Schuhe mit zweigeteilten Fußspitzen trugen und zwischen altertümlichen japanischen Bauernhäusern hin- und herliefen, in denen es Drehtüren gab, geheime Ausgänge, die man mit Papier öffnen konnte, und unsichtbare Luken, durch die man aufs Dach verschwinden konnte, hier im Schatten großer, alter Bäume war die freundliche Begrüßung, die einem zuteil wurde, regelrecht ansteckend.

Das Zelt war die Umkleide der Ninjas, wo sie Schminke, Kostüme und Proviant aufbewahrten, sich umzogen und zwischen verschiedenen Kostümen und unterhaltsamen Vorstellungen auf der Bühne kurze, halbprivate Ruhepausen machten. Uchinoura-san zeigte mir, wie man den Heißwasserspender reinigte und wo man ihn einstöpselte, falls jemand sich Instantkaffee oder Cup-Ramen machen wollte, eines der Puzzlestücke im Tagesablauf der Iga-Ninjas, die ich versuchte, in meinem Kopf zu einer Karte zusammenzusetzen, damit mein Körper ihr folgen konnte. Shugyō und Mushin. Beide hatten keinen Anfang und kein Ende. Bei beiden ging es um das Streben nach einem Geisteszustand, den man stets suchte und niemals fand. Der Weg war das Ziel. Damit musste man sich abfinden.

Wir gingen den kurzen Weg zur Ninja-Bühne hinauf. Ich holte den Strohbesen und das orangefarbene Kehrblech aus dem Kabuff hinter der Strohwand mit den tiefen Wunden. In der Nummer mit den Wurfsicheln, in der Kashira erklärte, dass in Iga viele Ninjas wie Bauern gelebt hatten, sagte er: »So kam es zuweilen vor, dass einer von ihnen tat, als schnitte er Heu mit einer Sichel wie alle anderen, doch wenn ein Feind erschien, schleuderte er sie auf den Unbedarften und punktierte damit sein Herz. So wurde das Feldwerkzeug plötzlich zu einer Wurfsichel.«

Wie letzte Woche begann ich, zwischen den Zuschauerbänken zu fegen und den Staub auf dem orangefarbenen Kehrblech zu sammeln. Kashira erschien, sah mich und lächelte. Ich war mir nicht sicher, ob das ein gutes Zeichen war. Aus irgendeinem

Grund machte es mich nervös. Ich begrüßte ihn mit einer extralauten, extrafrischen Stimme und einer extratiefen Verbeugung. An der untersten Sitzreihe angekommen, fegte ich den Platz zwischen Bühne und Zuschauerreihen, dann die sandige Bühne. Kashira nahm mir den Besen ab.

»Anna, guck mal«, sagte er. Einer der Opas, die uns vorher am Zelt begrüßt hatten, saß in der ersten Reihe und sah uns zu. Kashira wandte sich ihm zu und sagte: »Gaijin wissen nicht, wie man einen Besen benutzt.«

Er nahm den Besen in beide Hände und kehrte mit ein paar eleganten Bewegungen mühelos alle Blätter auf der linken Bühnenseite in einer hübschen Pyramide zusammen. Keine Bewegung war überflüssig. Sein Saubermachstil war präzise, elegant und mühelos.

»Du musst mit dem Besen umgehen wie mit dem Schwert«, sagte er.

Leider hatte ich keine Erfahrung im Umgang mit dem Schwert. Ich gab mein Bestes und versuchte Kashiras Besenbewegungen nachzumachen. Er lief ein bisschen durch die Gegend und erledigte hier und dort etwas. Dann nahm er mir den Besen wieder ab.

»Anna, guck mal«, sagte er wieder. Er vereinte die Blätter auf der anderen Bühnenseite mit den gleichen eleganten Bewegungen. Diesmal fielen mir seine großen, langen Besenstriche auf, nachdem ich beim letzten Mal versucht hatte, die Position seiner Arme und Hände zu analysieren. »So, wie du das machst, dauert ein Zehn-Minuten-Job eine halbe Stunde«, sagte er. »Wenn du nicht lernst, den Besen richtig zu händeln, kannst du nicht mit dem nächsten Schritt fortfahren.« Er wandte sich zum Opa: »Gaijin haben keine Erfahrung im Umgang mit dem Besen.« Der alte Mann lachte vergnügt.

»Ihr seid doch alle Staubsauger«, sagte Kashira zu mir. Ich holte zu einem Seufzer aus und sog dabei eine Ladung Staub ein, die Kashira beim Fegen aufgewirbelt hatte. Bevor sie zu einem Hustenanfall führen konnte, schluckte ich sie schnell hinunter. Ich versuchte, Kashira den Besen abzunehmen, aber er fegte ungerührt weiter.

Dabei wollte ich doch den richtigen Umgang mit dem Besen lernen. Und zwar am liebsten sofort!

»Sie kommt aus einer reichen Etepetete-Familie in Deutschland«, erzählte Kashira dem Opa. »Stimmt's, Anna? Die Leute in Deutschland haben ein ziemlich gutes Leben und benutzen nur Staubsauger und keine Besen, oder?«

Schließlich, genau vor der Bank, auf der der Opa saß, gab er mir den Besen zurück. Mit dem Besen in der linken Hand beförderte ich den ganzen Haufen sicher auf das orangefarbene Kehrblech in meiner rechten.

»Nein«, sagte Kashira. »Komm, gib her. Papa zeigt dir, wie man's macht.« Der Opa lachte wieder. »Nicht so.« Er hielt den Besen wie ich. »So!« Jetzt griff er ihn wie ein Schwert, Handfläche in Fegrichtung, und vereinte mühelos den gesamten Haufen auf einmal auf dem Kehrblech. Ich nickte und machte mir im Kopf Notizen über das Blätterfegen mit dem Strohbesen. Dies war Kapitel 1 meines Ninja-Lehrbuchs: Einführung in die Fegkunst.

»Die japanische Seele«, sagte Kashira, »wohnt im Besen. Ich wette, du dachtest, sie wohnt im Schwert, stimmt's?« Lachend schritt er davon.

Ich kehrte den Weg, der die Besucherschlangen Richtung Bühne führte, um das Laub zwischen dem Schotter zu entfernen. Dabei versuchte ich konzentriert, Kashiras Stil nachzuahmen. Mir fiel auf, dass das Herausfegen von Blättern aus

Schotter sehr leichte, lange Besenstriche erforderte, da zu schwere Striche sowohl Blätter als auch Schotter beseitigten. Die langen Strohhalme des Besens mussten leicht über den Weg tanzen, um Blätter von Schotter zu trennen.

Als ich fertig war, rannte ich zum Blätterhaufen hinter der Fotogalerie neben der Bühne und fügte mein Laub hinzu. Mein Blick blieb auf einem Foto von Kashira mit Takeshi Kitano haften und glitt weiter zu einem, auf dem er mit einigen Freunden am Filmset von »Last Samurai« zu sehen war, dann zu einem dritten, auf dem Tomonosuke und Masanosuke als kleine Jungs vor einem Krieger mit weißem Bart und dreckigem Gesicht in die Kamera lächelten, und schließlich zu Bildern verschiedenster hübscher Kunoichi in kurzen Kleidern. Wo waren all die hübschen Kunoichi hin?

Ich riss mich los, rannte zurück und fragte Uchinoura-san, ob noch irgendwo gefegt werden musste.

»Jetzt sind die Sitze dran«, sagte sie. »Dafür benutzen wir den da.« Sie zeigte auf einen kurzen Besen, der an der Soundkabine hing.

Ich brachte Kehrblech und Besen zurück ins Kabuff und holte den kurzen Besen. Mit lockeren Handgelenken und kurzen Strichen bürstete ich den Staub nach hinten von den Bänken. Kashira bohrte neben der Soundkabine gerade ein Loch in ein Stück Baumstamm. Er arbeitete an einem neuen Schafott für die Enthauptung der Strohrollen, die den gleichen Widerstand boten wie menschliche Hälse.

»Anna«, unterbrach er seine Bohrung. »Weißt du, was das ist?« Er zeigte auf die Bank.

Ich fragte mich, was für eine Antwort er haben wollte. Noch klappte das mit dem Gedankenlesen nicht so gut. Aber wir waren ja auch erst am Anfang.

»Es ist Holz«, sagte er. Ach so. »Das hier«, er wies an den Maserungslinien entlang, »sind die Linien im Holz. Und das hier sind die Augen.« Er zeigte auf die Astlöcher. »Du musst entlang dieser Linien arbeiten.«

Er nahm mir den Besen ab und fegte den Staub in langen Strichen seitwärts die Bank entlang, bis er an deren Ende in eine Wolke zerstob.

»*Wakarimashita*«, sagte ich. Das bedeutete: »Verstanden.« Oder auch: »*Sir, yes, Sir!*«

Er kehrte mir den Rücken zu und machte sich wieder an seine Bohrarbeiten. Aber die Astlöcher beobachteten mich auf Schritt und Tritt, und ich war sicher, wenn ich auch nur ein Sandkorn in einem von ihnen vergaß, würden sie weinend nach Kashira schreien und mich verraten.

»Die Bühne«, sagte Kashira, »und ihr gesamtes Umfeld müssen immer ordentlich und sauber gehalten werden. An all diesen kleinen Orten leben Götter. Wenn du dir Mühe gibst und dich um sie kümmerst, kommen sie raus und helfen dir.«

Ich widmete mich mit umso größerer Hingabe dem Bankfegen und bat leise den Gott, der mich dabei mit seinen Astlochaugen ansah, um Hilfe.

Uchinoura-san war dabei, den Sand zwischen den Zuschauerreihen mit Wasser zu besprenkeln, damit es während der Shows nicht zu Sandstürmen kam und der Besen seine Kraft besser entfalten konnte. Ich entdeckte einen Tropfen Insektenschutzmittel in der ersten Sitzreihe und fragte Uchinoura-san, ob ich die Stelle mit dem Lappen wischen sollte, der hinter der Soundkabine aus einem Eimer hing.

Noch während sie nickte, erschien Kashira und fragte: »Weiß Anna, wie man mit dem Lappen umgeht?« Uchinoura-san hatte mir letzte Woche gezeigt, wie man den Lappen vor dem

Auswringen zweimal ordentlich faltete, aber nach meinem erbärmlichen Versagen in Kashiras Fegkunstunterricht wagte ich nicht zu behaupten, dass ich des Lappenkampfes mächtig war.

»Die Shaolin-Mönche trainierten täglich mit dem Lappen«, leitete der Meister ein. »Sie übten sich täglich im Umgang mit dem Besen und sie übten sich täglich im Umgang mit dem Lappen. Die Samurai und die Ninjas machten es genauso. Wenn man sich regelmäßig korrekt im Umgang mit dem Lappen übt, entwickelt man genau die Muskeln in Unterarmen und Fingern und genau die Grifftechnik, die man für das Schwert braucht.«

Er faltete den Lappen zweimal, legte ihn in seine elegant nach oben gewandten Handflächen und drehte sie nach unten. Plötzlich sah es aus, als würde er ein Schwert halten. Die Muskeln in seinen Unterarmen traten hervor und das Wasser schoss aus dem Lappen in den Eimer. Kashira überreichte mir den nebelfeuchten Lappen in Form eines Schwertgriffs und drehte mir mit dem amüsierten Kichern, an das ich mich langsam gewöhnte, den Rücken zu.

Uchinoura-san zeigte mir, wie man den Eimer mit dem Schlauch neben der Bühne reinigte.

»Mit dem hier wässern wir auch die Zwischenräume der Sitzreihen und die Fläche vor der Bühne zwischen den Shows«, erklärte sie. Ich bestätigte mit lauter Stimme und Verbeugung, dass ich »Verstanden!« hatte, und versuchte mich, Kashiras beeindruckende Demonstration vor Augen, im Schwertgriff am Lappen.

Zweites Kapitel meines Ninja-Lehrbuchs: Einführung in den Lappenkampf.

Ninja-Japanisch

Nachdem ich das Insektenschutzmittel von der Bank entfernt und unter Uchinoura-sans Anweisungen die Schlammspritzer von der Fotogalerie gewischt hatte, sagte Kashira: »Macht mal Pause.« Vor der ersten Show hatten wir noch eine halbe Stunde Zeit. Ich scheute mich, Pause zu machen, nachdem ich bis jetzt kaum etwas geleistet hatte, aber Uchinoura-san bestand darauf: »Arbeite, wenn man dir sagt, du sollst arbeiten. Ruh dich aus, wenn man dir sagt, du sollst dich ausruhen.«

Von dem Bedürfnis getrieben, mich nützlich zu machen, holte ich mein Notizbuch heraus und schrieb die etwas befremdlichen englischen Texte auf den Plakaten um die Bühne herum ab. Um genauer zu sein, war es *Engrish*. Dieser charmante Kosename für japanisches Englisch kam daher, dass die japanische Sprache im lateinischen Schriftbild zwar ein R enthielt, in der Aussprache jedoch weder L noch R. Dafür besaß es einen Laut, der irgendwo dazwischen lag. Die Zungenspitze nippte dabei vorne am Gaumen wie bei einem weichen D. Das führte dazu, dass Japaner, wenn es um L und R ging, häufig verwirrt waren und »English« oft zu »Engrish« machten. Die *engrishe* Sprache war so einzigartig und unterhaltsam, dass sich ganze Internetseiten mit ihren kreativen Wortgebilden auf Schildern, Kleidungsstücken und Speisekarten beschäftigten.

Auf einem Plakat war die Kopfbinde abgebildet, die auch ich trug. »*The Ninja Stage original towel*«, stand daneben. »*Please ask ninja about this towel.*« Neben einem aufblasbaren Spielzeugschwert las ich: »*Best selling item in house of Ninja Tradition!*« Der Text auf einem Ninja-Ganzkörperportrait stellte philosophisch fest: »*Where light is, shadow exists*«. Gefolgt von: »*The Ninja, living*

on the backside of history. With strength, mental power and the
sword's power. Iga Ninja have existed for centuries. Now, again!«

Ich schrieb mir die japanischen Originaltexte dazu und versuchte, daraus englische Werbetexte zu machen. Kashira hatte gesagt, man sollte auf seine Stärken aufbauen. Die Ninjas waren Spione gewesen und hatten Codes und Geheimschriften benutzt, die niemand anderes verstand. Vor einiger Zeit hatte ich einmal etwas über spezielle Sprachschulen gelesen, in denen angehende Spione Tag und Nacht mit allen möglichen Techniken wie militärischen Drills, phonetischem Gesangsunterricht und Zungenübungen unter Hypnose in einer Fremdsprache geschult wurden, bis sie wortgewaltig und akzentfrei auf ihre nächste Auslandsmission geschickt wurden. Die haben's gut, hatte ich gedacht, und stellte erstaunt fest, dass mein Wunsch, Spionin zu werden, bereits lange in meinen Gehirnwindungen herumgewuselt war, bevor mich das Schicksal nach Iga verschlagen hatte.

Während ich mich in die Komposition neuer Ninja-Werbetexte vertiefte, setzte Kashira sich in die Mitte derselben Bankreihe und polierte sein Schwert. Uchinoura-san testete die Mikrofone und das Audio-Equipment. Dann setzte sie sich neben mich.

»Was machst du da?«, wollte sie wissen. Ich war mir nicht sicher, wer für die Texte verantwortlich war, aber da Kashiras Frau die Englischspezialistin des Clans war, fragte ich mich plötzlich, ob es eine gute Idee war, zu erwähnen, dass sie verbesserungswürdig waren.

»Ich schreibe die Texte von den Plakaten ab«, sagte ich.

»Warum?«, fragte sie.

Das hatte ich befürchtet. Nervös entschloss ich mich zu einer ehrlichen Antwort.

»Das Englisch ist an manchen Stellen nicht ganz natürlich.«

»Das würde mir nie auffallen«, sagte Uchinoura-san.

»Hm«, sagte Kashira.

Diplomatisch fügte ich hinzu: »Es ist nicht falsch, aber vielleicht könnte ich ein paar richtige Gaijin-Texte schreiben.«

»Sehr gut«, lobte Kashira. »Mach das.«

Dankbar, dass ich niemanden beleidigt hatte und mein Herumsitzen auf den frisch gereinigten Zuschauerbänken mit einer sinnvollen Aktivität rechtfertigen konnte, brütete ich weiter über den Texten. Masanosuke kam mit dunkel geschminkten Augenbrauen und schlammbrauner Ninja-Haut zurück. Er zog sich einen Baseballhandschuh über und fing an, einen Ball gegen die Strohwand zu werfen.

»Spielst du mit?«, fragte er in meine Richtung. Werfen war nie meine Stärke gewesen, aber wenn ein Ninja mich fragte, ob ich mitspielen wollte, konnte ich nicht nein sagen.

»Gerne!« Ich stand auf.

»Bist du Rechts- oder Linkshänderin?«, fragte er.

»Rechts.«

»Okay.« Masanosuke gab mir den Handschuh. »Zieh ihn an die linke Hand.«

Er ging ans andere Ende der Bühne und warf mir den Ball zu. Der Ball berührte meinen Handschuh und hüpfte weg wie ein Flummi. Masanosuke warf noch einmal. Und noch einmal. Immer wieder dasselbe. Es war hoffnungslos. Mein Ninja-Bruder lächelte und sagte: »Gleich kommt Kashira. Wir werden dir zeigen, wie es geht.«

Kashira kam zurück, die rechte Hand im Baseballhandschuh. Die beiden fingen an, den Ball hin- und herzuwerfen. Zum Fangen hielten sie den Handschuh hoch und schnappten den Ball mit einer Abwärtsbewegung aus der Luft.

»Das lockert die Muskeln vor der Ninja-Stern-Nummer«, erklärte Kashira.

»Genau«, sagte Masanosuke. »Kashira ist ziemlich gut darin, aber ich finde es immer noch schwierig. Meine Hände fangen immer noch an zu schwitzen.«

Er war so liebenswert, dass ich ihn am liebsten auch Ma-chan nennen wollte wie einen Bruder. Aber eine solche Respektlosigkeit war natürlich undenkbar.

Kashiras Bälle flogen dreimal so schnell wie seine. Jetzt erinnerte ich mich, dass Uchinoura-san auf der Hinfahrt gesagt hatte: »Für Kashira Soundeffekte zu machen, ist furchtbar. Seine Ninja-Sterne fliegen so schnell, dass ich es kaum schaffe, die Knöpfe rechtzeitig zu drücken, selbst wenn ich die Finger schon vorher auf den Knopf lege.«

»Wir sind damals im *Kōshien* Zweite geworden«, erklärte Kashira. Kōshien war das berühmte Baseballstadion in Osaka, in dem jedes Jahr öffentlich High-School-Meisterschaften ausgetragen und neue Talente für den Sport gescoutet wurden. »Deshalb hab ich ziemlich viel Übung.«

Ich erinnerte mich an den himmelgroßen Kashira, der mir eine Woche zuvor über dem Baseballfeld hinter meiner Wohnung erschienen war. Deshalb, dachte ich. Ein Ninja-Meister mit Baseball-Background.

Kurz vor der ersten Show des Tages schnappte sich Uchinoura-san ihr Walkie-Talkie und führte mich zum Bühneneingang. In wenigen Minuten würden wir ihn öffnen, um die Besucher hereinzulassen, die derzeit noch vor dem Ticketschalter des Museumsdorfes standen. Mein Plan war, mich auf die genauen Wendungen zu konzentrieren, die Uchinoura-san beim Kartenverkaufen und Anweisungengeben benutzte, und sie zum späteren Studium im Kopf zu behalten.

Für den Umgang mit Kunden gab es, wie für Lebensläufe und jede andere Situation, spezielle Sprachelemente, mit denen man Respekt ausdrücken und sich ordnungsgemäß in geltende Hierarchien einordnen konnte. Man hörte sie in jedem Geschäft und an jedem Nudelstand. In jedem Restaurant. Bei *GEOS* und in der Touristeninformation. In jedem Bereich Japans kamen sie zum Einsatz, ganz besonders in jedem Kundendienstumfeld, kombiniert mit dazugehörigen Gesten, um die Kunden in die richtige Richtung zu weisen oder ihnen Wechselgeld zu geben. Weisende Gesten mussten stets auf demütige, fröhliche Weise ausgeführt, Visitenkarten stets mit beiden Händen ausgehändigt und entgegengenommen werden. Scheine wurden als erstes zurückgegeben, dann Münzen. Vor dem Zurückgeben wurden die Scheine aufgefächert wie Spielkarten und für den Kunden sichtbar durchgezählt. Kamen die Münzen an die Reihe, wurde die Hand des Kunden liebevoll in die eigene gelegt, während man mit der anderen eine Münze nach der anderen hineinzählte. Es gab unzählige subtile Gesten, die ich zwar immer am Rande wahrgenommen, deren Details meiner ungeschliffenen Beobachtungsgabe jedoch bisher entgangen waren. Was japanische Respektsprache und -gestik betraf, war mein passiver Wortschatz ungemein größer als mein aktiver.

Nach dem Andrang während der Golden Week erschien mir der heutige Tag ruhig. Es war nicht besonders anstrengend, die Besucher anzulächeln und zur Ninja-Show einzuladen, sobald sie aus dem Ninja-Haus kamen. Alle möglichen Leute flossen nach und nach daraus hervor: Familien, Rentnerpaare, Studentengruppen, Frauen in Zweiergespannen. Ein junger Mann, der mit seiner Freundin da war, trug einen violetten Samthut und ein T-Shirt, auf dem neben einem Hanfblatt stand: »*Be Peace!*«

Die Beliebtheit der Ninjas schien universal. Selbst pazifistische Hippies konnten sich für sie begeistern.

Uchinoura-san informierte Masanosuke per Walkie-Talkie, dass wir den Hintereingang schließen würden, und ging zur Soundkabine hinüber, während ich die Metallhaken in die Ösen hängte und den Hintereingang schloss. Dann nahm ich unauffällig links der Bühne meinen Posten auf. Ein paar Jungs setzten sich auf die Plastikplane vor der Bühne. In meinem Kopf gingen Alarmglocken an. Uchinoura-san hatte mich vor dieser Stelle gewarnt: »Wenn auf der Bühne Ninja-Sterne geschlagen werden, darf da niemand sitzen!«

Schon hatte ich eine schwierige Aufgabe. Die Devise lautete: »Kunde ist Gott.« Natürlich wollte ich es dieser Gruppe junger Götter ermöglichen, sich in Ruhe die Show anzusehen. Gleichzeitig musste ich sie jedoch vor den tödlichen Ninja-Sternen beschützen, die schneller durch die Luft flogen, als man auf einen Knopf drücken konnte. Besorgt beobachtete ich abwechselnd das Geschehen auf der Bühne und die begeisterten Gesichter der Jungs. Als Kashira mit seinen kreuzförmigen und seinen sechszackigen Ninja-Sternen in der Hand auftrat, sprintete ich zu der Gruppe hinüber und flüsterte bestimmt: »Hier wird's gleich gefährlich, könntet ihr bitte während der Ninja-Stern-Nummer ein wenig zurücktreten?« Meine Verbeugung haltend, wies ich auf die dritte Stufe neben den Zuschauerbänken und beobachtete erleichtert die acht Füße, die meinen Anweisungen zügig und widerstandslos folgten.

Erleichtert atmete ich auf, rannte zurück auf meinen Posten und beobachtete zusammen mit den anderen Zuschauern, wie die Ninjas unterschiedliche Arten von Sicheln zu Waffen umfunktionierten. Eine davon war an einer langen Kette befestigt, an deren anderem Ende eine Eisenkugel hing.

Kashira schleuderte die Kette in mehreren Windungen um den Knöchel seines Sohnes, brachte ihn durch kräftiges Ziehen zu Fall, kastrierte ihn mit der Sichel, rammte ihm die zum Messer gespitzte, bloße Hand in den Bauch und brach ihm mit einem beängstigenden Geräusch aus der Soundkabine das Genick.

Auch dieses Mal sprang Masanosuke quicklebendig wieder auf, das Publikum lachte erleichtert, und Kashira setzte zum Marketing-Talk an, während Masanosuke die Iga-Ninja-DVD holte und verführerisch in die Luft hielt.

Ich nahm die Ösen aus den Haken und öffnete die Plane.

»Der Ausgang befindet sich links«, sagte Kashira. Ich hob die Hand, um seine Aussage zu illustrieren. »Wer möchte, kommt auf die Bühne und probiert sich im Ninja-Stern-Schlagen aus.«

Einige gingen auf die Bühne, andere strömten plappernd an mir vorbei. Immer wieder verbeugte ich mich. Immer wieder sagte ich fröhlich: »*Arigatō gozaimashita!*«

Nachdem zwei Drittel der Zuschauer gegangen waren, winkte Kashira mich auf die Bühne.

»Hier«, sagte er. »Fünf Sterne, 200 Yen.«

Er drückte mir einen Stapel Ninja-Sterne in die Hand und kassierte 200 Yen von einem kompakten Mittvierziger, der als nächstes an der Reihe war. Verdutzt über meine plötzliche Beförderung zum fortgeschrittenen Servicepersonal, verbeugte ich mich, gab dem Mann seine fünf Ninja-Sterne und sagte: »Ihre Sterne. Viel Glück!«

»Wo ist deine Stimme?«, fragte Kashira. »Sprich lauter! Schämst du dich etwa, mit den Kunden zu sprechen?« Bevor ich antworten konnte, gab er mir die nächsten fünf Sterne und sagte: »Du musst so viel wie möglich mit den Besuchern sprechen. Du musst dich daran gewöhnen.«

Ich sprach so viel wie möglich mit den Besuchern, hämmerte jede Höflichkeitswendung heraus, die ich in den verschlungenen Gängen meines Gehirnstollens fand, und entstaubte sie, während ich mit der Beaufsichtigung des Ninja-Stern-Schlagens weitermachte. Dabei hörte ich Kashira zu und versuchte, meine Antennen so auszurichten, dass sie auch noch auffangen konnten, was Uchinoura-san und Masanosuke sagten.

Nachdem alle Besucher gegangen waren, drückte Kashira mir noch einmal fünf Ninja-Sterne in die Hand: »Hier. Versuch du's mal!«

Mein erster Stern blieb mit Ach und Krach in der Styroporwand stecken. Es war kein Wumms dahinter. Ich versuchte, die Körperhaltung nachzuahmen, die ich bei Kashira und Masanosuke gesehen hatte. Arm zurück, Ellbogen ran. Hüftschwung beim Nachvorneschleudern. Mein nächster Versuch war etwas erfolgreicher. Mein letzter Stern landete in der Mitte der Zielscheibe und blieb stecken. Ich selbst staunte darüber am meisten. Vielleicht war es doch möglich, werfen zu lernen.

In der zweiten Show sollte ich nach Kashiras Schwertauftritt die Bambus- und Strohmattenteile von der Bühne sammeln.

»Wenn er sein Schwert zu Ende geschwungen hat, rennst du rein und sammelst sie auf«, sagte Uchinoura-san.

Kashira köpfte die drei Strohmatten und hieb den Bambus in vier Stücke. Ich zögerte. War er fertig? Plötzlich wurde mir bewusst, dass die Aufgabe nicht ohne war. Ein zu frühes Rauslaufen konnte tödlich sein. Da erschien Masanosukes Gesicht hinter der Bühne. Er nickte mir zu und rannte hinaus, um die Ständer wegzutragen. Ich rannte hinterher, sammelte eilig die gefallenen Schnittstücke in die dafür vorgesehene Tragematte hinein, nahm sie an den Enden zusammen wie eine Tasche und trug sie zum Fuße der Soundkabine. Danach machte ich in jeder weiteren Show das gleiche. Man bekam nie etwas zweimal gesagt. Man konnte sich glücklich schätzen, wenn man es einmal gesagt bekam.

»Anna, Mittagessen!«, rief Uchinoura-san nach der nächsten Show. Wir gingen zum Zelt hinüber, wo zwei große Bentō-Boxen auf uns warteten. In jede von ihnen war eine japanische Flagge aus Reis und einer roten Salzpflaume hineinmodelliert worden, umrahmt von hübsch arrangierten Beilagen wie gebratenem Fleisch, pink-weißen Blumen aus Fischpaste, gekochten Bohnen, kleinen Tofubällchen und Sojasoße in winzigen Plastikfischen. In nur drei Bissen aß Uchinoura-san die Tofubällchen und den halben Reis auf.

»Heute ist ein leichter Tag«, sagte sie. «Es sind nicht viele Leute da. Wir haben ganze zwanzig Minuten Zeit. Da schaffen wir nach dem Essen vielleicht sogar noch ein Getränk.« Sie zeigte mir einen kleinen Kühlschrank, in dem Sportgetränke und Gerstentee in kleinen PET-Flaschen standen.

»Das hier ist für alle. Du kannst dich gerne bedienen.«

»Vielen Dank«, sagte ich, und mein Arm schoss zu einer Flasche Gerstentee hinüber wie ein Gummiband. Beim Anblick der kalten Getränke war mir plötzlich aufgefallen, dass ich am Verdursten war. Uchinoura-san sah mich an.

»Wenn es geht, würde ich gerne eine Flasche Gerstentee trinken«, sagte ich belämmert.

»Du hast Durst, hm?«, sagte sie. »Dōzō!« – Bitteschön.

 Bentō ist eine Schachtel mit Deckel zur Mitnahme eines kalten Mittagessens. Auch: die Schachtel inklusive Mittagessen. Gehört in Japan zum Alltag eines jeden rechtschaffenen Bürgers – vom Schulkind bis zum *Salary Man*, vom Ninja bis zum Go-go-Girl.

Uchinoura-san holte sich ebenfalls eine Flasche Tee heraus, und wir tranken in friedlicher Harmonie ein paar erfrischende Schlucke der malzigen, kalten Flüssigkeit.

»Wenn du zum Mittagessen gehst, bevor die anderen gehen, sagst du: ›*Osaki desu*‹«, erläuterte sie einen weiteren wichtigen Punkt des Tagesablaufs. »Denn du gehst ja vor ihnen.«

Saki hieß »vor«. O- war ein Ehrenpartikel, den man vor Worte setzte, um ihnen oder ihren Adressaten gegenüber Ehrerbietung auszudrücken.

»Auch wenn sie dir sagen, du sollst zuerst gehen, weil es besser passt, gehört es sich eigentlich nicht. Deshalb muss man als Entschuldigung für dieses Privileg ›*Osaki desu*‹ sagen. Wenn Kashira sagt: ›Uchinoura-san und Anna-san, geht essen‹, sagen wir: ›*Osaki desu*‹. Wenn wir wiederkommen, sagen wir noch einmal: ›*Osaki deshita*‹ – Entschuldigung, wir sind zuerst gegangen.«

Drittes Kapitel meines Ninja-Lehrbuchs: Einführung ins Ninja-Japanisch.

Frauenschwert und Mondsichel

Während der ersten Nachmittagsshow wurde ich so heftig von Müdigkeit attackiert, dass ich vergaß, die drei Zuschauer an der gefährlichen Stelle zu warnen. Als ich meinen Fauxpas bemerkte, schleuderte Masanosuke bereits seine Ninja-Sterne Richtung Holzplatte. Panisch sah ich zwischen ihm und der gefährdeten Dreiergruppe hin und her, während mein Kopf seine Worte von heute Morgen auf Dauerschleife abspulte: »Ich finde es immer noch schwierig. Meine Hände fangen immer noch an zu schwitzen.« Ich schwitzte bei dem Gedanken am ganzen Körper.

Als alle Ninja-Sterne in der Holzwand steckten und die drei Zuschauer immer noch unversehrt vor der Bühne saßen, seufzte ich erleichtert auf. Zum Glück fingen währenddessen die ersten Zuschauer an, ihrer Begeisterung Ausdruck zu verleihen, und das Geräusch meiner Erleichterung wurde gerade noch rechtzeitig von Applausgetose verschluckt.

Nach der letzten Show des Tages begegnete ich Kashira auf der Bühne.

»Wenn du an Budō und Zen interessiert bist«, sagte er, »solltest du Schwertkunst machen, nicht Karate.«

Er holte ein Schwert hinter der Bühne hervor und durchschnitt mit einem Zischen, das keiner elektronischen Unterstützung bedurfte, die Luft. Er reichte mir das Schwert. Es war erstaunlich leicht.

»Ein Frauenschwert«, erklärte Kashira. »Zum Üben.«

 Budō bedeutet »Kampfkunst«. Die Endung 道 – dō bedeutet wörtlich jedoch nicht »Kunst« sondern »Weg«. Man findet sie am Ende vieler japanischer »Künste« wie Judō, dem »weichen Weg«, Kendō, dem »Schwert-Weg« oder Sadō, dem »Tee-Weg«, den wir »Teezeremonie« nennen. Ein solcher Weg dient dazu, durch Kultivierung der von ihm vorgegebenen Form und konsequentes Weitermachen Herz und Geist zu ordnen und zu reinigen. Er ist also im Gegensatz zur »Kunst«, mit der wir versuchen, ihn in unserer Sprache wiederzugeben, eher spirituell nach innen als expressiv nach außen gerichtet.

Ich versuchte, seinen Schwerthieb nachzumachen. Man hörte kaum einen Hauch.

»Hier, so!«, sagte er und machte es mir noch mal vor.

Ich versuchte es erneut. Wieder war nichts zu hören, und am Ende des Hiebes schlackerte das Schwert zuckend in meiner Hand herum. Kashira lachte und machte es mir ein drittes Mal vor. Ich versuchte, den Aufwärtsschwung zu imitieren, der dem tatsächlichen Hieb vorausging und durchstach damit das scharlachrote Schriftzeichen 忍 Nin hinter mir auf der Plane, die bei der Show als Hintergrundkulisse diente. Vor Schreck ließ ich fast das Schwert fallen und brach in eine Lawine aus Verbeugungen und Entschuldigungen aus. Kashira lachte und nahm das Schwert wieder an sich.

»Das reicht erstmal. Wenn du anfängst, richtig bei uns zu trainieren, werd' ich's dir schon beibringen.«

Mit besonnenem Schritt brachte er das Schwert – und damit uns und das umliegende Equipment – wieder in Sicherheit.

»Wegen nächster Woche melden wir uns noch mal«, sagte Kashira zum Feierabend.

Ich verbeugte mich, verabschiedete mich mit »*Shitsurei shimasu!*« und folgte Uchinoura-san zum Auto.

Auf dem Rückweg musste ich mich noch mehr als auf dem Hinweg anstrengen, nicht einzuschlafen, während Uchinoura-san redete.

»Du musst ein Ninja in der Welt der Ninjas werden«, sagte sie. »Jemand, der im Schatten der Schatten lebt. Ein japanisches Sprichwort sagt: ›Du musst wie die Pfeiler sein, die in den Boden gerammt werden, um das Haus zu stützen.‹ Niemand kann sie sehen, aber ohne sie würde das Haus versinken. Das zu schaffen, wird dich viel Zeit und Mühe kosten. Ich habe drei Jahre gebraucht, um mir die Abläufe zu merken.«

Um halb neun war ich zu Hause. Ich schaffte es gerade noch, den Staub Igas von meinem Körper zu spülen, dann fiel ich in eine Welt, die so dunkel war, als hätten alle Schatten der Erde sich vereinigt und die Sonne mit der Mondsichel getötet. Am Morgen wusste ich nicht mehr, wie ich zu meinem Futon auf dem Hängeboden gekommen war.

Zugeschnürt

»Nächstes Mal bitte eine kurze Leggings mitbringen und drunterziehen«, schrieb Uchinoura-san unter der Woche und erwartete mich am Sonntagmorgen erneut um 7 Uhr am Bahnhof Furukawabashi in ihrem *Opel Corsa*. Wieder fuhren wir an grünen Hügeln und Wäldern vorbei. Wieder redete sie ununterbrochen.

»Du musst jedes kleine Detail genau beobachten«, riet sie mir. »Du musst die Zeit, die du jetzt geschenkt bekommst, nutzen, um alles zu lernen. Die Anordnung der Waffen hinter der Bühne. Die Art, wie sich alle bewegen und wann. Eines Tages wird Kashira dir plötzlich sagen: ›Räum hinter der Bühne auf!‹ Wenn du nicht jetzt die Augen aufmachst und lernst, was Sache ist, hast du keine Chance.«

Uchinoura-sans Wissensschatz war unerschöpflich. Außer ihrem umfangreichen Erfolgsrezept für Ninja-Lehrlinge umspannte ihr Fachwissen unter anderem auch japanische Wörter und Redensarten sowie die vielen Eigenheiten der Bewohner Osakas.

»In Tokyo sind alle reich und stolz drauf«, sagte sie. »In Osaka sind die Leute stolz, wenn sie es schaffen, gute Ware für wenig Geld zu kaufen. In Tokyo sind die Mädchen neidisch, wenn ihre Freundinnen hübscher sind als sie. In Osaka freunden sie sich mit dem schönsten Mädchen der Schule an und erzählen den Jungs: ›Hey, kommt ihr mit auf die Party? XY kommt auch mit, sie ist meine beste Freundin.‹«

Als nächstes erklärte sie mir die Nuancen und lokalen Anwendungsunterschiede der Schimpfwörter *Aho* und *Baka*, zwei japanische Versionen des Wortes »Dummkopf«.

»In Tokyo wird das Wort *Aho* als furchtbare Beleidigung empfunden. In Osaka sagen wir es ständig, und niemand nimmt Anstoß daran. Bei *Baka* ist es genau umgekehrt. In Tokyo kommst du vielleicht damit davon, aber in Osaka – was auch immer du tust, nenn mich nicht *Baka*!«

Auch über die individuellen Eigenheiten der Ninjas wusste sie Bescheid.

»Kashira operiert nach dem Prinzip *Donburi Kanjō*«, sagte sie.

»Reisschüssel-Emotion«, übersetzte ich und konnte damit nichts anfangen, also hörte ich weiter zu und wartete auf Hinweise.

»Er wirft das Geld zum Fenster raus. Er liebt es, Geld für Freunde auszugeben.«

Jetzt fiel mir ein, dass es noch ein anderes *Kanjō* gab, das mit anderen Schriftzeichen geschrieben wurde und nicht »Emotion« hieß, sondern »Rechnung«.

»Seine Frau hat die Geschäfte der Ninjas fest in der Hand«, fuhr Uchinoura-san fort. »Sie macht alles richtig und vernünftig. Wenn Kashira nicht so eine Frau hätte, hätte er es schwer.«

Ich dachte daran, wie er mich bei unserem zweiten Treffen ermutigt hatte, sofort meinen Job aufzugeben und bei ihnen einzuziehen, wie kurze Zeit später eine Nachricht eintraf, in der es hieß, ohne meine Arbeitsstelle könne es schnell zu Visumsproblemen kommen, und ich solle erstmal mit Sonntagsarbeit einsteigen.

»Es ist ein harter Job«, sagte Uchinoura-san. »Die meisten halten das nicht lange durch.«

»*Gambarimasu!*«, versprach ich und dachte an die vielen Angreifer damals in der japanischen Fernsehshow, die versuchten, »Takeshis Castle« zu erstürmen, mit ebendiesem Ausspruch ihre Faust gen Himmel streckten und kurz darauf vom zweiten wackeligen Stein in den rauschenden Fluss rutschten.

Als wir ankamen, drückte Kashira mir ein leuchtend blaues Bündel Stoff in die Hand. Deshalb die Leggings. Damit ich mich im selben Raum umziehen konnte wie die anderen Ninjas, ohne dass ich mich bis auf die Unterhose ausziehen musste. Obenrum konnte ich meine Ninja-Seele anbehalten.

Der Ninja-Anzug war mit unzähligen Bändern ausgestattet, die man an allen möglichen Stellen zusammenbinden musste. Das Anziehen glich einem Zauberkunststück. Zuerst schlüpfte man mit den Armen in das kurze Kimono-Oberteil und befestigte es auf Höhe der Hüftknochen mit einem Stoffgürtel. Dann die Hose. Hielt man den vorderen Teil hoch, fiel der hintere herunter. Man wickelte sich den langen Gürtel zweimal um die Hüften und band ihn hinterm Rücken fest. Kashira assistierte mir beim ersten Anlegen meines Ninja-Kostüms.

»Nicht so einfach«, sagte er. »Bei jemand anderem weiß man gar nicht, wie man die Bänder halten soll.« Er stellte sich hinter mich und tat, als sei er ich, während er den Gürtel band.

»Guck dir diese Hüften an«, sagte er. »Sie könnte gleich mehrere Kinder auf einmal bekommen. Und hier – alles Muskeln!« Er fand die richtigen Enden, brachte sie in Knotenposition und zog daran so heftig, dass meine Eingeweide vor Schreck in den Brustkorb auswichen.

»Man muss den Knoten ein bisschen fester ziehen«, erklärte er, während ich nach Luft schnappte. »Der lockert sich immer.«

Zum Glück hatte er recht. Schon im nächsten Moment konnte ich wieder atmen, und meine Eingeweide sanken erleichtert in ihre Ausgangspositionen zurück.

»Lehrerin? Dass ich nicht lache! Was für eine Verschwendung«, sagte Kashira, während er eine Schleife band. Dann erzählte er dem Opa draußen: »Sie sieht dünn aus, aber sie hat kräftige Schenkel. Du solltest ihre Arme sehen. Wie ein Mann!«

Ich fühlte mich wie ein Rennpferd, an dem sein neuer Besitzer einen Narren gefressen hatte. Aber jetzt musste ich losrennen und gewinnen, sonst würde er schon bald wieder das Interesse an mir verlieren.

Eine mittig in den hinteren Teil des Hosenbundes eingenähte Plastikzunge wurde in den fertig gebundenen Gürtel gesteckt und ein zweiter Gürtel über den ersten gebunden, diesmal vorne. Die Knotentechnik kannte ich von meinem Karate-Anzug, nur dass hier die losen Enden wieder nach hinten geführt und unter dem restlichen Gürtelarrangement versteckt wurden. Nun mussten noch die Schienbeinteile zusammengebunden werden. Zuerst kamen die Ninja-Schuhe an die Füße. Die Schienbeinteile des Anzugs waren hinten an der Wade geteilt. Vorne kamen aus der Mittelnaht über dem Schienbein jeweils zwei Bänder heraus. Die beiden Stoffteile wurden fest um die Wade gewickelt, die Bänder vorne zu Schleifen gebunden und die losen Enden weggesteckt wie beim Gürtel.

Als ich endlich vollständig eingeknotet war, dachte ich: Ich hätte noch mal aufs Klo gehen sollen! Ich war fertig. Fix und fertig – noch bevor der Tag richtig begonnen hatte.

Mein Ninja-Kostüm zeigte eine beeindruckende Wirkung.

»Wow!«, sagten die Leute nun, wenn sie ihre Eintrittskarten bei mir kauften. »Ein Gaijin!«

»Boah, eine Kunoichi!«

»Oh, guck mal, ein Gaijin-Ninja!«

Viele von ihnen wollten mit mir Fotos machen.

»Anna«, rief Uchinoura-san aus den Zuschauerreihen, während ich pflichtbewusst für ein weiteres Foto mit einer Gruppe Teeniejungs posierte. »Karate-Pose!«

Ich ballte die Hände zu Fäusten, ging in Position und machte einen Doppelblock.

»Ho!«, riefen Uchinoura-san und Kashira, während die Kamera blitzte.

Die ganze Aufmerksamkeit war mir unangenehm. Ich konnte nicht mal einen Ninja-Stern so schlagen, dass er zuverlässig in der Wand stecken blieb. Trotzdem musste ich den Profi geben. Insgesamt jedoch fiel mir der Umgang mit Besuchern leichter, als mir die Saubermach- und Aufräumprozeduren in ihrer kunstvollen, detaillierten Gesamtheit zu merken. Während ich den Staub aus den Augen fegte, die mich von den Zuschauerbänken aus anstarrten, fing mich ein weiteres wachsames Auge ein, und Kashira sagte: »Wenigstens hast du jetzt die richtige Richtung.« Ich verbeugte mich und lächelte die Holzaugen auf der Bank an.

Der Tag flog dahin wie ein Ninja. Ich versuchte angestrengt, mir den Ablauf beim Ticketverkauf einzuprägen, sammelte die dicken Holztickets mit meinem Körbchen ein, sobald alle Zuschauer auf ihren Plätzen saßen, und sah den Ninjas dabei zu, wie sie in ihren schwarzen Ledertaschen Geld sammelten, während sie freundlich »Irasshaimase!« und »Konnichiha degozaru!« sagten. Ich bedankte mich höflich bei allen, die hereinkamen, und wies sie in die richtige Richtung: »Dōzo!« – Hier entlang, bitte! Ich lächelte und verbeugte mich. Während einer Show dolmetschte ich für ein indisch-kanadisches Pärchen. Die beiden waren begeisterte Ninja-Fans, und ihre enthusiastischen

Reaktionen waren ansteckend. Zum Abschied machten wir zusammen ein Erinnerungsfoto.

»Nächstes Mal üben wir das Posieren für Fotos«, kündigte Kashira an, als sie weg waren.

Oh, dachte ich. Was hatte ich falsch gemacht?

In null Komma nichts war die letzte Show vorüber, und wir strömten Richtung Zelt. Ich leerte den Heißwasserspender und klopfte die Fußmatten vor dem Eingang aus. Ich servierte den Ninjas *Ferrero Küsschen,* die mir meine Eltern aus Deutschland geschickt hatten. Inzwischen wusste ich, dass Kashira Süßigkeiten mochte, und wollte ihm die liebevolle deutsche Delikatesse nicht vorenthalten.

»Nächstes Mal machen wir Fotos und trainieren ein bisschen«, sagte er.

Ich hörte in seinem Mund die Nuss knacken. Uchinoura-san und ich bedankten und verabschiedeten uns: »*Osaki desu!*« Dann stiegen wir in ihren treuen *Opel Corsa* und sausten für eine weitere Woche zurück nach Osaka, in die Welt der hellen Lichter und langen Arbeitstage.

Huhn und Ei

»Gestern war Mukade hier«, sagte Tomonosuke, als wir in der Woche drauf ins Zelt kamen.

»Oh«, sagte Uchinoura-san alarmiert. »Er ist sehr gefährlich«, erklärte sie mir. »Wenn er dich angreift, musst du ins Krankenhaus.«

Kashira kam und fragte besorgt: »War Mukade wieder hier?« Wer auch immer dieser Mukade war, er konnte einem wirklich Angst einjagen. Selbst die Ninjas hatten Respekt vor ihm.

»Aaaaaaah!«, kreischte Uchinoura-san, während sie panisch auf den Boden sah. »Da ist er!« Schnell folgte ich ihrem Blick und sah einen schwarzen Tausendfüßler davonkrabbeln.

»Sehr giftig«, warnte Uchinoura-san noch einmal, als er verschwunden war und sie sich wieder gefangen hatte. Ich merkte mir das Wort für Tausendfüßler. Und dass sie die wahren Ninjas in Iga waren, vor deren unerwarteten Angriffen man auf der Hut sein musste.

Unwillkürlich erinnerte ich mich an einen Jet-Lee-Film, in dem Jet ein Huhn beobachtet, das einen Wurm frisst, und sich dessen Bewegungen abguckt, um sie später in einem spektakulären Kampf gegen einen riesigen, aus zwei Dutzend Menschen bestehenden Tausendfüßler zu verwenden – ähnlich den prächtigen Drachen, die auf chinesischen Festen tanzten. Vielleicht sollte ich mir den Film noch einmal ansehen, dachte ich, während ich zum zweiten Mal in meinen leuchtend blauen Ninja-Anzug einzog. Oder mein Kostüm nächste Woche gegen ein Hühnerkostüm eintauschen. Kashira gab mir eine neue Kopfbinde. Blau wie der Anzug, mit Batikstreifen, die das Tuch mit zufälligen Mustern durchzogen.

Während Uchinoura-san mir half, die Ninja-Hose hinten zuzubinden, sagte sie: »Sugita-san ist sehr talentiert. Sie hat nie schneidern gelernt. Aber sie näht einfach diese Kostüme. Sie war auch als Kunoichi so talentiert, dass sie ihr Gesicht während ihrer Zeit als Show-Ninja häufig hinter einer schwarzen Maske versteckte, sodass niemand sie als Frau erkennen konnte. Sie war pures Können. Die meisten Kunoichi ruhen sich darauf aus, dass sie für die Zuschauer durch ihre Weiblichkeit ansprechend wirken.«

Ich bewunderte Sugita-sans Können und Integrität mit ehrfürchtigem Schweigen. Sie war ein Kunoichi-Vorbild, dem nachzueifern sich lohnte. Auch ich hatte nicht vor, mich auf meinen weiblichen Reizen auszuruhen. Andererseits hatte ich aber auch nichts dagegen, ihre Vorteile zu nutzen. Was auch immer funktionierte, ich würde es ausprobieren und mir Mühe geben, mich in meine Rolle im Ninja-Clan einzufinden.

»So, Anna, heute üben wir die Begrüßungsrede vor der Show«, sagte Kashira, während er sich auf der Bühne mit kreisenden Armen aufwärmte.

»Okay«, sagte ich fröhlich.

»Das bedeutet, dass er dir demnächst plötzlich sagen wird: ›Ab auf die Bühne, du machst die Begrüßungsrede!‹«, zischte Uchinoura-san mir warnend zu. Panisch sah ich Kashira hinterher, der ein weiteres Mal plötzlich verschwunden war. Mit professionellen Ninjas zusammenzuarbeiten war nicht einfach. Ich rannte zum Zelt. Zum Glück fand ich ihn dort.

»Äh, ich wollte nur sagen«, stotterte ich, »noch sitzt die Rede nicht so ganz. Aber bis nächste Woche lerne ich sie auswendig. Versprochen.«

Er kicherte in sich hinein. Mehr sagte er nicht dazu.

Als Gaijin-Ninja war es meine Aufgabe, mich um Gaijin-Besucher zu kümmern. Heute kamen viele. Zuerst ein junges Paar aus Wisconsin. Sie hatten Stehplätze in der Nähe des Hintereingangs gefunden, von denen aus man gut sehen konnte, und klickten wie wild auf ihren dicken Kameras herum. May und Joe hatten sich Japan als Urlaubsziel ausgesucht, weil ihnen das Land exotisch und interessant erschienen war. Ninjas fanden sie besonders cool.

Wie gerufen erklang die Anfangsmusik der Show. Masanosuke eröffnete mit einem »*Mina-san Konnichiha! Honjitsu Iga-ryū-ninja-hakubutsukan ni yōkoso irasshaimashita!*«

»Hallo und herzlich willkommen im *Iga-Ninja-Museum*«, dolmetschte ich und versuchte, die ersten Worte der japanischen Einstimmungsrede an einer auffälligen und stabilen Stelle meines Gehirns zu speichern.

»Wir Ninjas machen ziemlich wilde Sachen auf der Bühne«, fuhr Masanosuke fort. »Fotos machen ist daher ausdrücklich ... willkommen!« Die beiden Amerikaner lachten erleichtert, während ich versuchte, den wirkungsvollen kleinen Scherz ebenfalls abzuspeichern.

Dann erschien Kashira, und es wurde ernst. May und Joe kommentierten die Bühnen-Action mit begeisterten »Aaaahs« und »Wooows«.

Die nächste Show besuchte ein chinesischstämmiges Paar aus Kanada mit ihrem Sohn, schätzungsweise im College-Alter. Auch sie waren hin und weg von den Ninjas. Diesmal war es Tomonosuke, der die Menge anheizte: »Ich sage: ›Hört ihr mich?‹ Ihr sagt: ›Nin!‹ – Hört ihr mich?« Die Zuschauer machten: »Nin!« Tomonosuke gab sich unzufrieden mit der Intensität ihrer Reaktion und wiederholte das Ganze noch einmal, um die Leute richtig in Schwung zu bringen. Was das anging, war das höflich zurückhaltende Publikum eine Herausforderung.

Beim dritten Mal fragte Tomonosuke: »Was ist drei plus eins?« Auf Japanisch war die Antwort »Yon!«, aber die Zuschauer waren inzwischen auf »Nin!« gedrillt und gaben regelmäßig die falsche Antwort, also musste er ihnen nun erklären, dass drei plus eins *Yon* war, nicht *Nin*. Das Gelächter war groß.

Tomonosuke war ein echter Showbusiness-*Pro*. Kashira liebte dieses aus dem Englischen geliehene Wort und benutzte es gerne. Die Welt der *Pros* war hart. Jede freie Minute musste man dem Training widmen. Es gab zu viel Wettbewerb, um träge zu sein.

Schon kam die nächste Gruppe Gaijin, eine große Schar junger Leute unterschiedlicher Nationalitäten, die mit einem Sprachlernstipendium in Japan waren.Ich bekam ein Mikrofon an den Saum meines Ninja-Oberteils geklemmt, den Empfänger hinten an meine multiplen Gürtel, um zu ihren Ehren spontan eine Begrüßungsrede auf Englisch zu halten und von der Seite der Bühne aus zu dolmetschen.

»*Eigo ga jōzu desu ne!*« – Dein Englisch ist echt gut!, rief ein hochgewachsener amerikanischer Scherzkeks und brachte mich mit seiner Parodie auf den reflexhaften Ausspruch, der jedem Japaner über die Lippen kam, sobald er einen Ausländer erblickte, zum Lachen. Da ich mich in diesem Moment direkt vor den Lautsprechern befand, rief das Mikro eine quietschende Rückkopplung hervor.

Die Show schritt so schnell voran, dass ich es nicht schaffte, alles Gesagte ins Englische zu übertragen. Ich improvisierte, so gut ich konnte, und nutzte jede Lücke, um meinen Gaijin-Brüdern und -Schwestern einen Überblick über das Bühnengeschehen zu verschaffen.

Zur nächsten Show kam ein amerikanisches Paar mit vier Söhnen zwischen sechs und zwölf. Auch für sie machte ich eine gesonderte Ansage, dolmetschte diesmal jedoch im Flüstermodus in der hintersten Sitzreihe. Alle Söhne waren große Ninja-Fans und betrachteten die Show so gespannt, dass ich mir Sorgen machte, ihre Augäpfel könnten jeden Moment nach vorne schießen, vor allem als Masanosuke mit den Ninja-Sternen kam.

»*Wooow!*«, riefen sie. »*This is so coool!*«

In ihrer fieberhaften Ninja-Aufregung befeuerten sie mich mit Fragen.

»Boah, sind das etwa echte Ninja-Sterne? Könnte er damit jemanden umbringen? Ist das Schwert da echt? Oh Gott, hat er dem anderen damit wirklich gerade die Eier zermatscht?« Sie kicherten los wie ein Rudel wilder Hyänen.

Ohne ihren Enthusiasmus dämpfen zu wollen, bat ich sie, ein bisschen leiser zu sein. Die Leute drehten sich bereits nach ihnen um. Auch ihre Eltern blickten von ihren Sitzplätzen in der ersten Reihe aus zu uns herüber. *Mom* hielt einen Finger an die Lippen und ermahnte ihre Jungs. Doch zum Glück richtete ihre Begeisterung keinen großen Schaden an. Im Gegenteil, nach der Show lächelte eine japanische Frau in unsere Richtung und sagte: »Sie lieben Ninjas, hm? Ach, sind die goldig!«

Die vier Jungs liebten Ninjas in der Tat, und da ich ein Ninja-Kostüm trug, liebten sie auch mich. Nach der Show wollten sie unbedingt Fotos mit mir machen. Ich zeigte ihnen die Handhaltung, die man einnehmen musste, wenn man »*Nin!*« sagte, und posierte mit ihnen vor den dicken Kameras ihrer Eltern. Klick, klick, machten die beiden. Dann bedankten sie sich freundlich und zogen mit ihrer hyperaktiven Bande von dannen.

Zur nächsten Show kam eine Gruppe japanischer Jungs. Während sie beim Ninja-Stern-Schlagen in der Schlange standen, sagte einer: »Was, wenn er nicht in der Wand stecken bleibt? Oh Gott, wäre das peinlich!«

Scheinheilig beruhigte ich ihn – schließlich war mir beim ersten Versuch beinahe genau das passiert – und zeigte ihm und seinen Freunden, wie man die Sterne halten musste.

»Und denkt dran«, fügte ich hinzu. »Ihr müsst die Sterne *schlagen*, nicht werfen. Also, mit richtig Wumms dahinter. Dann kann nichts schiefgehen.«

Ich mimte die Wurfhaltung, die ich täglich zigfach sah. Es war erstaunlich, wie gut sich meine Schüler machten, wenn man bedachte, dass ich selbst keine Erfahrung im Umgang mit der Waffe hatte, sondern direkt zur Lehrerin befördert worden war. Ich machte es wie an der Uni beim Dolmetschen, wenn ich in Wirklichkeit keine Ahnung hatte, was gerade gesagt worden war: Ich tat, als wüsste ich genau, was Sache war. Der Trick mit dem gespielten Selbstbewusstsein funktionierte. Niemand ahnte, dass heute der zweite Tag meiner Ninja-Lehre und ich eine blutige Anfängerin war. Für sie war ich der Gaijin-Ninja-*Pro* im blauen Ninja-Anzug.

»Können wir ein Foto mit dir machen?«, bettelten auch die japanischen Jungs, nachdem sie alle Sterne sicher ins Holz geschlagen hatten.

Wieder nahm ich eine der Ninja-Haltungen ein, die ich mir aus Karate-Kata, Kung-Fu-Filmen und der Iga-Ninja-Show zusammengebastelt hatte, und die besser zum Posieren für Fotos geeignet waren als für irgendwelche tatsächlichen Kampfhandlungen. Schließlich machte ich eine Lehre als Show-Ninja.

Ich musste herausfinden, was für eine Kunoichi die Leute sehen wollten. Es gab viele Möglichkeiten, und ich war noch in der Orientierungsphase. Bei Kindern war ich beliebt, vor allem bei Mädchen. Das machte mir Mut und stimmte mich hoffnungsvoll, dass ich als Kunoichi etwas erreichen konnte, das über egoistische Selbstverwirklichung hinausging.

Japanische Mädchen brauchten starke Vorbilder, denen sie nacheifern konnten. Die meisten Frauen in Japan hörten immer noch auf zu arbeiten, sobald sie heirateten, spätestens aber, sobald sie Kinder bekamen, und die, die arbeiteten, waren immer noch flächendeckend in Positionen gefangen, in denen sie ihren

---

Kata, wörtlich »Form«, bezeichnet in der Kampfkunst eine zu Übungszwecken festgelegte 型 Choreographie, also eine bestimmte Abfolge von Kampftechniken. Es gibt Solo-Kata und Partner-Kata in den unterschiedlichsten Variationen und Schwierigkeitsgraden. In vielen modernen Kampfkunst- bzw. Kampfsportrichtungen müssen für jede Gürtelprüfung, bei der man zum jeweils nächsten Rang aufsteigt, bestimmte Kata eingeübt und vorgeführt werden. Jedes Kata hat einen eigenen Namen.

männlichen Kollegen Kaffee servierten. So wie Uchinoura-san. Ich wollte den Mädchen etwas zeigen, das ihnen das Gefühl gab: Es ist cool, ein Mädchen zu sein, und ich freue mich drauf, eine Frau zu werden. Etwas Starkes, Lustvolles und Freies.

Die kleinen Mädchen sahen mich mit großen Augen an und flüsterten atemlos:»Wow, eine Kunoichi!« Wenn ich ihnen das Ninja-Stern-Schlagen erklärte, gab ich mir besonders Mühe. Für sie war es meistens schwieriger. Das wusste niemand besser als ich. Aber sie sollten früher begreifen als ich, dass sie alles lernen konnten, was sie wollten.

Unter der Woche arbeitete ich in Osaka an meinen eigenen Wurffähigkeiten, spielte mit meinen Freunden Darts, wenn wir abends in den Pub gingen, ergriff im Kinderunterricht bei GEOS jede Gelegenheit, den weichen Ball zu werfen, der zu meiner Klassenzimmerausstattung gehörte, und damit das zu treffen, was ich mir vornahm. Je nachdem, wie gut die Schüler mitmachten, wählte ich als Ziel an die Tafel gepinnte Kärtchen mit Wörtern und Bildern oder ihre Stirn. Ich wollte das Zielen und die Tätigkeit des Werfens in meine Muskeln, meine Augen und mein Hirn eingravieren.

Noch hatte ich es nicht geschafft. Nichtsdestotrotz vertrauten mir die kleinen Mädchen im Ninja-Dorf blind. Manchmal konnten die eigenen Augen blind machen. Sie sahen mich als Ninja, weil ich in einem Ninja-Dorf arbeitete und einen Ninja-Anzug trug.

Auf dem Rückweg hielt Uchinoura-san in Iga an einem Kombini, das lokales Obst und Gemüse verkaufte, um ihrer Mutter zwei Kisten Tomaten mitzubringen. Da wir keine Zeit zum Mittagessen gehabt hatten, setzten wir uns in das dazugehörige Restaurant.

Uchinoura-san empfahl das *Oyako-don* – die Mutter-Kind-Reisschüssel. Mutter-Kind? Sollte das eine geheime Botschaft sein? Oder war es ein besonders günstiges Angebot, das für zwei reichte?

»Das Huhn hier ist sehr saftig,« sagte sie. »Und das Ei ist wunderbar gewürzt.«

Da ging mir auf, dass es sich bei Mutter und Kind um die Zutaten handelte: Huhn und Ei. Trotz der makaberen Namensgebung folgte ich Uchinoura-sans Empfehlung und bereute es nicht. Das Huhn war zart, das Ei war nicht nur wunderbar gewürzt – mit deutlichen Anteilen von Zucker und Sojasoße –, sondern überzeugte zusätzlich mit einer perfekten, cremigen Konsistenz. Zu meinem Entzücken bemerkte ich bald, dass Oyako-don ein weit verbreitetes Gericht in Japan war wie bei uns Strammer Max – und ich aß es nicht zum letzten Mal.

Die Kombini-Restaurant-Obst-und-Gemüse-Oase lag direkt an einem Fluss. Neben dem Parkplatz konnte man ins Flussbett hinunterblicken. Während Uchinoura-san aufs Klo ging, sah ich dem Fluss beim Fließen zu, durch ein natürlich geschwungenes Flussbett, frei von Beton. Wenn man eine Weile in einer japanischen Großstadt gelebt hatte, glich das einem Wunder. All die Flüsse in den Städten waren ihrer Freiheit und Schönheit beraubt worden, indem man sie vollständig mit Beton gepflastert hatte. Aber bis hier war die Betonindustrie mit ihren vielen schmutzigen Tentakeln noch nicht vorgedrungen. Weiter links begann ein kleiner Bambushain.

Hier in Iga konnte man sich vorstellen, wie es in Japan einmal ausgesehen haben musste. Als die echten Ninjas in Bauernkleidung ihre Sicheln schwangen und mit eleganten Sprüngen von Bambus zu Bambus hüpften. Grün und wild, mit Bäumen und Bambuspflanzen, die frei ihre Schatten und

Spiegelbilder zusammenlaufen ließen, auf den glitzernden Strömen kurviger, wilder Flüsse. Eine vergangene Welt, die daran erinnerte, wie wichtig es war, für ihr Weiterleben zu kämpfen, sie neu zu erschaffen und neu zu beleben. Ich entsandte ein Gebet an alle Naturgötter, deren Präsenz ich spürte: »Möge die schöne Schattenwelt der Ninjas doppelt stark wiedergeboren werden in ihrem nostalgischen Glanz. Möge sie sich harmonisch vereinen mit beheizten Toilettensitzen und aufklappbaren Handys.«

Der Fluss hypnotisierte mich. Ich verlor mich in seinen Wellen und Kräuselungen, und ehe ich mich's versah, gluckste er mir ein Lied vor, das niemals endete: »*The river carries the water into the ocean where the sea will take it further up into the clouds and back into the river carries the water into the ocean where the sea will take it further ...*«

Mein Handy klingelte und rief mich zurück in die Gegenwart. Ich drehte mich um und sah Uchinoura-san, wie sie mich von der anderen Seite des Parkplatzes aus anrief.

Warum sah sie mich nicht? Übte der Fluss irgendeinen geheimen Ninja-Zauber auf mich aus? Hatte er mich kurzzeitig in einen echten Ninja verwandelt? Eine Unsichtbare? Ich atmete tief ein. Als ich ausatmete, tauchte ich auf dem Parkplatz wieder auf.

Ich ging zu Uchinoura-san zurück, entschuldigte mich, dass ich sie hatte warten lassen, und stieg mit ihr in den *Opel Corsa*. Aus der Ferne winkten uns die Betontentakel der Stadt mit der wedelnden Geste zu sich heran, die für mich immer noch aussah wie: »Verschwinde!«

Sprechen üben

Ich übte die Begrüßungsrede hunderte Male zu Hause vor dem Spiegel. In den Unterrichtspausen bei *GEOS* sprang ich aus dem Fenster auf die Dachterrasse, sah mein Spiegelbild in den Fensterscheiben an und erzählte den imaginären Zuschauern, dass die Ninjas echte Waffen benutzten und sie auf keinen Fall während der Show aufstehen oder nach vorne kommen sollten, dass sie ihre Handys stumm- oder ausschalten sollten, so viele Fotos machen durften wie sie wollten, weinende Kinder nach draußen bringen und den Ninjas gute Energie geben sollten. Ich imitierte Masanosukes Respektsprache und kombinierte sie mit Tomonosukes Scherzen. Auch wenn es immer die gleichen waren. Die Zuschauer waren immer andere, daran musste ich mich also gewöhnen. Wie ein Koch im Restaurant, der sich immer an das gleiche Rezept halten und konsistent gute Qualität liefern musste.

Manager war besorgt. Wir hatten eine schlechte Bewertung von unserer Zentrale in Kansai bekommen. Zu wenig neue Schüler angeworben, zu wenig Lehrbücher verkauft, zu wenig Stunden vergeben.

Müde zuckte ich mit den Schultern.

»Wäre dir das nicht unangenehm, wenn du *Kaichō* begegnen würdest?«, fragte sie mich. Kaichō war der Chef unserer Englischschulkette.

Wieder zuckte ich mit den Schultern.

»Lass uns für *SM* beten«, sagte Manager. Das bedeutete *Standard Money* und war die Bezeichnung für unsere monetären Monatsziele, diktiert von der Kansai-Zentrale.

»Klar«, sagte ich. »Ich bete gleich vor dem Schrein beim Aikido. Apropos, ich muss los.«

Das stimmte auch, nur, dass ich heute nicht zum Training gehen, sondern die Begrüßungsrede üben würde.

Während ich durch die Dunkelheit nach Hause cruiste, bewegte ich meine Lippen und artikulierte leise die Wörter, in der Hoffnung, dass die widerspenstigen Höflichkeitsformeln endlich in meinem Sprachapparat hängenblieben. Ich musste sie in meinen Körper einbauen, damit meine Nerven mir im Ernstfall nicht alles ruinierten.

Es war fast Mitternacht, als ich meine von der Ninja-Geste verkrampften Finger ausstreckte und meine trockene Kehle mit einem Schluck Wasser belohnte. In ein paar Stunden würde ich wieder nach Iga fahren. Ich brauchte mehr Zeit. Ich brauchte einen neuen Job. Ich musste *GEOS* endlich hinter mir lassen.

Kunoichi Anna

»Nehmen wir heute mal das Leopardenmuster«, sagte Kashira morgens im Zelt.

»Das Leopardenmuster?«, fragte ich. Ich dachte an die Omas von Osaka, die dafür bekannt waren, Leopardenmuster zu tragen und Bonbons zu verteilen.

Er klatschte ein Stoffbündel mit Leopardenmuster vor mir auf den Stuhl, den ich beim Umziehen zum Ablegen meiner Kleidung benutzte. Es war ein Ninja-Anzug mit passender Kopfbinde.

»Heute gehst du mit Uchinoura-san Fotos machen, für unsere Website«, erklärte er und verschmierte die schwarze Schminke an seinen Augenbrauen.

Ich zog den Leopardenanzug an. Er war grau-schwarz-weiß. Wie ein Schneeleopard, dachte ich und hoffte, dass ich darin etwas cooler aussehen würde als die knallig geschminkten Omas von Osaka mit ihren Bonbontäschchen.

Nach der ersten Show hängte sich Uchinoura-san eine große Kamera um.

»Wartet mal«, sagte Kashira und sammelte von Haken und Kisten ein paar Requisiten für unser Fotoshooting zusammen: zwei Dolche, eine Art Kralle und ein Schwert. »Das müsste reichen«, sagte er und scheuchte uns hinaus.

Uchinoura-san führte mich in das Wäldchen hinterm Ninja-Haus. »Hier scheint die Sonne so hübsch durch die Bäume«, sagte sie, als seien wir ein Pärchen auf der Suche nach dem perfekten Picknickplatz. »Dann leg mal los – erst die Kunai.« Ich sah sie fragend an. »Die Dolch-Dinger heißen *Kunai*«, erläuterte sie. »Und das hier nennt sich Kumade.« Uchinoura-san hielt mir die Klaue hin. Ich ging in verschiedene Karate-Positionen, experimentierte mit den *Kunai* und hielt mit finsterem Blick das Schwert in die Luft. Schließlich half sie mir, die Bärenklaue umzuschnallen, und ich spielte ein bisschen Grizzly.

»Gut, müsste reichen«, sagte sie.

Wir gingen zurück zur Bühne.

»Die Fotos können wir nicht gebrauchen«, meckerte Kashira mit mir, während Uchinoura-san Richtung Toilette verschwand. »Du hältst die Kunai überall falsch rum. Du bist wirklich zu gar nichts zu gebrauchen.«

Ich erschrak über diese scharfen Worte von ihm. Was Kashira mir zutraute, schien stark zu variieren. Manchmal zeigte er

Kunai ist ein wahrscheinlich aus einer Maurerkelle entwickeltes Multifunktionswerkzeug der Ninjas mit Loch im Griff und blattförmiger Doppelklinge. Die Ninjas benutzten Kunai beispielsweise als Bohrer, Dolche, Wurfmesser oder – mit Seilen kombiniert – als Harpunen.

Kumade heißt wörtlich: Bärenkralle. Es ist eine Waffe der Ninjas mit Metallkrallen, die man sich um die Hand schnallt, um sie zu einer Bärenkralle zu machen.

sich gutmütig und geduldig mit mir, dann aber platzten solche fiesen Sätze aus ihm heraus. Ich erinnerte mich an Sugita-sans Worte. »Er ist sehr streng und kann sehr gemein sein«, hatte sie mich beim Abendessen im Hotel gewarnt.

Entsetzt entschuldigte ich mich.

Letzten Endes wählte Kashira ein waffenloses Foto und eines mit Kunai aus. Nun hatte ich wieder den Eindruck, er sagte solche Sachen nur, um meinen Stolz zu zügeln, damit er gar nicht erst ausbrechen konnte.

Ein paar Tage später schrieb Uchinoura-san: »Anna, du bist jetzt auf der Website.« Ich machte meinen Computer an. Tatsächlich. Unter den Steckbriefen von Kashira, Masanosuke und Tomonosuke stand:

Kunoichi Anna
Größe: 173 cm
Besondere Fähigkeiten: Englisch
Lebenslauf: Schwarzgurt in Karate,
erfolgreiche Teilnahme an zahlreichen Wettkämpfen

Ich wurde zu Kunoichi Anna, bevor ich je in der Show aufgetreten war. *No pressure*, dachte ich, atmete tief ein und ließ die Luft langsam und besonnen durch meine Nüstern wieder herausströmen.

Und bloß nicht stolz sein!

Premiere

Eine Woche später kam eine Filmcrew aus Osaka, um einen Dokumentarfilm über die Ashura-Ninjas zu drehen. Schon als ich morgens zum Bühnefegen hereinkam, lief ein blasser, dicker Kameramann auf mich zu und richtete die Linse auf mich. Ich arbeitete mich ein, er filmte mich. Ich folgte Anweisungen, er hielt weiter drauf. Ich rannte vom Ausgang zum Eingang, vom Eingang zum Ausgang, von den Waffen zu den Werkzeugen, von den Werkzeugen zur Bühne, von der Bühne zur Soundkabine, von der Soundkabine zum Essen, vom Essen aufs Klo, vom Klo zu den Ninjas, von einem Ninja zum anderen. Egal, wohin ich ging – der Kameramann verfolgte mich auf Schritt und Tritt.

Als wäre dieser Umstand an sich nicht schon aufregend genug gewesen, hatte Kashira noch eine weitere große Nachricht für mich.

»Nächsten Sonntag wirst du deine erste Begrüßungsrede vor Publikum halten«, teilte er mir knapp im Vorbeigehen mit. Mir klappte die Kinnlade runter – eingefangen vom Kameramann.

Nach der letzten Show des Tages gab Kashira die Bühne für mich frei, um die Begrüßungsrede zu üben – natürlich auch das vor laufender Kamera. Kurz bevor ich anfing, kam der Kameramann auf mich zu und fragte: »Na, bist du nervös?«

Es war furchtbar.

Ich schaffte es gerade so, mich an den Text zu erinnern, wusste aber nicht, was ich dabei mit meinem Körper machen sollte. Ich konnte mich nicht konzentrieren.

Ich machte keine großen Fehler, doch Kashira war nicht zufrieden. »Deine Stimme kommt nicht an, und du sprichst zu eintönig«, lautete sein harsches Feedback. »Tomo, zeig ihr mal, wie man das macht.«

Ich sah Tomonosuke zu. Er lächelte süß und sprach die Worte lang und breit aus, machte Fingerspielchen zur Veranschaulichung seiner Jokes. Ich versuchte, mir alles zu merken, und bedankte mich bei ihm. Schließlich fuhr ich zähneknirschend nach Hause und hatte nun noch genau eine Woche Zeit zum Üben. Immerhin konnte mir in meinen eigenen vier Wänden kein Kameramann auflauern.

Dann war der Tag gekommen. Zum ersten Mal würde ich als Ninja auf der Bühne stehen. Ich hatte bis nach Mitternacht mit Gesten vor dem Spiegel geübt, war im Bett alles noch mal und noch mal und noch mal durchgegangen und hatte kaum geschlafen. Ich fühlte mich, als kratzte eine ganze Zikadenarmee auf meinen Nerven herum und versuchte, sie zu stimmen. Aber sie wollten und wollten sich nicht stimmen lassen.

Als es dann so weit war und auf der Ninja-Bühne die verheißungsvolle Intromusik erklang, spielten die verdammten Zikaden unverfroren weiter. Ich zwang mich, auf die Bühne zu rennen, stellte mich in die Mitte und verbeugte mich tief, während die Musik leiser wurde.

Jetzt war ich dran.

Während ich innerlich zitterte, versuchte ich krampfhaft, mich an mein Skript zu halten, als sei es ein Seil, das in schwindelerregender Höhe unter mir schwankte, über das ich aber balancieren musste, um lebend auf die andere Seite zu kommen. Die Muskeln in meinem Körper waren gleichzeitig schwerfällig und viel zu leicht, sodass mir jede Geste, die ich mühsam eingeübt hatte, unbeholfen vorkam.

»Wenn ich sage: ›Zeigt es mir‹«, wies ich die verschwommene Masse vor mir an, »ruft ihr ›Nin, nin!‹ – Zeigt es mir!« Vage registrierte ich eine Reaktion. Immerhin schien die natürliche

Dynamik des Dialogs für mich zu arbeiten. »So geht das nicht«, protestierte ich, rief noch einmal »Zeigt es mir!« und schleuderte wie eingeübt meinen Arm nach vorne, um die »Nin, nin!«-Geste vorzumachen. Es dauerte eine Weile, bis ich überhaupt Gesichter erkennen konnte, und das einzige, was ich darin sah, waren erstaunt hochgezogene Augenbrauen.

»Wie kann es sein«, schienen sie zu sagen, »dass auf der Bühne ein Gaijin steht, der Japanisch spricht?«

Ich kam mir vor wie ein Zirkusaffe.

Kein Wunder, dass sich auch die Zuschauer bei meinem angespannten Anblick nicht entspannen konnten. Vielleicht hörten sie die Zikaden nicht, aber die markerschütternden Vibrationen, die sie über meine Nerven durch die Luft sandten, mussten selbst auf den ruhigsten Menschen eine disharmonische Stimmung übertragen.

Ich hatte Text und Gesten so oft geübt, dass nichts wirklich schiefging. Trotzdem fühlte ich mich furchtbar, als ich unseren Gästen eine spannende Show wünschte und schließlich von der Bühne ging.

»Das war nichts«, schimpfte Kashira knapp und ignorierte mich für den Rest des Tages.

Ich war erschöpft – und mir war zum Heulen zumute. Um mich noch irgendwie durch diesen Sonntag retten zu können, klammerte ich mich an Uchinoura-sans Worte: »Solange sie dir sagen, dass du etwas falsch machst, haben sie Hoffnung, dass du dich verbessern kannst.«

縄

Nawa

[Seil]

Ein Ninja nutzt das Seil auf vielfältige
Weise. Je nach Situation erklimmt er
damit Höhen, hält sich Feinde vom Leib,
entwendet Waffen, schlägt, würgt,
fängt, fesselt oder tötet.

Montag ist nicht viel los

Als ich mit der Zeit ein paar Sachen gelernt hatte und viele der Aufgaben allein übernehmen konnte, die sonst Uchinoura-san machte, kam Kashira auf die Idee, dass ich montags statt sonntags nach Iga kommen könnte. Das hatte auch für mich einige Vorteile.

Bei *GEOS* hatte ich Sonntag und Montag frei. Montag zu fahren bedeutete, dass ich nach meiner Woche als Lehrerin einen Tag Zeit hatte, mich zu erholen und mich auf meine Ninja-Aufgaben vorzubereiten. Und dass ich, statt mit Uchinoura-san zu fahren, den *Ninja-Liner* nehmen konnte, einen Reisebus, der, wie ich inzwischen entdeckt hatte, direkt bis Ueno-Sangyo-Kaikan fuhr. Das war fünf Minuten vom Ninja-Dorf entfernt.

Busfahren war ein Segen. Ich musste nicht alle paar Stationen umsteigen und bei jedem Zug panisch prüfen, ob er der richtige für mich war. Ich musste mich nicht stundenlang auf Uchinoura-sans Vorträge konzentrieren. Zweifelsohne waren sie stets informativ und nützlich, aber mit ihr zusammen nach Iga zu fahren, war wie zwei Stunden Berufsschule vor einem langen Arbeitstag, in denen ausschließlich und einmalig wichtiges Pflichtmaterial zur Prüfungsvorbereitung durchgenommen wurde. Im Ninja-Liner hingegen hatte ich Zeit, ruhig durchzuatmen und die vorbeiziehende grüne Landschaft einzusaugen, während ich sanft in eine wertvolle Stunde Schlaf hineinvibriert wurde.

In Iga angekommen, erblickte ich mit Freuden den Dichter Basho, dessen Statue mich mit ihrem gelassenen Lächeln begrüßte, und verbeugte mich vor ihm. Dann besuchte ich das blitzblanke öffentliche Toilettenhäuschen auf dem Weg ins Ninja-Dorf. Eine Kunoichi im roten Ninja-Anzug winkte mit süßem Lächeln Besucher zu ihrem Toilettengang heran, verbeugte sich bei ihrer Ankunft und rief beherzt: »*Irasshaimase!*« Drinnen duftete es nach Sommerblumen.

Im Gegensatz zu dem rundum erfrischenden Anblick der Kunoichi im Klodienst sah mein Gesicht im Spiegel ziemlich übel aus. Ich versuchte, es mit kaltem Wasser aufzuwecken, und fuhrwerkte an meinen zerzausten Haaren herum. Wenn ich Show-Ninja werden wollte, musste ich mich daran gewöhnen, angeguckt zu werden. Nicht präsentabel zu sein, war unprofessionell.

Um kurz nach zehn erreichte ich das Ninja-Dorf.

»Soll ich fegen?«, fragte ich.

»Brauchst du nicht«, sagte Kashira. »Heute wird nicht viel los sein.«

Die erste Show war noch eine Weile hin. Beiläufig drückte er mir ein rosa Seil in die Hand. An den Enden waren Knoten, dahinter war es ausgefranst.

»Hier«, sagte er, »zum Üben.« Meine Augen wanderten über das Seil und führten mich in der Erinnerung zu einer Szene zurück, in der Kashira ein ebensolches Seil um seinen Körper geschwungen und seinen Gegner damit außer Gefecht gesetzt hatte. Sprachlos bedankte ich mich, hielt das Seil ehrfürchtig in den Händen und starrte es mit größer werdenden Augen an. Mir fehlte nur noch die Gebrauchsanweisung.

»Bring ihr alles bei, was sie wissen muss, damit sie und ich den Montag zu zweit hinkriegen«, sagte Kashira zu Masanosuke.

»Oh«, sagte Masanosuke.

Oh, dachte ich. An diesem Tag schien er plötzlich wieder große Hoffnungen in mich zu setzen.

»Während der Woche kommen nicht so viele Besucher«, erklärte Kashira. »Deshalb sind wir an Wochentagen immer nur zu zweit. Sonst würden wir jeden Tag Miese machen. Wochentagsarbeit machen wir eigentlich nur zu Werbezwecken. Wenn die Leute herkommen und es ihnen gefällt, sagen sie es weiter, und dann fallen ihre Freunde und Verwandten an Wochenenden und Feiertagen hier ein.«

Masanosuke gab mir ein Walkie-Talkie. »Drück den Knopf runter, wenn du sprechen willst, und lass ihn wieder los, wenn du fertig bist.« Seine Anweisungen waren knapp und präzise.

Wir standen vor dem Tor und ließen Besucher herein. Ich sah Masanosuke zu, wie er einhändig die Münzen und Scheine in seiner schwarzen Tasche handhabte und dabei zugewandt den Worten der Besucher lauschte. Ich versuchte mich meinerseits im Multitasking – während ich mich verbeugte und die hereintröpfelnden Besucher mit einem frischen »*Irasshaimase!*« begrüßte, spitzte ich die Ohren, um mir all die edel klingenden Verkaufsfloskeln einzuprägen, die mein Ninja-Bruder benutzte.

»Anna«, sagte Kashira durch das Walkie-Talkie.

»*Hai!*«

»Ich hab hier ein paar Gaijin, komm mal rüber.«

Ich lief zum anderen Eingang. Meine Zielpersonen waren leicht zu identifizieren: große Augen und hohe Nasen – ein spanisches Pärchen Ende 20. Kurzerhand beschloss ich, mein verrostetes Spanisch hervorzukramen. Für Small Talk reichte es. Sie waren entzückt.

Die Show auf Anhieb ins Spanische zu dolmetschen, traute ich mir allerdings nicht zu. Mit Vokabeln wie Wurfsichel und Schwertscheidenspitze war ich überfordert. Ich erklärte den beiden, dass ich eigentlich nur *un poquito* Spanisch konnte, und fragte sie, ob wir die Show auf Englisch versuchen wollten. Sie sagten, sie könnten *un poquito* Englisch und setzten sich fröhlich in die erste Reihe.

Ich kniete mich hinter sie und flüsterte ihnen ins Ohr, was Kashira und Masanosuke über Wurfsicheln, Ninja-Sterne und Samurai-Schwerter erzählten. Und – ich spitzte die Ohren – über Hobakujutsu – Seilkampf! Zwischendurch sprintete ich davon, um gefallene Bambusstücke von der Bühne zu sammeln, und rannte zu den beiden zurück, um den letzten Teil zusammenzufassen.

»Jetzt könnt ihr Ninja-Sterne schlagen gehen«, sagte ich. Sie waren begeistert. Ich brachte sie auf die Bühne zu Kashira.

»Ich mach das hier«, sagte er zu Masanosuke und mir. »Geht schon mal Mittag essen.«

Ich sammelte noch ein paar Spanischbrocken zusammen, bedankte mich bei den beiden Ninja-Fans und wünschte ihnen weiterhin eine gute Reise: »*Venga, majos, me voy. Muchas gracias y buen viaje.*«

Masanosuke und ich gingen ins Zelt. Er reichte mir eine kleine Bentō. »Heute gibt es Sushi«, sagte er. »Wenn du danach noch Hunger hast, haben wir auch noch *Cup Noodles*.«

»Danke, das reicht dicke«, sagte ich. Sushi machte satt, vor allem *Inarizushi* – rechteckige Kissen aus süßsaurem Sesamreis mit gebratenen Tofubezügen. Masanosuke setzte sich auf einen Stuhl nahe der Spanholztür, ich nahm mir ein Sitzkissen, um mich auf den erhöhten Teil des Zeltes zu setzen.

Schweigend verdrückten wir jeder zwei süßsaure Sushikissen. Dann hechteten wir simultan zum Getränkekühlschrank.

»Ganz schön heiß, hm?«, sagte Masanosuke.

»Ja, wirklich«, sagte ich verlegen, während er mir eine Flasche Gerstentee reichte.

»Im Sommer ist die Arbeit hier schwer«, sagte er. »Wir wechseln uns so oft wie möglich ab, damit keiner in Ohnmacht fällt.«

»In Ohnmacht?«

»Das passiert«, sagte er. »Mir ist schon öfter schwindelig geworden, und umgekippt bin ich auch schon ein paar Mal.« Ich sah ihn an. »Wenn dir also mal nicht gut ist«, fuhr er zwischen zwei Happen Sushi fort, »sag sofort Bescheid. Versuch nicht, einen auf hart zu machen oder so. Das kann dramatisch enden.«

»Ist gut«, versprach ich. »Aber was ist, wenn dir plötzlich schwindelig wird, während du die beiden Sicheln um dich herum schwingst oder an der Stelle, wo du Kashira das Ninja-Schwert zwischen die Beine rammst?«

»Hm«, sagte Masanosuke. »Das ist mir noch nie passiert.«

Hm, dachte ich – und mir hat noch nie ein Ninja Sushi zum Mittagessen serviert.

Wir gingen zurück zur Bühne. Kashira lud mich ein, ihm auf einem Fleckchen Schatten Gesellschaft zu leisten. Ich hoffte, er würde mir etwas mit dem Seil zeigen, aber anscheinend hatte er andere Pläne. Er holte das Frauenschwert und startete explosionsartig eine Abfolge von Bewegungen. Dann ging er sie etwas langsamer durch.

»Erst so!« Er zog das Schwert aus der Scheide, sodass es sich auf Höhe der Augen des Gegners von links nach rechts waagerecht durch die Luft bewegte. Dann *Chiburi*. Das sogenannte »Blutabschütteln« war eine schwungvolle, diagonale Abwärtsbewegung, mit der man Blut, Augapfelgallert und anderen angesammelten Schmutz von der Klinge schüttelte.

»Und jetzt das wichtigste«, sagte Kashira. »*Nōtō!*« – das Zurückstecken des Schwertes in die Scheide. »Nur Amateure gucken das Schwert beim Zurückstecken an. Du musst es zurückstecken ohne hinzugucken.« Er drückte mir das Schwert in die Hand und ging davon. »Üb im Schatten!« Wir waren schließlich Schattenkrieger. Ein weises Lebensmodell in Anbetracht der offensichtlichen Mordgelüste der japanischen Sommersonne.

Zwischen den Shows war viel Zeit. Ich wollte mit dem Seil üben, aber da Kashira mir Schwertbewegungen gezeigt hatte, hielt ich es für angemessener, zunächst an diesen zu arbeiten. Seine Gedanken zu lesen, war wirklich nicht einfach. Sobald wir mit dem Ninja-Stern-Schlagen und Aufräumen fertig waren, stellte ich mich in den Schatten und übte. Augenschneiden, Blutabschütteln, Zurückstecken. Augenschneiden, Blutabschütteln, Zurückstecken. Einmal, als ich das Schwert aus der Scheide zog, um es in meiner Vorstellung heldenhaft durch zwei schöne, aber böse Augen zu jagen, hörte ich ein Zischen. Ich sah mich um. Aber da war niemand. Das Geräusch musste von meinem Schwert gekommen sein. Ich machte weiter, um zu sehen, ob ich es wiederholen konnte. Hin und wieder gelang es. Sogar beim Blutabschütteln zischte es einige Male durch die Luft. Übermütig dichtete ich makabere Platschgeräusche dazu.

In der folgenden Show saß ich neben Kashira in der Soundkabine und versuchte mir zu merken, was er machte, während Masanosuke vorne seine Ninja-Sterne erklärte.

»Wenn er so tut, als würde er lauter Ninja-Sterne abfeuern wie in einem Anime-Film, drückst du die 5.«

Ich erinnerte mich an die schnelle Geräuschabfolge in diesem Teil der Show. Masanosuke legte waagerecht die Hände aufeinander, als hätte er in der unteren einen Haufen Sterne liegen, und begann dann mit der oberen, sie abzufeuern. Ich drückte die 5 mehrmals hintereinander so schnell ich konnte. Es klang unregelmäßig und nicht laut genug.

»*Oshii!*«, sagte Kashira. Das bedeutete »Schade!«, wurde jedoch wohlwollend verwendet, wie bei uns etwa: »Schon nicht schlecht!«

»Wenn er losfeuert, dreh die Lautstärke hoch. Das muss man ins Gefühl kriegen.«

Er zeigte mir, bis wohin man das Rädchen drehen musste. Dann durfte ich. Ich drehte es zu weit und die Lautsprecher übersteuerten, als der Ninja-Stern landete. Ich fühlte mich furchtbar.

Masanosuke wies die Zuschauer vor dem Wurf explizit an, auf das »beeindruckende Eigengeräusch« des Ninja-Sterns zu hören, wenn er in der Wand landete. Was, wenn die Zuschauer jetzt meinetwegen merkten, dass das »beeindruckende Eigengeräusch« in Wirklichkeit durch Verstärkung am Tonpult zustande kam?

»Zu viel!«, sagte Kashira. Beim nächsten Mal schnauzte er: »Nicht genug!« Mein Kopf begann zu qualmen. Ich wollte es ins Gefühl kriegen – und zwar sofort!

Nach der Show entschuldigte ich mich bei Masanosuke.

»Ach, ich hab früher auch viele Fehler gemacht«, winkte er ab. »Ich zeige dir, wo die Sachen hinkommen. Meine Ninja-Stern-Schachtel kommt in die Soundkabine. Meine drei Sicheln auch. Kashira benutzt nur zwei. Die musst du auf die Bühne zu den anderen Waffen hängen. Wenn es heiß ist, so wie heute, musst du die Ninja-Sterne so schnell wie möglich einsammeln. Sonst werden sie so heiß, dass man sich beim Anfassen verbrennt.« Die Sonne sprang mir in die Augen, als wollte sie seine Warnung illustrieren.

»Wenn du sie in die Schachtel zurücksteckst«, fuhr er fort, »kommen die sechszackigen Ninja-Sterne nach unten und die kreuzförmigen nach oben.« Ich vermerkte alles in meinem mentalen Notizbuch.

Wir gingen nach draußen, um Tickets für die nächste Show zu verkaufen und Besucher hereinzulassen.

»Ich lauf noch mal rüber und mache eine Ansage beim Ninja-Haus«, sagte mein Ninja-Bruder. »Übernimm mal kurz, falls hier noch wer kommt.«

Er drückte mir die Tasche mit dem Geld in die Hand und rannte davon. Ich ließ ein älteres Pärchen hinein, das bei meinem Anblick lachte und staunte: »*Gaijin-san desu ne!*« – Oh, eine Ausländerin! Als nächstes kamen zwei junge Freundinnen. Mit entzückt vergrößerten Mandelaugen strahlten sie mich an und sagten simultan: »*Harro!*« Dann fügte eine von ihnen hinter schüchtern vorgehaltener Hand hinzu: »*How do you do?*«

»*How do you do?*«, echote ich ihr feinstes *Queen's Engrish* und löste eine weitere Kicherlawine aus, bevor sie an mir vorbeischlüpften und sich Plätze suchten. Masanosuke kam wieder, bedankte sich und sagte: »Kommt keiner mehr. Legen wir los.«

Ich brachte die Geldtasche hinter die Bühne, setzte mich zu den wenigen Zuschauern – kaum zehn Leute saßen im Publikum – und sah mir mit ihnen die Show an.

»Die erste Nummer, die du eines Tages in der Show machen wirst, ist Hobakujutsu«, sagte Kashira später zu mir. Damit war der Seilkampf gemeint. »Guck sie dir noch mal genau an.«

Er rief Masanosuke, und sie machten mir die Nummer vor. Ich versuchte, mir den Ablauf zu merken: Mit dem Seil das Schwert klauen, blocken, Rückhand, Tritt blocken, Hals von beiden Seiten mit Seilknoten hauen, Beine wegziehen, zweimal in die Eier boxen, umdrehen, treten, umdrehen, boxen ... Es war ziemlich viel auf einmal. Selbst wenn ich mir die Abfolge merkte, würde mein Körper nicht so schnell hinterherkommen.

»Alles klar?«, sagte Kashira.

»*Gambarimasu!*«, sagte ich inbrünstig und hoffte ebenso inbrünstig, dass ich die Hobakujutsu-Nummer nicht gleich nächste Woche machen musste.

Masanosuke nahm mich mit zur Soundkabine. »Für die Seilkampfnummer brauchen wir die 7 und die 4«, sagte er. »Zuerst schleudert Kashira das Seil herum. Dafür nimmst du die 7. *Hyunhyun-hyun-hyun.*« Er drückte einen Viervierteltakt auf der 7 und artikulierte das dabei ertönende Geräusch beschleunigter Luft, wie es für japanische Ohren klang. Ich erkannte die Szene in meiner Erinnerung wieder und sah vor meinem inneren Auge Kashira, wie er das Seil herumschwang.

»Dann schlägt er mich mit den Knoten«, sagte Masanosuke. »Links. Rechts, links. Da drückst du auf die 4. Langsam, schnell, schnell. E-i-n-s, zweidrei, okay?«

»Okay.«

»Dann schleudert er wieder das Seil herum, da machst du ...«, er drückte wieder auf die 7 und zählte, »eins, zwei, drei, vier – eins, zwei, drei – eins. Dann schlägt er mich noch mal, also wieder die 4.« Ich versuchte, die Abfolge nachzumachen.

»*Oshii!*«, sagte Masanosuke – Schade! »Wenn Kashira mich zum Schluss ersticht, ist der Einstich die 5 und das Rausziehen die 1. 5-1. *Bushu-Shaba!*«

»*Bushu-Shaba!*«, wiederholte ich – Rein-Raus!

Kashira kam zurück. Masanosuke berichtete, ich sei bereit für die Seilkampfnummer. Ich schluckte. In Zeitlupe gingen sie die Nummer auf der Bühne durch, Masanosuke mit dem Ninja-Schwert, Kashira mit dem Seil. Ich drückte an den entsprechenden Stellen die 4 und die 7.

»*Oshii!*«, sagte Kashira. »Wenigstens funktioniert dein Gehirn einigermaßen, im Gegensatz zu dem von Uchinoura-san.« Er gluckste.

Kashiras Lehrmethoden waren wie sein Umgang mit Geld – impulsgesteuert und chaotisch. Ich war selbst schuld, dass ich dahinter monatelang ausgeklügelte, langjährig erprobte Methoden vermutete, bevor mich die ersten Zweifel über seine Lehrweise beschlichen, über seinen Charakter und sein Wesen. Mit meinen idealisierenden Augen vermutete ich in seinem Vorgehen immer wieder logische Bausteine systematischer Didaktik: Die Soundeffekte für die Seilnummer zu lernen, zwang mich dazu, mir den Ablauf genauer anzusehen und mir jeden Bestandteil der Choreografie einzuprägen. Mit dem Seil, das er mir in die Hand gedrückt hatte, verband er mich gleichsam mit dem physischen Ablauf der Nummer – für mich war das eine Ankündigung der nächsten Schritte meiner Ausbildung. Ganz langsam aber bekam ich eine erste Ahnung davon, dass bei Kashira wenig aus Logik geschah, sondern vielmehr aus impulsiver Willkür. Damit klarzukommen, sollte zu einer meiner größten Aufgaben werden.

Während ich nach Feierabend an der Bushaltestelle auf den *Ninja-Liner* wartete, kritzelte ich wie verrückt die neu erlernten Reihenfolgen, Nummern, Zahlen und Rhythmen aus meinen ersten Unterrichtseinheiten am Tonpult in mein Notizbuch. Auf dem Rückweg ruckelte mich mein neuer Freund, der Bus, in den Schlaf.

Dabei tat ich mich mit den anderen Schatten zusammen, die nach dem gescheiterten Versuch mit der Mondsichel einen neuen Aufstand gegen die Sonne planten.

»Vielleicht können wir sie mit dem Seil einfangen«, schlug ich einem Kumpanen vor und schleuderte mein rosa Seil gen Himmel.

»*Oshii!*«, sagte er.

Der Rest meines Traumes war ein wildes Durcheinander aus Seilschwüngen, Knopfdrücken, Rädchen, Lautstärken und japanischen Geräuschvokabeln. Mit *Bushu!* – Rein! – wachte ich auf. Soeben kam der Bus vor meiner Endhaltestelle zum Stehen.

Shaba!, dachte ich und sprang auf. Raus!

Drei Tüten Mut

»Wäre es nicht schön, wenn du einen Job hier in Iga hättest?«, sagte Kashira. »Dann könntest du viel leichter zu uns kommen.«

»Das wäre wunderbar!«, gab ich zu.

»Heute nach der Arbeit fahren wir zu *Miyazakiya-san*«, verkündete er. Das hieß »Miyazakis Laden«. »Miyazaki hat viele Kontakte hier in Iga – und hervorragendes, hausgemachtes Sojasoßeneis.« Er schleckte sich die Lippen.

Den ganzen Tag lang musste ich mich zusammenreißen, um nicht vor Neugier auf Miyazaki und seinen Laden zu zappeln, während ich die Bühne fegte, Schwerter sauber wischte, Kunai polierte und alle Sicheln fein säuberlich der Größe nach ordnete.

Endlich saßen Kashira und ich in Zivil im Ninja-Van und fuhren die Straße hinunter in Igas Innenstadt. Sie bestand aus einem ordentlichen Gitter kleiner Gässchen, jedes von ihnen gesäumt von hübschen, traditionell gestalteten Lädchen, hauptsächlich lokales Kunsthandwerk.

Kashira parkte den Wagen. *Miyazakiya-san* war ein geräumiges Geschäft, vor dem Holzbretter mit eingebrannten japanischen Schriftzeichen Touristen einluden, hereinzukommen und traditionelle, handgefertigte Waren aus Iga zu kaufen.

Als wir eintraten, schallte ein respektvoller Willkommensgruß durch den Raum. Kashira war offensichtlich bekannt und verehrt an diesem Ort. Eine sanfte, kleine Frau, die ich auf Mitte 40 schätzte, was wahrscheinlich bedeutete, dass sie Mitte 50 war, kam hinter dem hölzernen Kassentresen hervor, begrüßte uns strahlend und verbeugte sich tief. Kashira sagte Hallo und: »Das ist Anna.« Ich verbeugte mich ebenfalls tief, während ich die üblichen Begrüßungsformeln aussprach. Vor mir stand Frau

Miyazaki. Unverzüglich bekamen wir eine Führung durch den Laden und seine Produkte.

Es gab *Iga-yaki*, eine Art von Keramik, die seit dem 8. Jahrhundert in der Gegend von Iga aus lokal vorkommendem Lehm gefertigt und bei hohen Temperaturen gebrannt wurde. Die Asche der Holzscheite, die dafür verwendet wurden, erzeugte auf dem rotbraunen Grundton der fertigen Gefäße grünliche Muster.

Außerdem gab es *Kata-yaki*, harte Kekse, die in allen Touristenläden Igas verkauft wurden, meist mit Ninja-Motiven gebrandmarkt. Sie enthielten ebenfalls das Suffix *-yaki*, weil auch sie gebacken wurden. Angeblich hatten die Ninjas diese Kekse früher als leichten, aber hochkalorischen Proviant mit auf ihre Missionen genommen. Das laute Krachen beim Hineinbeißen ließ mich an ihrer Tauglichkeit für das Ninja-Geschäft zweifeln, aber vielleicht waren die Kekse früher in kleineren Formaten gebacken und gelutscht worden, bis sie am Gaumen zerschmolzen. Für die Mission moderner Ninjas, die sich auf Showbusiness und Tourismus konzentrierte, waren die stylisch gebrandmarkten Kekse jedenfalls eine perfekte Einnahmequelle.

Miyazakiya-sans Hauptprodukt war *Yōkanzuke*, eine eingelegte Gemüsespezialität aus Iga, die viel Ingwer enthielt, einer dunkelbraunen Paste glich und vakuumverpackt in flachen Plastiktüten verkauft wurde. Das Etikett empfahl es als perfekte Zutat für *Chazuke*. Chazuke war ein einfaches Gericht, das man sich zum Beispiel abends zu Hause machen konnte, wenn einen nach dem Bier noch mal der Hunger überkam und man nicht viel dahatte. Auf einer Schüssel gekochtem Reis verteilte man ein paar würzige Zutaten wie Salzpflaumen, Sesam, Seetangstreusel, Wasabi, Lachsflocken – oder eben Yōkanzuke – und übergoss das Ganze mit heißem grünen Tee. Schon hatte man Chazuke vor sich, eine dampfende, sättigende und wärmende

Reissuppe, die Magen und Gemüt beruhigte und sich so großer Wertschätzung erfreute, dass sie häufig mit dem Ehrenpartikel O- gewürdigt wurde. Auch ich nannte sie treu ergeben »*Ochazuke*« und kaufte sofort bereitwillig zwei Tüten Yōkanzuke. Frau Miyazaki schenkte mir noch eine dazu.

»Yōkanzuke«, erklärte sie mit ihrer hohen, melodiösen Stimme, »bedeutet ›leberförderndes Eingelegtes‹ und wird hergestellt wie *Teppōzuke*, Gewehr-Eingelegtes, für das man längliches Gemüse wie Gurken vor dem Einlegen aushöhlt und mit Chili oder anderen Gewürzen stopft – wie ein Gewehr mit Schießpulver. Das mit der Leberförderung kam daher, dass Tōdō Takatora, ein Kriegsherr, der um 1600 das Schloss in Iga bewohnte, es stets als Verpflegung für sich und seine Soldaten mitnahm, wenn sie in die Schlacht zogen, da es ihnen Mut, Schwung und Entschlossenheit geben sollte. Der Sitz dieser Eigenschaften wurde damals in der Leber vermutet.«

Frau Miyazaki beendete den Rundgang, führte uns an einen kleinen Tisch und bedeutete mit einer eleganten Geste, wir sollten uns setzen. In einer fischförmigen Schüssel servierte sie uns das Highlight des Ladens: Sojasoßeneis. Elfenbeinfarben lag die kleine Kugel da und posierte unschuldig als Vanilleeis, strahlte jedoch eine gewisse Erhabenheit aus, die mich erwartungsvoll stimmte.

Frau Miyazaki verbeugte sich und verschwand ebenso schnell, wie eine neue Figur neben uns auftauchte. Der Mann war schlank und glatzköpfig, trug eine runde Brille und eine weinrote Strickjacke. Seine feinen Gesichtszüge und sein Kleidungsstil ließen ihn aussehen wie einen Literaten aus der *Meiji*-Zeit, der natürlich und begeistert den Geschmack des Westens in seinen japanischen Lebenswandel mit aufgenommen hatte. Alles an seinen effizienten, unauffälligen Bewegungen schien erfahren und edel. Mit seinem angenehmen ersten Eindruck milderte er meine Enttäuschung, dass wir nicht mit der reizenden Dame verabredet waren, die uns so charmant durch den Laden geführt hatte, sondern mit ihm. Zwischen zwei Löffeln Eis sagte Kashira zu ihm: »Hallo, das ist Anna.« Herr Miyazaki stellte sich ebenso sanft vor wie seine Frau.

Lächelnd beobachtete er Kashira und mich beim Essen. Der leichte Sojasoßengeschmack gab dem sahnigen Eis eine überraschende Raffinesse und schmolz wie Karamellfäden in den Gaumen, ganz ohne deren klebrige Aufdringlichkeit. Die dezente Salznote machte die Zunge besonders begierig nach der süßen Geschmeidigkeit, die ihr in dieser ausgewogenen Komposition folgte wie im unwiderstehlichen Akkordwechsel eines raffiniert gesetzten Liedes. Das Sojasoßeneis war in der Tat eine bemerkenswerte Erfindung.

»Das Eis ist köstlich!«, bemerkte ich.

»Ja«, sagte Herr Miyazaki und seine Augen strahlten vor friedlichem Enthusiasmus, während er jedes Wort so behutsam artikuliert hervorrollen ließ, als sei sein Mund eine Druckerpresse. »Der Geschmack guter Sojasoße verbindet sich hervorragend mit der Cremigkeit und der zurückhaltenden Vanillenote des Eises.«

Während seine Kreation in meine Zunge hineinschmolz, genoss ich gleichzeitig das tiefe Glück, das in den Augen des Erfinders strahlte, einem Genie, das seinen Traum lebte, indem es Schönheit schuf.

Kashira aß sein Eis auf, wischte sich mit einem Stofftaschentuch den Mund ab und ging zum Ziel unseres Besuchs über.

»Das Mädchen ist intelligent«, sagte er.

»Offensichtlich«, bestätigte Herr Miyazaki sachlich. »Ihr Japanisch ist … ich würde sagen, sie hat sogar einen japanischen Akzent. Wissen Sie, was ich meine?«

»Sie schreibt Bücher und so ...«, antwortete Kashira. Ich hatte ihm erzählt, dass ich vielleicht eines Tages ein Buch über meine Ninja-Lehre schreiben würde.

»Im Moment arbeitet sie in Osaka als Englischlehrerin, aber es wäre praktischer, wenn sie einen Job in Iga hätte.«

Herr Miyazaki nickte, nahm einen Schluck grünen Tee und sprach: »Woher kommst du, Anna?«

»Aus Deutschland.«

»Ah, dort bin ich gewesen«, entgegnete er in beinahe akzentfreiem Deutsch. Herr Miyazaki machte auf mich zunehmend den Eindruck eines echten Ninjas.

»Das heißt also«, fuhr er fort, »du sprichst Englisch, Deutsch und Japanisch.«

»Und Spanisch!«, warf Kashira ein. »Sie hat Interesse daran, was über japanische Kultur zu lernen und so weiter, wissen Sie? Gibt es da nicht irgendeinen Ort, wo man sie unterbringen könnte?« Kashira erzählte Herrn Miyazaki von unseren Anfängen.

»Sie wissen ja, meine Frau ist sehr intelligent und managt unsere Geschäfte und Finanzen. Ich wollte Anna gleich als Vollzeitlehrling aufnehmen, aber – Oh!« Er schrumpfte bei dem Gedanken zusammen, legte die Hand vors Gesicht und lachte sein ansteckendes Lachen. »Meine Frau ist so wütend geworden. ›Du kannst diesem armen Mädchen doch nicht einfach die Lebensgrundlage entziehen‹, hat sie gesagt. ›Sie muss doch Geld verdienen. Du weißt selbst, wie schwer es ist, als Ninja über die Runden zu kommen. Du hast zwanzig Jahre gebraucht, bevor du ein einigermaßen stabiles Einkommen hattest. Zieh ihr nicht den Boden unter den Füßen weg! Sie muss genug Geld verdienen, um zu leben, unabhängig davon, was sie als Kunoichi in der Lehre erreicht.‹« Interessiert spitzte ich die Ohren. Kashira nahm einen Schluck Tee. »Stimmt ja auch.«

Er war ein Mann des Instinkts. In seinem langen Leben als Ninja hatte er die wertvolle Lektion gelernt, seiner Frau Vertrauen zu schenken.

»Meinen Sie, es gäbe eine Stelle für sie hier in Iga?«

Herr Miyazaki zählte ein paar Möglichkeiten auf, darunter eine Touristenzeitschrift, die er selbst herausgab. Ich machte große Augen. Dabei war er doch Inhaber eines Ladens für Kekse, Keramik und eingelegtes Gemüse?!

»Das nächste Mal, wenn wir uns verabreden«, sagte er, »bringe ich eine Idee mit.«

Mit leeren Eisschälchen vor uns und dem nächsten Schritt in Aussicht hatten wir unsere Mission erfüllt.

Ich verbeugte mich wiederholt vor Herrn Miyazaki und dankte ihm von Herzen für seine Mühe und sein Sojasoßeneis. Kashira hob zum Abschied kurz die Hand. Wir verließen den Laden und gingen zurück zum Ninja-Van.

Mit jedem Schritt, den ich weiter in die Welt der Ninjas hineinging, wurde sie schillernder, vielseitiger und komplexer. Mit jedem Schritt öffneten sich neue Wege innerhalb des Labyrinths und sein unsichtbarer Kern zog mich immer stärker an, obwohl ich immer noch nicht genau wusste, worauf ich mich eigentlich zubewegte. Das Ziel war eine Unbekannte.

Kashira hingegen wusste wie immer genau, wo es hinging. Schwungvoll betätigte er das Lenkrad und brachte mich zur Bushaltestelle. Ich bedankte mich und entschied mich für die Abschiedsformel, in der man sein hierarchisch überlegenes Gegenüber auch für die Zukunft um dessen ehrenwerte Führung bat.

Noch am selben Abend stellte ich fest, dass *Miyazakiya-sans* Ingwerkomposition tatsächlich eine hervorragende Zutat für Ochazuke war. Am nächsten Morgen schmierte ich mir das süßsauerscharfe Eingelegte aufs Toastbrot, unterstrichen von einer

Schicht Frischkäse. Auch das war köstlich. Während ich genüss-lich Bissen für Bissen vertilgte, pries ich zuversichtlich das harmonische Zusammenwirken von Orient und Okzident. Herr Miyazaki selbst hatte mich darauf gebracht: Sojasoße und sahniges Vanilleeis passten wunderbar zusammen. Ich spürte Mut, Schwung und Entschlossenheit in meiner Leber.

Schneckenrevolution

»Es ist sehr heiß«, schrieb Frau Ukita. »Trink genug, bevor du nach Iga kommst. *Gambatte ne*« – das allgegenwärtige »Streng dich an«, das man sagte, wenn man sich bei uns »Viel Glück« wünschte. Ich konnte mich nie entscheiden, was schlimmer war.

Ich versprach, morgens viel Wasser zu trinken und mich vor den heftigen Angriffen der brutalen japanischen Sommerhitze in Acht zu nehmen.

Wieder durfte ich den *Ninja-Liner* nehmen, wodurch ich erneut länger schlafen konnte. Trotzdem war ich müde. Ich setzte mich so weit weg wie möglich von den fünf anderen Passagieren und ging die Begrüßungsrede im Kopf durch, bis die Vibrationen des Motors mich einlullten und meine rechte Schläfe sanft aber bestimmt an die Fensterscheibe drückten. Ab und zu wachte ich auf und saugte eine Dosis Grün durchs Fenster ein. Zedernwälder. Grüne Hügel vor aufbrechenden Wolken. Flussbette, gesäumt von Bambushainen und gefiederten Büschen.

Als ich ankam, genoss ich den Weg durch die riesigen Bäume ins Ninja-Land. Kashira war schon im Zelt. Er trug eine Langhaarperücke mit Samurai-Pferdeschwanz und eine grüne Kopfbinde.

»Hallo, Anna«, sagte er. »Hast dich gut angezogen.« Ich hatte das T-Shirt an, das er mir in der vorigen Woche gegeben hatte, das rote, auf dessen Rückseite ein schwarzes *Nin*-Schriftzeichen im Lotussitz saß und meditierte. »Zieh dich um«, sagte er und ging hinaus.

Konzentriert legte ich den leuchtend blauen Ninja-Anzug mit dem roten Saum an. Tatsächlich passte er perfekt zum roten T-Shirt. Es konnte losgehen.

Auf der Bühne begrüßte ich Hentai, Masanosuke und Tomonosuke. Letzterer übte seine Sichelnummer und brachte den üblichen lahmen Witz, den er sich dafür ausgedacht hatte. Inzwischen war mir aufgefallen, dass er, im Gegensatz zu seinem Vater, der mit seinem Humor immer in die Magenkuhle traf, einen in Japan sehr verbreiteten kindischen Humor vertrat, dessen Details häufig aus Fernsehshows geklaut waren. Oder er versuchte es mit eigenen Wortspielen, wie in diesem Fall. *Kama* hieß »Sichel«. *Okama* hieß »Tunte«. Tomonosuke kam auf die Bühne, hielt seine Sichel hoch und sagte: »Das hier ist eine Kama.« Er machte eine kleine Pause. Dann sagte er: »Ich bin keine Okama.« Viele Leute im Publikum lachten darüber.

Kashira saß hinten am Soundpult. Ich kletterte zu ihm hinauf.

»Wir haben demnächst einen Gig«, fing er an zu erzählen. »Dafür üben wir gerade was Neues. Ist von einem Historiendrama inspiriert. Hentai spielt ja öfter mal in sowas mit. Hör ihn dir mal an. Klingt wie in einem Samurai-Film, oder?« Ich horchte, was Hentai auf der Bühne veranstaltete.

Tatsächlich hatte er das tiefe, für mich gänzlich unverständliche Grunzen der alten japanischen Filmkrieger perfekt drauf. Normalerweise sprach er in einem klar artikulierten Bariton. Die Verwandlung war verblüffend.

Beim Mittagessen kam ich mit Hentai ins Gespräch. Ich erzählte ihm, dass ich in Osaka wohnte.

»Wo denn in Osaka?«, fragte er.

»Toyonaka. Und du?«

»In Kyoto«, sagte er. »Aber geboren bin ich in Kanto.« Was er eigentlich meinte, war Tokyo. Aber er nannte die Region, nicht die Hauptstadt. Wahrscheinlich vermied er das Wort Tokyo aus Gewohnheit. Die Leute in Kansai – diese Region in Westjapan beinhaltete sowohl Osaka als auch Kyoto – waren nicht gut auf die etepetete Meute aus Tokyo zu sprechen. Wenn man in Osaka oder Kyoto sagte, man komme aus Tokyo, war es, als mache man in einer Glasgower Kneipe voller besoffener, schottischer Hooligans sein Maul auf und bestellte in feinstem *Queen's English* ein Pint.

Wir setzten uns auf die Stühle vor dem Zelt und machten uns an unsere Curry-Bentō. In Japan galt Curry als perfektes Sommeressen. Genau verstand ich das nicht. War es die Assoziation mit Indien, die schweißtreibende Hitze mit gewürzbeladener, brauner Soße verband? Ich holte eine große Flasche *Sōkenbicha* aus dem Kühlschrank – eine dezente Komposition aus verschiedenen Tees und Kräutern mit dem klangvollen Namen »Gesundheits- und Schönheitstee«, die ich besonders erfrischend fand –, wusch für Tomonosuke und Hentai zwei Becher ab und goss ihnen etwas ein.

Eine kleine Schnecke kroch an der Seite des Waschbeckens empor.

»Guckt mal«, sagte ich.

»Oh«, rief Tomonosuke erfreut aus, als er die Schnecke erblickte. »Ja, die Schnecken haben es schwer in der Sonne. Sie trocknen aus.« Da war das Waschbecken natürlich ein guter Zufluchtsort.

Hentai kam und sah sich die Schnecke aus der Nähe an. Sie hatte ein hübsches, helles Haus in Sand- und Kiestönen.

»Ich liebe Schnecken«, sagte Tomonosuke. »Als ich klein war, habe ich immer ganz viele in einer Schüssel gesammelt und sie im Haus freigelassen.« Er lächelte. Ich stellte mir die schleimige Schneckenarmee vor, die langsam aber sicher mit ihren Schleimspuren das Wohnzimmer eroberte.

Tomonosuke wusch sich die Hände, machte den Wasserhahn aus und spritzte liebevoll Wasser auf die Schnecke. Seine fürsorgliche Geste beeindruckte mich so sehr, dass ich im Geiste Bashos, des poetischen Patrons von Iga, einen Haiku komponierte.

Kühl strahlt der Schatten,
der im Sommer Wasser spritzt
auf kleine Schnecken.

Konzentriert arbeitete ich mich durch die dickflüssige, braune Soße und den zunehmend von ihr durchtränkten Reis in meiner Bentō. Hentai stand am Abhang hinterm Zelt und rauchte eine *Marlboro Menthol*.

»Du rauchst?«, fragte ich. Er machte ein schuldiges Gesicht.

»Rauchen die Leute in Deutschland nicht?«

»Doch«, sagte ich. »Meine ganze Familie raucht. Alle außer mir. Meine Schwester hat mit 14 angefangen.«

»Was?« Masanosuke guckte schockiert. »Gibt es kein Mindestalter für das Rauchen?«

»Doch«, sagte ich. »Aber das ist es ja, was die Teenager so daran reizt. Sie fangen damit an, weil es verboten ist und sie es cool finden. Später können sie dann nicht mehr damit aufhören. Obwohl Zigaretten in Deutschland viel teurer sind als hier.« In Japan waren Zigaretten sogar billiger als in Polen.

Schweigend aß ich weiter mein Curry und genoss dabei den Anblick von Hentai. Mit seinem edlen, tief in Gedanken versunkenen Kriegerblick stand er da und blies in anmutigen, weißen Schnörkeln Mentholrauchwolken aus dem Mund, die seinen Gesichtsausdruck umso dramatischer erscheinen ließen.

Tomonosuke ging zu ihm und leerte die Reste seiner Bentō über dem Abhang aus. Ich war kurz vorm Platzen und folgte erleichtert seinem Beispiel.

»Ja, einfach in den Wald«, sagte er. »Hier leben alle möglichen Tiere. Winzige Wildschweinchen zum Beispiel.« Er zeigte mit seinen Händen eine Größe von einem halben Meter. »Und Bären.«

»Bären?«, rief Hentai und kehrte jäh in unsere Welt zurück. Er drückte seinen Zigarettenstummel in den Aschenbecher.

»Ja, es gibt hier ein paar Bären«, sagte Tomonosuke.

»Ich würde gern mal einen sehen«, musste ich zugeben. »Und eins von diesen Mini-Wildschweinen hätte ich gern als Haustier.«

»Das würde ich nicht empfehlen«, sagte Tomonosuke. »Auch wenn sie klein sind. Nimm lieber Schnecken. Die tun niemandem was zuleide.«

Regenzeit

Als ich in der Woche drauf um halb sechs Richtung Bahnhof radelte, war es noch ein leichter Schauer. Eine Stunde später in Furukawabashi schüttete es bereits wie aus Bambusbottichen. An diesem Tag fuhr ich mal wieder mit Uchinoura-san. Ihr kleiner *Opel Corsa* schien auf der Straße zu schwimmen. Juni war Regenzeit.

Während der Wagen losschwamm, plätscherte es bereits aus Uchinoura-sans Lippen in meine Ohren, und schon bald schüttete es im Auto nützliche Ratschläge. Ihr Osaka-Dialekt war immer noch eine Herausforderung. Ich musste mich auf jedes Detail konzentrieren. Das erschöpfte mich und legte sich zusätzlich zu der chronischen Müdigkeit, die mich seit Anfang meiner Ninja-Lehre heimgesucht hatte, auf meine Augenlider. Eigentlich wollte ich auf diesen Autofahrten nur schlafen. Aber die Zeit zur Erholung musste ich mir an anderer Stelle freischaufeln. Ironischerweise lautete eine ihrer Weisheiten: »Du musst dich gut um deinen Körper kümmern. Wenn du nicht genug schläfst, läuft dein Gehirn nicht mehr vernünftig, und du kriegst nichts mehr hin.«

Als Uchinoura-san Hentai erwähnte, nahm ich die Gelegenheit beim Schopf. Hentai interessierte mich. Das Thema konnte mich vielleicht wachhalten.

»Hentai ist 40«, sagte sie aus irgendeinem Grund. Wie es dazu kam, hatte ich leider verpasst, parierte aber mit der üblichen Gegenfrage.

»Ist er verheiratet?«

»Nein«, sagte sie. »Er ist nicht groß. Aber er hat ein ganz passables Gesicht.« Ganz passabel?, dachte ich. Sein Gesicht war ausgesprochen hübsch. »Deshalb kriegt er alle möglichen Rollen in Fernsehserien. Und im Winter arbeitet er als Samurai in Kyoto und posiert mit den Touristen für Erinnerungsfotos. Aber er ist eben nicht groß.«

Japan war gnadenlos, was solche Dinge anging. Ein Mann, der nicht groß war? Ein Mädchen, das nicht sanftmütig war? Das nicht bereit war, kniend mit Tee-Arrangements auf dem Boden herumzurutschen und in einer dauerhaften Verbeugung zu leben?

»Vergiss es«, sagte Uchinoura-san. »Er wird nie eine Frau finden. Vollkommen unmöglich. Er kann ja kaum seinen eigenen Lebensunterhalt verdienen.«

»Und wenn seine Frau auch arbeiten ginge?«, wandte ich ein.

»Ausgeschlossen«, sagte sie.

»Der Arme«, sagte ich.

»Selber schuld.« Sie zuckte mit den Schultern.

Mir fiel ein, dass auch Uchinoura-san nicht verheiratet war.

»Hentai«, sagte sie, »macht, was er will. Er liebt Pachinko. Immer, wenn er ein bisschen Geld hat, gibt er es für *Pachinko* aus.«

Es war seltsam, sich Hentai, den ich nur in historischen Ninja-Klamotten kannte, in einer grellen, bis unter die Decke zuge-qualmten Pachinko-Halle vorzustellen, wie er die ratternden Spielautomaten mit seinem hart verdienten Bargeld fütterte und sein Gesicht in wechselnde Wolkenformationen aus *Marlboro*-Mentholrauch hüllte.

Hentai hatte also zwei Laster. Er war nicht groß und er war spielsüchtig. Armer Hentai, dachte ich – diesmal, ohne es zu sagen. In seinem Lächeln lag etwas Trauriges, wie Mollakkorde in einem fröhlichen Lied, und ich konnte mir nicht vorstellen, dass Pachinko dagegen half. Für mich war er kein selbstsüchtiger Verlierer, sondern ein tragischer Held. Trotzdem stellte ich vorsichtshalber eine kleine Schranke vor mein Herz. Tragische Helden eigneten sich besser zum Träumen als für reale

パ
チ
ン
コ
Pachinko ist ein japanisches Glücksspiel. In riesigen Hallen steht ein Automat neben dem anderen. Der Geräuschpegel ist ohrenbetäubend, denn die Spieler schießen pausenlos kleine Metallkügelchen durch den Parcour im Spielautomaten vor ihnen. Zusätzlich läuft laute Musik, und über Lautsprecher erklingen Ansagen über die neuesten Aktionen und Hauptgewinne. Meist sind Pachinko-Hallen so verraucht, dass man kaum seine eigene Hand sehen kann, geschweige denn atmen. Die Spieler können nur Sachpreise und kein Geld gewinnen, denn das ist in Japan illegal, außer in staatlichen Lotterie- und Wettsystemen. Allerdings können sie diese Sachpreise meist in kleinen Wechselbuden nahe der Pachinko-Halle, bei denen sich Wechsler und Kunde nicht sehen können, gegen Geld umtauschen.

Beziehungen, und sowohl der Verdacht auf Spielsucht als auch die Art, wie Uchinoura-san über ihn redete, waren weitere Gegenargumente.

Als wir ankamen, sagte Uchinoura-san: »Geh schon mal vor, ich bleibe noch kurz im Auto.« Anscheinend hatte sie vor der Arbeit noch eine geheime Mission zu erfüllen. Sie bestand darauf, mir einen Schirm zu leihen, und ich lief die breite Allee ins Dorf hinauf. Der Regen schlug laut auf den gespannten Stoff und hüllte mich zwischen den alten Bäumen in nassen Nebel.

Am Tickethäuschen begrüßte ich die Museumsdirektorin und die anderen Frauen, die das Fensterchen pflichtbewusst mit ihren lächelnden Gesichtern schmückten. Das Zelt war noch verschlossen. Die Ninjas waren noch nicht da.

In Iga schien der Regen intensiver als in Osaka. Er strömte, platschte und spuckte überall vom Himmel herunter, ließ die Bäume dunkelgrün glitzern und ihre Zwischenräume aussehen wie den nebligen Übergang vom Diesseits ins Jenseits, wo alles Körperliche aufhörte zu zählen und die Seele im lichten Bewusstsein der Ewigkeit aufging. Die Pfützen auf den Sandwegen verwandelten sich allmählich in Seen, ergossen sich in Flüsse und gingen in rauschende Wasserfälle über.

Die Ninjas fuhren mit dem Ninja-Van vor. Kashira trug eine weite Dreiviertelhose wie ein Gangster, Tomonosuke Jeans, Masanosuke Beachboy-Shorts, Hentai sein hübsches Gesicht. Sie zogen sich Regensachen an. Tomonosuke stellte einen knalllila Regenmantel zur Schau. Kashira und Masanosuke trugen blaue Ganzkörperanzüge. Hentai sah sogar in Regensachen gut aus. Er legte an diesem Tag kein Ninja-Kostüm an.

»Wenn es so regnet wie heute«, sagte Kashira, »hören Schauspieler wie Hentai auf, zu funktionieren. Aber wir Ukitas sind richtige Ninjas. Wir kämpfen uns durch und machen weiter. Ob

Regen oder Speere fallen!« Das war ein japanisches Sprichwort, das unbedingte Entschlossenheit ausdrückte, eine Sache durchzuziehen, und zwar ungeachtet der Umstände.

Die Ninjas erkletterten verschiedene Dächer, Wände, Bäume und Leitern. Sie zogen an Seilen, banden sie um Bäume, schnitten sie zurecht und passten sie an, bis sie die Bühne erfolgreich mit einer großen Plastikplane überdacht hatten. Hentai setzte Bambusstäbe mit gepolsterten Enden ein, um die Plane hochzuhalten. Danach sah es aus, als stünde er im Inneren eines Wals.

Ich versuchte verzweifelt, eine Gelegenheit zum Helfen zu finden, aber Uchinoura-san sagte, ich solle den anderen nicht in die Quere kommen und einfach zugucken, denn das sei Männerarbeit, und da könnten wir nun mal nicht helfen. Damit trieb sie mein Bedürfnis, mich hilfreich einzubringen, auf die Spitze. Aufgebracht schluckte ich es herunter und konzentrierte mich auf einen Atemzug nach dem anderen.

Inzwischen plagten sich die Vier seit über einer Stunde im Regen mit widerspenstigen Plastikplanen und Bambusstelzen herum, schleppten Sandsäcke und schufteten. Das Dach war immer noch undicht und die Bühne noch nicht vorbereitet. Dabei war es schon fast halb zehn, laut Plan sollte um 10 Uhr die erste Show stattfinden.

Kashira schickte uns zur Direktorin, um ihr die Nachricht zu überbringen, dass bei dieser Regenintensität nicht viel zu machen war. Die Soundeffekte ließen sich im Regen nicht vernünftig mit den Bewegungen auf der Bühne synchronisieren. Und er wollte es nicht riskieren, mit seinem Schwert außerplanmäßige Ziele zu treffen, während er es bei schlechten Sichtverhältnissen durch die nasstriefende Luft jagte. Wer konnte ihm böse sein?

Uchinoura-san rannte los, mit nichts als einem Handtuch um den Kopf. Ich rannte hinterher und hielt den Regenschirm über sie.

»Kashira sagt, in diesem Regen können keine Shows stattfinden«, richtete Uchinoura-san der Direktorin aus. Ihr Gesicht verfinsterte sich.

»Eine Gruppe kommt um zehn und eine um 14.30 Uhr«, erwiderte sie. «Die sollten beide etwas zu sehen bekommen, dafür, dass sie den weiten Weg auf sich genommen haben.«

Auch an den regnerischsten Tagen musste das Geschäft weiterlaufen. Dafür war die Direktorin verantwortlich. Mit ihren dezenten Launen regierte sie das Ninja-Dorf hart, aber zukunftstauglich. Frauen in Führungspositionen. In Japan. Das musste man bewundern. Und sie füllte ihre Position mit großer Würde, Weiblichkeit und Eleganz aus.

Kashira seufzte, als er die Rückmeldung der Direktorin hörte und gab uns zähneknirschend die Nachricht für sie mit, dass die erste Show um 10.30 Uhr anfangen würde.

»Anna, du machst die Begrüßungsrede«, sagte er dann zu mir.

Selbst an diesem unseligen Sauwettertag kamen genügend Besucher ins Museumsdorf, um jede Stunde die Zuschauerreihen zu füllen. Und wenn es auch noch so sehr regnen mochte, Sonntag war der einzige Tag, an dem sie frei hatten.

Ich bekam die Rede fehlerfrei hin, war aber nach wie vor nervös. Außerdem war der Regen so laut, dass ich mich trotz Mikrofon fragte, ob die Leute mich überhaupt hören konnten.

Beim Ninja-Stern-Schlagen übernahm Hentai die Kinder. Er hockte sich hin und begab sich auf Augenhöhe mit ihnen, um zu erklären, wie man die Sterne festhalten und werfen musste. Er lächelte sein trauriges Lächeln und gab einem winzigen Jungen, der keinen seiner fünf Sterne an die Wand bekommen hatte, einen Extra-Stern. Offensichtlich mochte Hentai nicht nur Pachinko, sondern auch Kinder.

Wir aßen im Zelt unser Curry. Der Regen trommelte auf das Metalldach. Kashira erzählte, dass seine Frau ihrem Dreijährigen beigebracht hatte zu sagen: »*Let me entertain you.*« Er brauchte drei Anläufe und schließlich Tomonosukes Hilfe, bevor ich verstand, was seine Frau dem Kleinen beigebracht hatte.

»Süß!«, sagte ich dann. »Das würde ich gern mal sehen.« Schamlos fragte ich Hentai bei dieser Gelegenheit: »Du magst auch gerne Kinder, oder?« Neugierig machte er mich nach wie vor. Daran war nicht so leicht zu rütteln.

»Ich bin schon ein alter Opa«, winkte er kopfschüttelnd ab. Er war 40!

»Ich hab dich in letzter Zeit oft im Fernsehen gesehen«, sagte Uchinoura-san. Ich selbst hatte leider keinen Fernseher, und selbst wenn ich einen gehabt hätte: Die Serien, in denen er mitspielte, liefen um 20 Uhr, wenn meine Schüler zu *GEOS* kamen, um Englisch zu lernen. Deshalb hatte ich keine Chance, Hentai in einer seiner historischen Kriegerrollen zu bewundern. Dafür schrieb ich ihm in meinen Träumen eigene Rollen auf den Leib. Ich seufzte.

An diesem regenschweren Tag kam es mir vor, als sei das Zeitalter der Ninjas plötzlich in weißen Nebelschwaden um uns herumgekrochen und hätte uns verschluckt. Mir war, als lungerten gleich um die Ecke ein paar Ninjas mit Schilfrohren im Fluss, blubberten sich in einer ihrer Geheimsprachen versaute Witze zu und warteten darauf, dass wir das Zelt frei machten, damit sie hier ihr Nachtlager aufschlagen konnten. Regnerische Tage, stand in einem der vielen Ninja-Bücher, die ich seit Kurzem las, waren perfekt für den Angriff auf die feindliche Festung – der laute Regen ertränkte die Geräusche der Invasion. Ich stellte mir Horden von Ninjas in Bauernkleidern vor, die mit Sicheln in den Händen angerannt kamen und die hohen Steinmauern der *Weißen Phönixburg von Ueno* erklommen. Sie waren gekommen, um dem weißen Phönix die Flügel abzumähen und ihn zur Kapitulation zu zwingen. Lautlos flogen sie durch den Regen und erwischten den nichtsahnenden Vogel im Schlaf. Ruckartig sah ich mich um. Irgendetwas schien platschend aus dem Bodennebel aufgeflattert zu sein. Es sah aus, als stöbe weiße Asche daraus empor. Weitere Tropfen flogen aufwärts, fielen, flogen aufwärts und fielen wieder in einem geheimnisvollen Muster aus Aufstieg und Fall. Fall und Aufstieg.

Niemand forderte mich an diesem Tag mehr auf, die Begrüßungsrede zu machen, also machte ich sie auch nicht mehr. Wie sich herausstellen sollte, war das ein fataler Fehler.

Grüner Tee

Nach der Arbeit drückte Kashira Uchinoura-san einen 1,000-Yen-Schein in die Hand und befahl ihr, mit mir in einem japanischen Süßigkeitenladen Tee trinken zu gehen, bevor wir nach Hause fuhren. Für 1,000 Yen bekamen wir genau zwei Tee-Sets zu je 500 Yen.

Wir durften uns eine von zehn verschiedenen süßen Miniaturen aussuchen. Unter der Glashaube am Tresen lagen Plastikmodelle – Meisterwerke visueller und geschmacklicher Ästhetik, die den tatsächlichen Süßigkeiten aufs Haar glichen. Dafür glichen sie keinem essbaren Artikel, den ich je gesehen hatte. Sie sahen eher aus wie die kunstvolle Nahrung aristokratischer

Außerirdischer in einem avantgardistischen Science-Fiction-Film. Glasartige, türkise Würfel ragten aus runden Bällen hervor und ließen sie aussehen wie Kristalle, vollkommen symmetrische Blumen blühten in knalligen Grün-, Weiß- und Blautönen, schleimige Kugeln glitzerten in leuchtendem Pink. Fasziniert von den ästhetischen Statements der Süßigkeiten unter der Glashaube, jedoch unfähig, mir basierend auf ihrem Aussehen vorzustellen, wie sie schmecken mochten, bediente ich mich meiner üblichen Taktik, die ich mir für derartige Anlässe angewöhnt hatte, und bat die lächelnde Dame hinterm Tresen um eine Empfehlung.

»Zu dieser Jahreszeit empfehlen wir die hier«, sagte sie und deutete auf die pink glitzernden Schleimkugeln. »Die äußere Schicht ist aus *Kuzu* gefertigt.«

Die Art, wie sie mit ihrer Honigstimme »Kuzu« sang, kitzelte meine Geschmacksknospen. Kuzu war eine Wurzel, die normalerweise getrocknet, zu einem stärkehaltigen Pulver zermahlen und als dickflüssiges, heißes Getränk gegen Erkältungen angerührt wurde. Hiro hatte es mir einmal gemacht, als wir noch zusammen in Bath studiert hatten, und mir erzählt, dass Kuzu eine Spezialität seiner Heimatstadt Nara war.

»Die Füllung besteht aus einem geschmeidigen *Anko*.« Anko war eine als Zutat in traditionellen japanischen Süßigkeiten sehr verbreitete süße Bohnenpaste. Ich nahm die Empfehlung an. Uchinoura-san wählte eine kleine, knallgrüne Blume.

Wir setzten uns an den einzigen, mit Stühlen umgebenen Tisch im Laden. Weiter hinten gab es eine mit Tatami-Strohmatten ausgelegte, erhöhte Ebene, auf der niedrige Tische mit Sitzkissen standen, aber für uns war es nur eine kurze Teepause vor der Heimfahrt, und so drangen wir an diesem Tag nicht in die inneren Gemächer vor.

Zuerst bekamen wir die Süßigkeiten unserer Wahl serviert, dann folgten kleine, henkellose Becher mit *Hōji-cha*, dunkelbraunem, geröstetem Grüntee mit einem leicht rauchigen Aroma. Uchinoura-san schnitt mit dem winzigen Gabelstäbchen, das wir dazu bekommen hatten, ihre grüne Blume in zwei Hälften, nahm eine davon in den Mund und sagte mit geschlossenen Lippen: »*Oishii*!«

Das war mein Lieblingswort in der japanischen Sprache: »Oishii« – lecker, ausgesprochen mit geschlossenen Lippen, während der dadurch beschriebene Leckerbissen noch im Mund war. Dass dabei alle Einzellaute verschwanden, war egal – Intonation und Situation machten es komplett verständlich. Das bewies, was für eine große Rolle diese Faktoren in der Verständigung spielten.

Unter einigen Schwierigkeiten – die glibberige Kuzuschicht machte die perfekt runde Kugel noch schwieriger zu schneiden als ihre Form an sich – trennte auch ich meine Süßigkeit einigermaßen mittig durch und entdeckte, dass die feine Ankopaste im Innern von der gleichen grellpinken Farbe war wie ihr Kuzumantel.

An dieser Stelle schluckte Uchinoura-san die zweite Hälfte ihrer Blume herunter und begann – für mich völlig überraschend – mit einer strengen Mahnrede ob meiner heutigen Unzulänglichkeiten.

»In diesem Gewerbe gibt es zu viel Wettbewerb, um deine Tage in Iga mit nutzlosen Tätigkeiten zu verbringen wie Bühne fegen, Sitze entstauben und Regenschirme für mich halten. Du musst sie darum bitten, dich die Begrüßungsrede machen zu lassen. Sie werden nicht dich darum bitten. Sie wollen, dass du sie bittest. Wenn du üben und gut werden willst, musst du jede Gelegenheit nutzen.«

Ich war niedergeschmettert.

»Ich wollte sie nicht belästigen«, sagte ich. »Ich dachte, wenn sie mich nicht einteilen, wollen sie nicht, dass ich es mache.«

»Sie wollen alle, dass du es machst«, sagte Uchinoura-san. »Sie kommen auch allein zurecht. Aber wenn du gut darin wirst, wird deine Rede beliebter sein als ihre, und sie werden wirklich wollen, dass du nach Iga kommst. Im Moment geben sie dir alle Freiheiten der Welt. Aber dein Ziel muss sein, dass sie sagen: ›Bitte komm und hilf uns nächsten Sonntag! Wir schaffen das nicht ohne dich.‹ Wenn du nicht übst und dich nicht verbesserst, wird eine andere Kunoichi kommen und dich ersetzen. Jemand, der sich schneller verbessert. Eine Japanerin hätte schon mal einen Vorteil mit der Sprache.«

»*Sō desu ne*«, stimmte ich zu.

»Du sprichst Englisch und Japanisch, also bring diese Fähigkeiten zum Glänzen und hilf uns damit. Aber du musst die Dinge vor Ort üben. Sonst wirst du nicht gut, egal, wie viel du zu Hause übst. Und du musst alles beobachten. Guck dir alles genau an!«

Das hatte ich schon öfter gehört: Genau hingucken und das nachmachen, was die anderen machten. Ich gab mir Mühe. Aber es gab so viel zu sehen und so viel zu lernen. Wo sollte ich anfangen? Es war eine umfangreiche und anstrengende Aufgabe.

Ich wusste nicht, was ich erwidern sollte.

»Ich werde ab jetzt strenger mit dir sein«, sagte Uchinoura-san. »Hat Kashira mir aufgetragen. Damit aus dir mal was wird. Du bist eben ein Gaijin. Japanern müsste ich sowas nicht erzählen. Sie wissen es. Guck dir ein paar Jackie-Chan-Filme an.« Ich hatte all seine Filme gesehen, manche sogar mehrmals. Aber seit wann war Jackie Chan Japaner, dachte ich. Uchinoura-san sprach unentwegt weiter. »In den Filmen kannst du viel über das Verhältnis zwischen Meister und Schüler lernen. Ich kenne nur die Theorie, nicht die Praxis. Ich kriege kein Geld für meinen Unterricht und habe nicht das Privileg, meine ganze Zeit in die Verbesserung von Schülern zu stecken. Du musst aktiv um Anweisungen bitten und dich selbst darum kümmern, dass du dich verbesserst. Freiheit ist hart. Forme deinen Geist, Anna! Das ist Shugyō.«

Ich versprach, dass ich viel üben und nächste Woche darum bitten würde, dass sie mich die Begrüßungsrede machen ließen.

Langsam verstand ich, was Kashira gemeint hatte, als er gesagt hatte: »Wir bringen dir nichts bei, wenn du nicht darum bittest.« Ich hatte gedacht, dieser Grundsatz käme erst später zum Tragen, wenn ich den allgemeinen Ninja-Grundkurs durchhatte. Es war eine seltsame Forderung. Sie anbetteln, mich die Begrüßungsrede machen zu lassen? Für mich war das ein Zeichen fehlenden Respekts ihren Entscheidungen und ihrem arbeitsbedingten Pausen- und Ruhebedarf gegenüber.

»Alle wollen, dass du alles machst«, fasste Uchinoura-san ihre Standpauke zusammen. »Sie wollen Entlastung. Das ist deine Aufgabe. Wenn ein japanisches Mädchen kommt, wird sie es viel leichter haben, die gesprochenen Parts zu lernen.«

Tatsächlich musste ich mir die Respektsprache, die man im Umgang mit den Kunden brauchte, und die altmodischen Wendungen, die auf der Bühne benutzt wurden, mühsam einprägen, und die Tatsache, dass ich weit außerhalb meiner Muttersprache und linguistischen Komfortzone kommunizieren musste, schränkte mein Improvisationsspektrum ein, intensiviert durch meine perfektionistischen Tendenzen, wenn es um Sprachgebrauch ging. Sie waren gleichermaßen Segen, denn sie machten mich fleißig und ehrgeizig, und Fluch, denn sie machten mich unfrei und hinderten mich oft daran, genau die Übung zu bekommen, die ich brauchte, um mich zu verbessern. Das Sprachenlernen war ein mental wie emotional aufwendiger Entwicklungskomplex, der sich aus langen Stunden streberischen Auswendiglernens und emotional anstrengender Selbstüberwindung und Schüchternheitsbekämpfung im Alltag zusammensetzte. Ich visualisierte jede frisch erlernte Kampfkunsttechnik als erstes in Anwendung gegen meine Schüchternheit: Ich trat sie in den Nacken, entwaffnete sie durch Handverrenkungen und würgte sie mit der Schulter.

Weniger Krampf und mehr Freude waren für die Bühnenarbeit viel wichtiger als sprachliche Perfektion. Um den Zuschauern ein Gefühl der Freude und Entspannung geben zu können, musste ich mich selbst freuen und entspannen können. Wenn ich nervös war, machte ich auch sie nervös. Das wusste ich. Aber ich war kein Naturtalent auf der Bühne, schon gar nicht, wenn ich Japanisch sprechen musste. Also musste ich üben und weitermachen, bis das Denken ein Ende nahm und ich die Freiheit gewann, Spaß zu haben.

»Wenn eine andere Kunoichi kommt, die mehr Zeit hat als du, sich mehr anstrengt und sich schneller verbessert, bist du raus. So ist das in der Welt der Ninjas.« Das Showbusiness war brutal. Da hatte sie recht. Ich verbeugte mich und sagte: »Danke. Danke von ganzem Herzen!« Tränen schossen mir in die Augen, aber in meiner Verbeugung konnte ich sie verbergen.

Ich hatte befürchtet, dass ich irgendwann gegen Wände rennen würde, dass es weh tun würde, aber nun, da es soweit war, traf es mich trotzdem wie ein Blitz aus heiterem Himmel. Und das, obwohl es schon den ganzen Tag lang in Strömen regnete.

Ich musste sie darum bitten, dass sie mir die Gelegenheit gaben zu scheitern, zu lernen und mich zu verbessern. Eigentlich bat ich ständig um Gelegenheiten, zu scheitern, aber normalerweise war ich die einzige, die ich darum bitten musste, und die einzige, die meine Fehlschläge und Erfolge zu verantworten hatte. Im Ninja-Clan war das anders. Wenn einer scheiterte, scheiterten alle. Es war eine Gruppenperformance. Ich musste sie von mir überzeugen, indem ich die Zuschauer überzeugte. Und um die Zuschauer von mir zu überzeugen, musste ich mich selbst von mir überzeugen. Das war der schwierigste Teil. Mich beschlich die Vermutung, dass ich mir genau deshalb diese verrückte Ninja-Lehre ausgesucht hatte – weil ich an dieser Stelle ein entscheidendes Defizit hatte, das ich überwinden wollte. Ohne mir vorher darüber im Klaren zu sein, natürlich. Immer sprang ich ins kalte Wasser und merkte erst, wenn ich dort ankam, wie kalt es war. Erst dann fragte ich mich, warum ich eigentlich gesprungen war.

Die Frau vom Tresen brachte uns in irdenen Schalen grün schäumenden *Matcha,* den edlen, pulverisierten Grüntee, der in der japanischen Teezeremonie und in vielen japanischen Süßigkeiten Verwendung fand. Die Schalen bestanden aus ausgewogenen Anteilen Sanftheit und Rauheit und schmiegten sich angenehm in die Hand. Sie waren auf die traditionelle japanische Art gefertigt, die Harmonie mit der Natur suchte. Die Natur selbst wurde in Form der Materialien gefiltert durch den reinen Geist des Töpfers, der in seinen Bemühungen aufging und sich direkt in die Schönheit des Bechers ergoss, braun und blau, an manchen Stellen glänzend, an manchen stumpf.

Der schäumende Hauptbestandteil unseres gemeinsamen Teetrinkens war bitter.

»Nicht so bitter wie sonst«, sagte Uchinoura-san.

Der Teegeschmack verband sich hervorragend mit den Überresten der Süße, die noch von den Außerirdischenspezialitäten in unseren Geschmacksknospen und in den Furchen unserer Zähne saßen. Die Harmonie war überwältigend.

»Sehr gesund«, sagte Uchinoura-san. »Wie Medizin.«

Ich trank den letzten Schluck und vertrieb mit dem konzentrierten, pulvrigen Matsch unten im Becher jede noch verbleibende Spur von Süße. Vielleicht war es nicht der bitterste Grüntee gewesen. Trotzdem hatte ich auch abends nach dem Zähneputzen noch einen bitteren Geschmack im Mund.

Ein kleiner Segeltörn

Am nächsten Tag ging ich mit Dave segeln. Meine Arbeitsstelle hatte wegen eines überregionalen Managertreffens geschlossen – das einzige Mal während meiner gesamten GEOS-Laufbahn. Ich kannte Dave vom Aikido. Er kam aus San Francisco, war Straßenkünstler und hatte eine Yacht. Jesse war einmal mit ihm segeln gegangen und hatte mir anschließend begeistert davon erzählt. Insgeheim dachte ich: eine Yacht ... na, toll! Der denkt bestimmt, er ist sonstwer.

Aber dann hatte Jesse mich abends nach dem Zähneputzen aus dem Bett geklingelt und mich zu einer bierlastigen Aikido-Party mitgeschleppt, auf der wir drei Gaijin viel zusammen gelacht hatten. Schließlich hatte Dave gesagt: »Hey, ich geh morgen segeln. Kommt ihr mit?« Jesse konnte nicht. Ich hatte mit den Achseln gezuckt und gesagt: »Ich schon.« Ich nahm an, er würde noch andere Freunde mitbringen, und dachte mir nichts weiter dabei. Eine kleine Auszeit konnte ich jedenfalls gut gebrauchen, nach Uchinoura-sans Standpauke und der bitteren Erkenntnis, dass ich Kashiras Gedanken nicht einmal ansatzweise lesen konnte.

Obwohl wir uns noch mitten in der Regenzeit befanden, war an diesem Tag strahlender Sonnenschein.

»Hey«, sagte Dave, als er mich mit seinem schwarzen *Mazda MPV* am Bahnhof in Nishinomiya abholte. Ich sah niemanden sonst im Auto. Er war allein gekommen. Ich setzte mich neben ihn auf den Beifahrersitz.

Daves Yacht war 25 Fuß lang und hieß Selena, nach seiner Tochter. Er gab mir eine Schwimmweste. Ich zog sie über.

»Wow, was hast du denn für Muskelarme?«, fragte er, als ich meine Kapuzenjacke auszog. »Trainierst du viel?«

»Workout-Challenge aus der *Men's Health*«, sagte ich. »Soll ich sie dir leihen?«

»Nein, danke«, sagte er. »Ich lese lieber *Women's Health.*«

»Du bist unmöglich!«, lachte ich.

»Nicht wegen der fitten Babes«, erklärte er, während er sich am Boot betätigte. »Das auch. Aber hauptsächlich lese ich Frauenzeitschriften, weil man einen Einblick kriegt, wie Frauen ticken und sie dadurch besser rumkriegt.« Er rollte das Segel aus.

»Sag ich doch«, lachte ich. »Du bist unmöglich!«

Während Dave die letzten Handgriffe machte, um das Boot startklar zu machen, bemerkte ich einen Schriftzug auf der Rückseite seines T-Shirts. Dort stand in großen, wellenförmigen Blocklettern: »Impossible is Nothing.«

Wir legten ab und fuhren hinaus. Nach einer Weile machte Dave den Motor aus und richtete das Segel, bis der Wind hineinblies und uns leise, aber kräftig Schwung gab. Dann fragte er: »Hast du irgendwelche ernährungstechnischen Einschränkungen? Bist du Vegetarierin oder isst nur Low-Carb oder so?«

»Warum fragst du?«, wollte ich wissen.

»Auf der anderen Seite der Bucht gibt es einen kleinen Yachtclub. Ich dachte, wir könnten da Mittag essen gehen.«

Ein Date, dachte ich. Na, toll!

Andererseits hatte ich keine Lust, mir die strahlende Laune verderben zu lassen. Meine Gedanken schweiften zu Hentai nach Kyoto. Das halbtraurige Lächeln meines tragischen Helden schien intakt. Es hatte etwas Schicksalsergebenes. Ich überlegte kurz. Dann zuckte ich mit den Achseln und sagte: »Keine ernährungstechnischen Einschränkungen.«

Der Yachtclub servierte Meerbrasse mit Sesamkruste, Weißweinsoße, Brokkoli und frisch gebackenen Butterbrötchen, die aussahen wie riesige Muscheln und beim Auseinanderreißen dampften und dufteten.

»Frisch gebackenes Brot!«, sagte ich begeistert, riss, biss und ließ mich für einen kurzen Moment von einer ungezügelten Genusswelle davontragen.

»Ist das nicht gut?«, sagte Dave.

Ich erzählte, dass gutes Brot das einzige war, was ich in Japan manchmal vermisste. Wir sprachen über den Geschmacksreichtum europäischer Küchen, der durch japanischen Perfektionismus häufig noch gesteigert wurde und über die vergleichsweise geschmacksarme amerikanische Küche.

»Ja, amerikanisches Essen vermisse ich nicht«, sagte Dave. »Aber weißt du, was ich manchmal vermisse?«

»Was?«, fragte ich.

»Entspannte Gespräche wie dieses. Mit normalen Leuten. Die Gefühle zeigen. Und Humor haben.«

Jetzt, wo er es sagte und ich zum zweiten Mal seit dem Abend zuvor ein solches Gespräch genoss, musste ich feststellen, dass es mir genauso ging. Wieder dachte ich an Hentai. Ich erinnerte mich an sein schönes Gesicht im Wald, eingehüllt von Zigarettenrauch. An seine männlichen Samurai-Grunzer. Und an Uchinoura-sans Pachinko-Geschichten. An ein entspanntes

Gespräch mit ihm konnte ich mich nicht erinnern. Und auch sonst an nichts, was mich zu irgendetwas verpflichtete. Ich trank einen Schluck Eistee.

»Ja, ich auch«, gab ich zu. »Ich muss sagen, ich genieße diese Gespräche.« Um keine unrealistischen Erwartungen zu schüren, fügte ich vorsichtshalber hinzu: »Allerdings muss ich sagen, dass ich auch meine Ungebundenheit genieße.«

»Ich bin frisch geschieden«, sagte Dave. »Man könnte sagen, ich bin ekstatisch ob meiner neu erkämpften Ungebundenheit.«

»Tut mir leid«, sagte ich. »Oder vielleicht doch eher herzlichen Glückwunsch?«

»Ich nehm beides«, sagte er und schüttelte den Kopf, als wollte er die Geschichte erst einmal verscheuchen. »Prost!« Er hob sein Glas und wir stießen mit Eistee an.

Zurück auf dem Boot sagte er: »Ich mag deine Augen. Sind mir gleich aufgefallen. Ich bin nämlich ein Augenmensch.«

»Hast du das in einer Frauenzeitschrift gelesen?«, fragte ich.

»Ja«, sagte er amüsiert. »Gefällt's dir?«

»Augenmensch«, sagte ich. »Gar nicht so schlecht.«

Er legte den Arm hinter mir auf die Reling und seine Hand berührte meine Schulter. Sie fühlte sich an wie Sandpapier. Erschrocken drehte ich mich um.

»Ach so, du trägst Handschuhe«, sagte ich. »Ich dachte schon, das wären extraraue Seglerhände.« Wir lachten. Dann beruhigten wir uns. Sein Arm lag immer noch hinter mir auf der Reling. Wir sahen uns an. Es entstand ein Moment, der einen gewissen Sog enthielt.

»Wie?«, fragte ich trotz allem überrascht. »Du willst mich küssen?«

»Ja«, sagte er. »Will ich.«

Ich schüttelte den Kopf und dachte: »Der Typ hat sie wohl nicht mehr alle! Ist ungefähr doppelt so alt wie ich, lässt sich scheiden, obwohl er eine Tochter hat, lädt mich auf seine Yacht ein, macht mir nichts, dir nichts ein Date daraus, und jetzt will er mich auch noch küssen?!«

Dave lächelte strahlend weiß, wartete geduldig und zögerte den Sog des Moments so gekonnt hinaus, dass ich ihm schließlich nicht mehr widerstehen konnte.

Gar nicht so schlecht, dachte ich. Wieder war ich überrascht.

Im Auto sagte Dave: »Macht Spaß, mit dir segeln zu gehen.« Auch ich musste zugeben, dass ich den Tag genossen hatte. Trotzdem scheute ich mich, es zu sagen.

»Kennst du den Spruch mit der Zigarre von Freud?«, fragte ich.

»Nein«, sagte er. »Wie geht der?«

»Manchmal ist eine Zigarre nur eine Zigarre«, sagte ich.

»Klar«, sagte Dave. »Manchmal ist eine Yacht nur eine Yacht und ein Kuss nur ein Kuss.« Beeindruckt über seine flinken Kombinierfähigkeiten, sah ich ihn an. »Freud war ein kluger Mann«, sagte er. »Aber Anna ...« Gequält bereitete ich mich innerlich auf eine weitere ungebetene Einladung vor, da fuhr er seelenruhig fort: »Dass du in allem gleich einen Phallus sehen musst.«

Damit holte er mich endgültig aus der Reserve. Ich lachte kräftig wie der Wind zuvor in unseren Segeln. Nach einer Weile beruhigte ich mich halbwegs wieder, hielt mir den Bauch und sagte: »Touché!«

Als wir wieder am Bahnhof in Nishinomiya ankamen, sagte Dave: »Ich gehe jedenfalls öfter segeln. Mit meiner großen Yacht in der nassen Bucht von Osaka. Vielleicht kommst du ja mal wieder mit.« Dave war ebenso unmöglich wie erfrischend. Ich stieg aus dem Auto und machte die Tür zu. Er ließ das Fenster hinunter und grinste mich dadurch an. Ich spürte, wie sich auch in meinem Gesicht ein Grinsen ausbreitete wie die Sonne, die an diesem Tag mitten in der Regenzeit schon seit morgens ununterbrochen strahlte. Schließlich zuckte ich mit den Achseln und sagte: »Vielleicht.«

In der Bahn dachte ich an Hentai. In meiner Vorstellung sagte ich zu ihm: »Hey, du spielst Pachinko. Ich küsse Dave. Niemand ist vollkommen.«

Dann sagte ich zu mir selbst »Du bist unmöglich!« und musste lachen. Ich fühlte mich erfrischt.

Seilkampf

»Zur Kampfkunst kommen wir später«, versprach Kashira, als ich am folgenden Montag nach Iga kam. »Wenn ich Zeit habe, gebe ich dir Unterricht. Bis dahin«, befahl er, »zugucken und nachmachen!«

Es war immer wieder interessant, welchen Kashira ich bei meinem nächsten Aufenthalt in Iga antreffen würde. Diese Woche war es offenbar wieder der strenge und gemeine. Meinte er wirklich, dass ich all diese unglaublichen Sachen, die die Ninjas täglich über die Bühne brachten – die komplexen Actionchoreographien, den korrekten Umgang mit dem japanischen Schwert, das Zielen mit Pusterohren und Ninja-Sternen und die in historischem Altjapanisch lebendig gesprochenen Texte – einfach nur vom Zugucken lernen würde?

Ich stand vor der Bühne und beobachtete Masanosuke und Tomonosuke, wie sie ein paar Details für eine abgewandelte Version der Seilnummer durchsprachen, die in der nächsten Show drankam.

»Hör auf zu träumen!«, schnauzte Kashira mich von der Seite an. »Konzentrier dich!« Ich zuckte zusammen. Dann sagte er: »Wie gesagt, als erstes machst du die Seilkampfnummer. Du übernimmst Tomonosukes Part.«

Tomonosuke machte die Nummer entweder mit Hentai oder Masanosuke. Der jeweilige Partner griff mit einem Ninja-Schwert an, kam aber durch das wild herumgeschwungene Seil kaum an ihn heran. Tomonosuke haute ihm mit dem Seil links und rechts ein paar um die Ohren, wickelte es in einem 360-Grad-Sprung um seinen eigenen Körper, nur um sich gleich darauf in die andere Richtung wieder auszuwickeln, fing das Schwert damit ein wie mit einem Lasso und schwang es in einer Schlinge weiter um den Hals des Gegners. Er riss daran, bis dieser auf dem Boden landete, zog – mit einem dramatischen Soundeffekt unterlegt – direkt neben seiner Halsschlagader das Schwert aus der Würgeschlinge und erstach damit den armseligen Angreifer am Boden, der mit gekonnten Todeszuckungen reagierte.

Schwert und Seilende noch in der Hand, wandte Tomonosuke dem Publikum seinen muskulösen Rücken zu und sah sich – untermalt von heroischer Musik – schwer atmend nach seinem nächsten Feind um.

Wie Kashira immer sagte, lernte man am besten, wenn man die Dinge, die man lernen wollte, genau beobachtete. Ich musste also meine Beobachtungsfähigkeiten trainieren. Ich war den Luxus guter Instruktion gewohnt – Lehrer, die für mich meine Fehler entdeckten und sie mit pädagogischer Leidenschaft und Kompetenz korrigierten. Kashira verstand unter »effizientem Unterricht« anscheinend etwas anderes. Bei ihm musste ich mehr Eigenverantwortung für meine Fortschritte übernehmen.

Ich beobachtete genau, wie Kashira das Seil schwang. Dann verbrachte ich in der nächsten Woche jede freie Minute damit, das Seil herumzuschwingen. Bei GEOS stand ich auf der Dachterrasse und schwang das Seil herum. Vor meinem Apartmentblock stand ich zwischen Picknicktischen und Baseballfeld und schwang das Seil herum. Wenn jemand kam, benutzte ich es schnell als Springseil und tarnte meine Mission als Fitnesstraining. Während ich versuchte, Kashiras Forderungen zu erfüllen, fügte ich mich in den regulären Alltag ein, so gut ich konnte. Mein Vorbild war der Ninja von damals, der artig mit allen anderen Bauern das Heu schnitt und wenn der Feind auftauchte, plötzlich die Sichel auf ihn schleuderte. Nur dass ich, wenn der Feind kam, meine Waffe als Sportgerät tarnte.

Es waren andere Zeiten. Japan war keine Ansammlung streitender Provinzen mehr, sondern das friedlichste und sicherste Land der Welt. Zumindest oberflächlich. Ich war nicht sicher, ob es mir gelang, mich mit meinen Seilübungen nahtlos in diesen Frieden zu integrieren, aber zumindest landete kein Anruf bei Manager, in dem sich irgendjemand über einen derangierten, möglicherweise gemeingefährlichen Gaijin beschwerte, der abends im Dunkeln zwischen Baseballfeld und Picknicktischen ein Seil durch die Luft schleuderte.

Ich schleuderte und schleuderte. Genau wie Kashira. Zumindest versuchte ich es. Ich hatte meine Anguck- und Nachahmfähigkeiten ziemlich ausgebaut, seit ich mit 16 zum ersten Mal zum Aerobic-Unterricht gegangen war, in der letzten Reihe wie angewurzelt mit offenem Mund gestanden und mich gefragt hatte, was die anderen da eigentlich machten, und woher sie wussten, was sie zu tun hatten. Ich war weiterhin zum Aerobic-Unterricht gegangen, bis ich mich manchmal auch in die vorletzte Reihe traute. Ich hatte jahrelang Karate trainiert, davon mehrere Monate bei Kanchō, meinem Meister in Saitama, der mich bei jedem Fehler Liegestützen machen ließ. Aber das

Seilschwingen war verzwackt. Auch wenn ich es mir noch so oft anguckte, ich konnte es nicht nachmachen. Jedenfalls nicht einfach so. Ich musste üben, Barrieren in meinem Hirn überwinden, fortlaufende Muster in meinen Körper drillen.

Ich konnte mich zwar beim Seilschwingen nicht im Spiegel angucken – erstens war meine Wohnung zu klein, um darin zu üben, zweitens hatte ich beim Seilschwingen keine Kapazitäten für irgendetwas anderes frei –, aber ich merkte auch so, dass mir das Nachmachen nicht einwandfrei gelang. Immer wieder schlug ich mich beim Training selbst. Das tat verdammt weh. Wenn einer der Knoten in meinem Gesicht landete, ließ ich wie angeschossen das Seil fallen und führte einen Veitstanz auf, den man sich als körperlichen Ausdruck dreckiger Flüche vorstellen musste und von dem ich hoffte, dass ihn nie jemand zu Gesicht bekam.

Ich spielte mit dem Gedanken, beim Üben meinen Karate-Schutzhelm aufzusetzen, aber jemand, der mit Karate-Schutzhelm Seil sprang, konnte definitiv nicht als unauffällig bezeichnet werden. Somit befand ich die Idee als ninjauntauglich und tanzte weiter mit dem Seil – tapfer, ungestüm, zielstrebig und verloren.

Seil im Dunkeln

»Zeig uns, was du diese Woche mit dem Seil gemacht hast«, sagte Kashira. Ich machte es ihm vor. »Nein«, sagte er, zum Glück, bevor ich mir das erste Mal ins Gesicht schlug. »Du machst das vollkommen falsch.« Ich entschuldigte mich. »Du musst zuerst den linken Arm über den rechten kreuzen, dann den rechten über den linken, und so weiter. Deine Arme bewegen sich parallel. Du kreuzt sie nicht.«

»Ich kreuze sie nicht?« Ich war schockiert über diese Nachricht. Die ganze Zeit über war ich davon ausgegangen, dass ich sie kreuzte wie Kashira.

»Wir verschieben das mit dem Seil noch mal. Fangen wir mit dem Stab an.« Er gab Tomonosuke einen langen Stab und sagte: »Zeig's ihr.« Im Gehen sagte er: »Jacky Chan arbeitet viel damit.« Manchmal wusste er, wie er mich anspornen konnte.

»Es ist, wie wenn man Ellbogenstöße austeilt«, sagte Tomonosuke und zeigte mir seine Ellbogen, während er den Stab herumwirbelte und auf mich zu kam.

Gerade war ich dabei, die Bewegungen im Bereich seiner Ellbogen zu analysieren, da wirbelte er den Stab bereits so schnell herum, dass ich nur noch verschwommene Achten und Kreise in der Luft sah. Kashira sah mein Gesicht und sagte: »Fangen wir mit zwei kürzeren Stäben an.«

Er holte mir zwei schwarze Stäbe, die ungefähr so lang waren wie Tomonosukes winzige Wildschweine, und führte mir etwa eine halbe Minute lang vor, wie ich sie um meinen Körper schwingen sollte.

»Hier«, sagte Kashira und wandte sich zum Gehen. »Nimm sie mit nach Hause und üb!«

Tomonosuke gab mir eine weitere Demonstration und ich versuchte, ihn nachzuahmen.

»Schon besser«, sagte er.

Während ich seine Bewegungen mit den Augen verfolgte, versuchte ich, meinen Körper mitzunehmen und dabei weiter zuzusehen, was genau er machte. Es würde ein genauso dämmeriger und dunkler Weg sein wie mit dem Seil, das Üben mit diesen Stäben, aber ich war entschlossen, ihn zu gehen. Vielleicht würde es irgendwann heller werden. Wo Licht ist, ist auch Schatten. Das musste doch auch andersherum funktionieren, oder?

In der nächsten Show dolmetschte ich für Olivia, ein High-School-Mädchen aus Michigan, das gerade für einen Monat bei einer Gastfamilie in Kobe lebte. Olivia hatte gerade erst angefangen, Japanisch zu lernen, und freute sich, dass ich ihr auf Englisch erklärte, was die Ninjas sagten. Danach half ich ihr und ihrer Gastschwester beim Ninja-Stern-Schlagen. Ihre Gastschwester Maki schleuderte die Sterne wie Granaten, sie blieben laut und tief in der Styroporplatte stecken.

»Wow«, sagte ich. »Wo hast du denn das gelernt?«

»Ich spiele Softball«, erklärte sie. Bald würde Maki mit Olivia in die USA reisen und die Sprache und Kultur Michigans kennenlernen. Sicherlich war sie eine Bereicherung für das dortige Softball-Team. Ich drückte Olivia und Maki kräftig die Hand und bedankte mich für ihren Besuch. Dann wünschte ich Olivia alles Gute und sagte Maki, sie solle sich anstrengen. Die japanische Sprache ließ mir keine andere Wahl.

Während die beiden halbwüchsigen Gastschwestern gingen, dachte ich: Zwei kurze Stäbe – und eh man sich's versieht, wird ein Seil über den Erdball geschleudert, das von Michigan bis nach Kobe reicht und wieder zurück. Die Mädchen stimmten mich optimistisch.

Abends stand ich zwischen Baseballfeld und Picknicktischen und wirbelte die Stäbe um meinen Körper, langsam und immer schneller. Ich suchte das Glück an den merkwürdigsten Stellen. Seltsamerweise leuchtete es dort tatsächlich manchmal auf. Zum Beispiel, als die beiden Stäbe im Dunkeln plötzlich zum Seil wurden.

Shinobi

[Ninja]

Im Schriftzeichen für »Ninja« sitzen Herz,
Geist und Seele unter einer Klinge wie
unter einem Damoklesschwert.
Ein Ninja schwebt ständig in Gefahr.
Er muss die Gefahr gleichzeitig aushalten
und meiden, ihr mutig entgegentreten
und sich geschickt vor ihr verstecken.
Das ist das Schicksal des Ninja.

Familienverhältnisse

Eines Tages, als wir zu zweit im Ninja-Van saßen, um eine neue Lieferung Strohmatten abzuholen, erzählte Kashira unvermittelt, dass die Mutter von »Masayoshi« und »Tomoyoshi« Alkoholikerin gewesen war und überall Schulden gemacht hatte. Weiß der Himmel, wie er plötzlich darauf kam. Vielleicht fuhren wir gerade an ihrer Wohnung vorbei. Man wusste nie, wo Kashiras Eingebungen herrührten, aber sie fanden stets ungebremst ihren Weg nach draußen.

In seinem dahingeplauderten Nebensatz steckten für mich so viele überraschende neue Informationen, dass ich eine Weile brauchte, sie zu ordnen:

1) Kashira war nicht immer mit seiner jetzigen Frau Ukita verheiratet gewesen.
2) Früher war er mit einer Alkoholikerin verheiratet gewesen.
3) Die Alkoholikerin hatte überall Schulden gemacht.
4) Die Alkoholikerin, die überall Schulden gemacht hatte, war die Mutter von »Tomoyoshi« und »Masayoshi«.
5) Tomoyoshi und Masayoshi waren die echten Namen von Tomonosuke und Masanosuke.

Dieser Einblick in die Familiensituation des Ninja-Clans arbeitete in den düsteren Schatten meiner Hirnwindungen weiter. Eines Tages, als Tomonosuke, der jüngere Bruder, auf der Bühne mit seinen Sicheln Jonglieren übte, kam Kashira vorbei. Tomonosuke jonglierte weiter und erzählte stolz: »Ich habe überlegt, zwei Umdrehungen mit in die Show einzubauen.«

»Sehr gut«, lobte Kashira, während er für Masanosuke oft nur strenge Worte fand.

Plötzlich fiel mir auf, wie wenig Ähnlichkeiten Kashira und Tomonosuke miteinander hatten. Vielleicht, dachte ich, war Tomonosuke von einem anderen Mann gezeugt worden, und Kashira bewunderte ihn für seine Andersartigkeit. Während Kashira kaum schreiben konnte, strengte Tomonosuke gerne seinen Geist an. Er machte sich spaßeshalber Listen der heimischen Flora und Fauna, um sie auswendig zu lernen, und hatte all die typischen Nerdkünste gelernt: Jonglieren, Akrobatik, Daikagura.

Auch sonst hätten Vater und Sohn kaum gegensätzlicher sein können. Tomonosuke war hochgewachsen und schlank, mit filigranen Gesichtszügen und Knopfaugen, Kashira war klein, mit schräg liegenden Augen in einem teigigen Gesicht, und neigte zu Fettleibigkeit. Selbst in seiner Jugend war er fleischig gewesen, als er noch mit nacktem Oberkörper in Fernsehshows Sichel-Nunchakus herumgewirbelt hatte, so schnell, dass man nur noch einen dreidimensionalen Schleifenkörper aus leuchtenden Linien erkennen konnte. Kashira war impulsiv und ungestüm, Tomonosuke bedacht und kontrolliert. Kashira rülpste ungeniert beim Essen und machte mit Vorliebe Scherze auf Kosten anderer, Tomonosuke hatte gute Manieren und war stets darauf bedacht, die Gefühle anderer nicht zu verletzen.

Einmal nahm Tomonosuke mich beiseite und sagte: »Anna-san, du darfst Hentai nicht ›Hentai‹ nennen. Klar, alle lachen darüber, haha, aber ich denke, tief in seinem Inneren tut es ihm weh, wenn du ihn so nennst.« Ich und Hentai verletzen?, dachte ich. Was sich neckt, das liebt sich! Ich empfand den Namen als Kosenamen, als romantische Trommelbrücke zwischen Hentai und mir, auf der wir beide gerne herumstanden, Händchen hielten und uns den Sonnenuntergang ansahen. Jedenfalls in den Samurai-Romanzen meiner Träume – wenngleich

ich zugegebenermaßen neuerdings auch ab und zu vom Segeln auf einer großen Yacht in einer nassen Bucht mit Dave träumte – aber das tat meiner aufrichtigen Verehrung Hentai gegenüber keinen Abbruch.

Natürlich konnte ich Tomonosuke nicht offen widersprechen. Es war eines der ungeschriebenen Gesetze, die ich mittlerweile zwischen den Zeilen der ambivalent-sparsamen Äußerungen meiner japanischen Wahlfamilie entziffert hatte. Es gehörte zum *Sempai-Kōhai*-System, das ziemlich militärisch orientiert war. Ich war *Kōhai*, Neuling, und egal, was man als Kōhai von seinen *Sempai*, denen also, die schon länger in der Gruppe waren, und ihren Meinungen und Verhaltensweisen hielt – man sagte stets »*Sir, yes, sir!*« und behielt alles andere für sich. Man verbeugte sich, entschuldigte sich, bedankte sich für die wertvollen Anweisungen des Sempai und bat um mehr davon für die Zukunft.

»Du solltest Kashira nicht alles nachmachen«, sagte Tomonosuke. »Er macht nicht alles richtig.« Ich war erstaunt. Der gute Sohn war der revolutionären Meinung, dass sein Vater nicht alles richtig machte. Vielleicht wollte er dessen Fehler mit seiner eigenen Strebsamkeit korrigieren. Das war löblich. Aber ich mochte Kashiras groben Humor und hatte das Gefühl, Hentai fasste mein Verhalten ihm gegenüber als die liebevolle Neckerei auf, die es war.

Abgesehen davon hätte ich Tomonosukes Rat nicht befolgen können, selbst wenn ich es gewollt hätte: Auch in seinem mahnenden Vortrag hatte er ihn ausschließlich »Hentai« genannt. Ich hatte keine Ahnung, wie Hentai wirklich hieß.

Schall und Rauch

Immer, wenn ich Kashira außerhalb von Iga japanischen Bekannten gegenüber erwähnte, lachten sie.

>»Dieses T-Shirt hat mir Kashira geschenkt.«
>»Kashira? Hihihi!«
>»Kashira hat mir ein Frauenschwert zum Üben gegeben.«
>»Kashira? Hohoho!«
>»Neulich war ich mit Kashira Sojasoßeneis essen.«
>»Kashira? Hahaha!«

Für mich war »Kashira« einfach die korrekte Anrede für meinen Boss. Auch alle anderen bei der Arbeit nannten ihn so – Uchinoura-san, Sugita-san, die Museumsdirektorin, Hentai – der ganze Clan. Sogar seine Söhne Tomonosuke und Masanosuke, deren Namen ebenfalls Gelächter hervorriefen.

>»Tomonosuke? Hihihi!«
>»Masanosuke? Hahaha!«

Warum fanden alle die Namen meiner Kollegen so lustig? Nach einer Weile begriff ich, dass sie aus einem lange vergangenen Jahrhundert stammten – und das hörte man ihnen an. Sie passten nicht in eine moderne Metropole wie Osaka, mit Wolkenkratzern, Dachgolfplätzen, unterirdischen Megacities mit Mangacafés, Fließband-Sushi und elektronischen Massagesesseln in den Kaufhäusern.

Seinen Boss »Kashira« zu nennen und seine Kollegen »Tomonosuke« und »Masanosuke« war, als erzählte man beiläufig, man sei auf Geheiß der hochwohlgeborenen Fürstin Brunhilde von Brüggenei unterwegs zu einem Skype-Meeting mit ihrem Gemahl Fürst Goswin und den Edelknaben Weiprecht und Berthold.

Ich war die einzige, die auf der Ninja-Bühne ihren bürgerlichen Namen behielt. Dass mein Name nicht hineinpasste, fiel nicht weiter auf in Anbetracht der Tatsache, dass auch ich nicht hineinpasste. Ich kam vielleicht nicht aus einem anderen Jahrhundert, dafür aber aus einem anderen Land auf einem anderen Kontinent. Vielleicht lachten auch die Freunde der Ninjas, wenn sie erzählten, sie hätten das heutige Ninja-Stern-Schlagen mit Anna betreut. Die Ninjas und ihre Geschichte waren japanisch. Ich nicht. Das hieß im Umkehrschluss: Ich hatte ein klares Alleinstellungsmerkmal. Vielleicht würde es mir gelingen, etwas daraus zu machen. Etwas, das über meine Englischkenntnisse hinausreichte. Auf diese Möglichkeit spekulierte wahrscheinlich auch Kashira: Vielleicht würde ich eines Tages als neuer Stern am Firmament der Schattenwelt erstrahlen.

Vielleicht, eines Tages.

Bis zu jenem Tage jedoch würde ich selbst ein Schatten sein. Der Schatten der Schattenkrieger. Ich würde mich tief vor ihnen verbeugen, für meinen Meister die Bühne fegen, durch Staub und Schlamm robben, die Strohköpfe beseitigen, die unter seiner Klinge rollten, und ihm seine Waffen hinterhertragen.

Bis zu jenem Tage war ich nichts als ein Blatt im Wind. Ich würde lernen, nichts zu sein und nichts zu fühlen. Nichts zu denken – und dabei an alles zu denken. Ich würde danach streben, mich selbst zu vergessen und mich vollständig in Dienstbarkeit und Loyalität aufzulösen. Ich würde Mushin lernen. So hatte der Meister es befohlen.

Allerdings gab es dabei ein Problem. Im *Hagakure*, dem Leitfaden für Samurai, hieß es: »Ein Mann ist nur dann ein guter

Gefolgsmann, wenn er seinem Herrn aufrichtig ergeben ist. (...) Selbst ein Mensch, der zu nichts nütze ist und keinerlei Umgangsformen besitzt, wird ein zuverlässiger Gefolgsmann sein, wenn er nur entschlossen ist, aufrichtig seinem Herrn zu dienen. Wer dagegen nur über Klugheit und Talent verfügt, ist seinem Herrn von geringem Nutzen.«

Ich hingegen hatte einen riesigen Erfolgswunsch in meiner Mission als Ninja-Lehrling – und genau das verhinderte meinen Erfolg.

Dunkle Tage im Salzbergwerk

Die Sommerhitze erreichte neue Ausmaße, ebenso wie meine Abneigung gegen *GEOS*. Anfang Juni sagte ich Manager, dass ich Ende August die sieben Tage Urlaub, die mir laut Vertrag zustanden, am Stück nutzen wollte, da mich ein alter Freund zu seiner Hochzeit in Schottland eingeladen hatte.

Ich kannte Paul von der Uni, und er hatte mit seiner Yukiko eine Hochzeit in einem Schloss in Aberdeen geplant. Er würde im Kilt heiraten und es würden Dudelsackspieler anwesend sein, ebenso wie die gesamte *Japanese-Studies*-Crew von der Uni in Stirling. Als wir unseren Abschluss machten, waren wir zu sechst. Wir waren ein eingeschworenes Team.

Außerdem wollte ich, wenn ich schon mal um die Ecke war, meine Familie und ein paar Freunde in Deutschland besuchen. Ich nannte ihr die genauen Daten.

»Sieben Tage am Stück?«, sagte Manager. »Da verlieren deine Schüler ja ihre Motivation.« Ungläubig suchte ich in meiner Kehlkopfgegend nach meiner Stimme, bis ich sie schließlich wiederfand.

»Ich bestehe darauf«, brach sie etwas zu laut hervor.

»Ich weiß ja nicht«, schüttelte Manager den Kopf.

Ich rief die nächsthöhere Instanz an, Lindsay, die Regionsleiterin, die mich vor wenigen Monaten als vielversprechendes Englischlehrer-Talent zu einem Förderprogramm in eines der Hotels von *Tokyo Disneyland* geschickt hatte.

»Es ist ein guter Freund von der Uni«, drang ich in sie ein. »Und wenn ich schon mal in Europa bin, möchte ich wenigstens kurz meine Familie besuchen.«

»Deine Schüler werden die Motivation verlieren, wenn du eine ganze Woche weg bist«, sagte auch sie. Diesmal ging es schneller, dass ich meine Stimme fand.

»Ich bestehe darauf!«, sagte ich und legte auf.

Im Juli, noch vor dem spannenden Kurzurlaub in Aberdeen und Hannover, kam mein Vater nach Japan. Am Wochenende zeigte ich ihm das Ninja-Dorf. Wir besuchten die *Weiße Phönixburg von Ueno*, die ich bei der Gelegenheit zum ersten Mal von innen sah. Ich erzählte ihm, dass ich angefangen hatte, an Wochenenden im Ninja-Dorf zu arbeiten. Fröhlich – und vollkommen vernünftig – interpretierte er die Ninja-Arbeit als eines der vielen Abenteuer, die ich auf meinen Reisen nebenbei mitnahm, posierte mit Masanosuke und Tomonosuke für Fotos und schlug begeistert Ninja-Sterne ins Schwarze.

Die meiste Zeit über musste ich ihn jedoch mit meinen Freunden durch die Gegend schicken, da ich weiterhin lange Tage im Salzbergwerk schuften musste. Jesse und Itamar nahmen ihn mit ins Übersee-Museum und gingen mit ihm essen. Hiro zeigte ihm Nara. Außerdem war mein Vater wie immer abenteuerlustig und gut vorbereitet. Schon lange vor seiner Reise hatte er Karten und Bücher über Osaka studiert und kannte sich bestens aus. Vielleicht hatte Osaka mehr mit seiner Heimatstadt

Berlin gemein als mit Hannover. Jedenfalls stürzte er sich unbeeindruckt von Sprachbarrieren, Wolkenkratzern und Ameisenhorden ins U-Bahnnetz der westjapanischen Metropole, aß spontan in duftenden Stehrestaurants Ramen und besuchte alleine Tempel und Museen. Sein Lieblingsort war *Shi-Tennōji*, einer der bekanntesten Tempel Osakas, den ich selbst noch nie gesehen hatte.

Eines Abends waren wir mit Jesse und Itamar in einer Kneipe um die Ecke meiner Schule verabredet. Papa holte mich ab. An diesem Tag erwartete ich sehnsüchtig mein Gehalt, das mir monatlich an einem bestimmten Stichtag in bar ausgezahlt wurde, nach Abzug meiner Versicherungen und meiner Miete, mit deren Zahlung man mich lieber nicht selbst betrauen wollte. Papa kam pünktlich eine halbe Stunde nach meiner letzten Unterrichtseinheit in die Eingangshalle. Als ich gestiefelt und gespornt dastand, um mit ihm loszugehen, fiel Manager auf, dass sie das Geld nicht passend dahatte.

»Sechs Yen weniger? Das macht doch nichts«, sagte ich.

»Nein, nein, das geht nicht. Es muss schon ganz genau sein«, sagte Manager und lief davon, bevor wir sie aufhalten konnten, um irgendwo unten im Gewusel von Juso noch schnell Geld zu wechseln.

Ich erklärte meinem Vater, was los war.

»Det is ja jeschossen!«, sagte er, der sich normalerweise durch Höflichkeit, Geduld und einwandfreies Hochdeutsch auszeichnete. Wie zwei Nachsitzer setzten wir uns in die Eingangshalle von *GEOS* und sahen uns auf einem Bildschirm *Disney*-Videos auf Dauerschleife an. Als Mulan drankam, entführten mich kühne Tagträume in eine atemberaubende Kampfkunstkarriere. Kurz vor dem Erfolg platzte Manager herein. Endlich konnten wir mit meinem Gehalt von dannen ziehen.

Ich musste mich dringend von *GEOS* lösen. Also durchsuchte ich meinen Vertrag nach einer Kündigungsfrist. Es stellte sich heraus, dass sie von *GEOS'* Seite aus einen Monat betrug, von meiner hingegen vier Monate. Entsetzt googelte ich Kündigungsfristen für Lehrer an japanischen Englischschulen. In wenigen Klicks fand ich heraus, dass meine Leidensgenossen sich bereits zu Austausch- und Selbsthilfezwecken auf zahlreichen Foren zusammengefunden hatten.

»Regelmäßig steht in den Verträgen privater Englischschulen eine kurze Kündigungsfrist von zwei bis vier Wochen von Schulseite aus, während von Lehrerseite eine Kündigungsfrist von vier Monaten aufwärts verlangt wird«, schrieb ein gewisser John. »Die gesetzlich vorgeschriebene, beidseitige Kündigungsfrist beträgt jedoch zwei Wochen, vier Wochen sind kulant«, wusste er zu berichten.

Gleichermaßen entsetzt und erleichtert beschloss ich zu kündigen. Allerdings brauchte ich vorher noch einen neuen Job.

Yuris Hochzeit

An dem Samstag, an dem Yuri heiratete, machte ich krank. Nach dem Fiasko mit den sieben Ferientagen hatte ich keine andere Wahl. Es war der erste und einzige Tag meiner *GEOS*-Karriere, an dem ich mir das erlaubte, denn Krankmachen hatte seinen Preis. Ich musste alle Schüler anrufen, mich persönlich bei ihnen entschuldigen und Ersatzstunden mit ihnen vereinbaren. Da Samstag mein vollster Tag war, einschließlich vieler Gruppenstunden, und nicht alle Schüler in jeder Gruppe gleichzeitig zum Ersatzunterricht kommen konnten, brockte ich mir damit viele Stunden Zusatzarbeit ein. Aber das war es wert.

Die Hochzeit fand in einem feinen, modernen Hotel in Kyoto statt. Wie alle anderen Gäste gab ich meinen Briefumschlag mit der Geldgabe an einem dafür vorgesehenen Tresen ab, an dem sich eine kleine Hotelmitarbeiterin höflich verbeugte, während sie die Geschenke entgegennahm.

Der große Saal war von riesigen Kronleuchtern schummrig beleuchtet. Stilistisch waren Ort, Menü und Garderobe, passend zu den anglophilen Vorlieben des Brautpaars, westlich orientiert. Ich saß mit einem Mädchen am Tisch, das wir von unserem Studium in Bath kannten. Naiyu war extra aus Taiwan angereist.

Es wurden drei lange Reden gehalten, keine davon enthielt die Wörter »zerbrechen«, »trennen« und »schneiden«, denn die brachten auf einer Hochzeit Unglück. Yuris Seidenkleid war farblich perfekt auf die fünfstöckige Cremetorte abgestimmt, die die hübsche Braut mit eleganten Bewegungen anschnitt.

Ich war überrascht, ihren Bräutigam kennenzulernen. Er hatte nichts mit den Rugbyspielern zu tun, die damals an der Uni Yuris Beuteschema gewesen waren. Er war ein kleiner, japanischer Mann mittleren Alters mit ernsten Gesichtszügen und Brille. Ein typischer *Salary Man,* der nach langen Auslandsaufenthalten wie Yuri fließend Englisch sprach und wahrscheinlich bald mitsamt seiner jungen Familie für zwei Jahre in den Staat New York versetzt werden würde.

Braut und Bräutigam standen vorne und beteuerten nacheinander, dass sie einen harmonischen, gastfreundlichen Haushalt zusammen gründen wollten. Yuri war so bewegt, dass ihre Stimme brach. In ihrem elegant gewölbten, seidenweißen Bauch schlug das Herz ihres Babys. Da kamen auch mir plötzlich die Tränen. Wie Ninjas fielen sie aus heiterem Himmel über meine Wangen her.

Deutsche Ferien

Als ich das nächste Mal in Iga war, begrüßte mich aus der Besucherschlange plötzlich Tim, ein Amerikaner, der wie ich bei Shihan Aikido trainierte.

»Hallo, Anna«, sagte er. »Was machst du denn hier?«

»Das wollte ich dich auch gerade fragen«, sagte ich, während mein Blick auf seine dicke Kamera fiel.

»Ich mache eine Reportage über die Iga-Ninjas für *Kansai Time Out*«, sagte Tim. »Für die schreibe ich nebenbei ein bisschen.«

»Ah!« Ich verkaufte ihm ein Ticket und sagte: »Ich setze mich gleich zu dir und dolmetsche für dich.«

Während der Show machte Tim Fotos. Der Inhalt schien ihn eher visuell zu interessieren.

»Und? Willst du noch Ninja-Sterne schlagen?«, fragte ich nach der Show.

»Och, nö«, sagte er. »Ich hab langsam Hunger. Ich glaube, ich probier mal das Ninja-Udon.«

»Okay.« Ich zuckte mit den Schultern. »Viel Erfolg mit deinem Artikel.«

»Danke!« Und weg war er. Vielleicht wusste er schon alles über Ninjas. Vielleicht war er selber einer, man konnte es nie wissen.

Kansai Time Out, kurz *KTO*, war eine der beliebten, kostenfreien Expat-Zeitschriften in Osaka. Als die nächste Ausgabe erschien, nahm ich sie mit in die Bahn, um zu sehen, was Tim zustande gebracht hatte. Die Bilder, die er von Kashira in Aktion beim Strohmattenköpfen gemacht hatte, waren ansprechend und dynamisch. Sein Artikel hingegen war eine Zusammenfassung der kürzlich veröffentlichten, zweisprachigen Ausgabe von

»A Journey to the World of Ninja and Kengo«. Deshalb. Er hatte das Material für den schriftlichen Teil des Artikels schon vor seinem Besuch in Iga abgehakt.

Ich überflog den Artikel und blätterte weiter in der Zeitschrift herum. Plötzlich fiel mein Blick auf eine Anzeige von der Deutsch-Europäischen Schule in Kobe. Sie suchte Englischlehrer. Der Job war nicht in Iga. Trotzdem konnte ich meine Augen nicht abwenden. Immerhin wäre es eine Chance, von GEOS wegzukommen. Und der Arbeitgeber wäre deutsch-europäisch. Für mich, die bei einer japanischen Firma angestellt war und täglich von deren unmenschlichem Druck zerquetscht wurde, die jede Nacht damit verbrachte, sich mühevoll wieder zusammenzusetzen, bevor sie sich am nächsten Tag erneut hinschleppte und zu einer breiigen Masse aus Muskeln, Blut, Schweiß und anderen Rohmaterialien zerquetschen ließ, die in den Umsatz der Firma einflossen, war dieser Gedanke allzu verführerisch. Ich war deutsch, europäisch und Englischlehrerin. Wenn das kein Job für mich war!

Als ich aus der Bahn ausstieg, rief ich sofort an. Die Schweizer Sekretärin zwitscherte fröhlich: »Ja, das klingt doch ganz passend. Sie würden dann nach den deutschen Sommerferien einsteigen und wochentags von 8 bis 16 Uhr arbeiten, je nach Stundenplan können unsere Kollegen auch mal früher gehen. Schicken Sie uns Ihren Lebenslauf, dann melden wir uns zeitnah bei Ihnen.«

Die Worte »deutsche Ferien« und »früher gehen« versetzten mich in einen hypnotischen Zustand, der nicht aufhörte, bis ich schließlich einen Lebenslauf samt Anschreiben an die Deutsch-Europäische Schule verfasst hatte. Gleichzeitig feuerte ich eine SMS an Kashira und eine an Uchinoura-san ab: »Es gäbe eine Jobmöglichkeit für mich in Kobe. Ist zwar nicht in

Iga, aber ich hätte für die Vertragsdauer ein Visum sowie alle Wochenenden und weitere 14 Wochen im Jahr frei. Soll ich sie annehmen?«

Wenige Stunden später, ich wollte mir im Kombini gerade ein paar Snacks zum Mittagessen kaufen, klingelte mein Handy.

»*Moshi moshi*«, meldete ich mich.

»Ja, Frau Sanner, Müller hier«, sagte der Anrufer. »Deutsch-Europäische Schule Kobe. Ich habe Ihren Lebenslauf hier vor mir. Sind Sie noch an der Stelle interessiert?«

In einem Kombini mitten in Osaka plötzlich eine deutsche Stimme zu hören, brachte mich so aus der Fassung, dass ich vergaß, auf welche drei Joghurtsorten ich meine Auswahl gerade eingegrenzt hatte. Es war keine drei Stunden her, dass ich mich um die Stelle beworben hatte. Unverzüglich bestätigte ich, dass ich noch interessiert war.

»Dann müssen Sie ganz schnell hierherkommen, sonst wird das dieses Jahr nichts mehr«, sagte Herr Müller.

»Okay, wie wäre es mit morgen früh?«, schlug ich effizient vor.

»Morgen früh wäre noch möglich, aber das ist die letzte Chance, Frau Sanner. Danach bin ich in Großbritannien, um weitere neue Mitarbeiter aufzutreiben, und dann verabschiede ich mich in den Sommerurlaub.«

Sommerurlaub! Sofort drängte sich die Erinnerung an den Krampf um die sieben Tage Jahresurlaub wieder in mein Gedächtnis. Ob ich noch interessiert war?!

»Morgen früh um neun«, sagte Direktor Müller.

»Morgen früh um neun«, bestätigte ich.

Alles lief so verdammt effizient. Ich fühlte mich zu Hause. Herr Müller beschrieb mir den Weg, und wir verabschiedeten uns.

Den Blick wieder auf das Joghurtregal gerichtet, erwischte ich mich dabei, dass ich nach *Müller*-Joghurt mit Knuspermüsli

Ausschau hielt. »Alles *Müller,* oder was?«, hörte ich die alte Werbung. Die Joghurts vor meiner Nase führten mich ebenso plötzlich wieder von Deutschland nach Japan wie Herr Müller mich in die entgegengesetzte Richtung entführt hatte, und auch wenn mir bei dem Gedanken an *Müller*-Joghurt mit Knuspermüsli noch so sehr das Wasser im Munde zusammenlief, auch wenn es mich noch so sehr in den Fingern kribbelte, mit einem Knack die kleine Müsliecke umzuknicken und ihren Inhalt in die große Joghurtecke zu schütten, musste ich mit der neuen Blaubeerversion von *Shibō Zero* Vorlieb nehmen, einem Diätjoghurt, dessen Name bedeutete: »Null Fett«. Immerhin enthielt er glitschige, gesundheitsfördernde Aloe-Vera-Würfel.

Gut gelaunt verließ ich den Laden. Bei dem Gedanken, *GEOS* für immer zu verlassen, fiel es mir erstaunlich leicht, mein Lächeln zu halten, bis abends um 22 Uhr mein letzter Schüler hinter der Fahrstuhltür verschwand.

Um Punkt 9 Uhr am nächsten Morgen klopfte ich an Direktor Müllers Bürotür.

»Guten Morgen, Frau Sanner, bitte nehmen Sie Platz.«

Er deutete auf einen von drei Stühlen entlang seines großzügigen Schreibtischs. Etwas zögerlich trat ich in das klimatisierte Büro ein, das mir erschien wie die inneren Gefilde des Kaiserpalasts. Es war ungefähr so groß wie die gesamte *GEOS*-Niederlassung, in der ich arbeitete, und er saß ganz allein darin.

Obwohl es erst 9 Uhr war, war Herr Müller bereits gestresst. Eine Mutter belästigte ihn seit Tagen, weil sie die Abmeldefrist für ihr Kind verpasst hatte. Nun weigerte sie sich, die Schulgebühren zu zahlen, die für das weiterhin angemeldete Kind anfielen. Herr Müller legte die Handinnenfläche auf die Stirn und stützte die daraus entstandene Unterarm-Gesichtskonstruktion auf seinen Ellbogen. Dann griff er den Kaffee, den die Sekretärin zwischenzeitlich vor ihn gestellt hatte.

»Wollen Sie auch einen?«, fragte sie mich, aber ich lehnte höflich ab. Ich hatte meine Dosis bereits getrunken, und mein Herz schlug schnell genug.

Herr Müller wälzte die störrische Mutter auf die Schweizer Sekretärin ab. »Ich habe hier ein Vorstellungsgespräch zu führen«, begründete er knapp. Die Sekretärin zog sich mit einem angespannten Lächeln aus seinem Büro zurück.

»In Deutschland«, sagte Herr Müller, »habe ich eine Schule mit fünfmal so vielen Kindern geleitet. Und trotzdem ist es hier zehnmal so stressig. Die Mitarbeiter sind extrem unflexibel. Sobald ein Kind mit einem blutenden Knie vom Schulhof kommt, weicht das von ihrem festgelegten Verhaltenskodex ab, und sie wissen nicht, was sie machen sollen.«

»Das klingt sehr anstrengend«, sagte ich voller Sympathie. »Aber wenigstens sitzen Sie hier am Ruder und können ein gewisses Maß an europäischen Werten und gesundem Menschenverstand einfordern.«

Er hustete eine Art Lachen aus. Im nächsten Atemzug fragte er mich nach meiner Unterrichtserfahrung. Ich erzählte von meinem Jahr als Deutschlehrerin in Spanien und von *GEOS*. Er schien zufrieden.

»Ihre sprachlichen Fähigkeiten kann ich nicht beurteilen. Gleich wird mein stellvertretender Direktor Herr Inman aus Yorkshire dazustoßen und sich Ihr Englisch anhören.« Ich hatte Herrn Inmans Profil im *Kansai Time Out* gesehen und hoffte, dass er von Angesicht zu Angesicht einen ebenso netten Eindruck machen würde. »Leider ist Herr Inman momentan noch beschäftigt.« Herr Müller nahm einen Schluck Kaffee. Das schien ihn auf eine Idee zu bringen. »In der Zwischenzeit werde ich unsere japanische Sekretärin Frau Nakamura bitten, Ihre Japanischkenntnisse zu prüfen. Wenn Sie wirklich das können, was in Ihrem Lebenslauf steht, sind Sie für uns Gold wert.« Er nahm einen weiteren Schluck Kaffee. Ich schluckte mit.

Frau Nakamura kam herein und setzte sich auf den Stuhl neben mir. »Wo arbeiten Sie denn im Moment?«, fragte sie.

»Bei GEOS Eikaiwa.«

»Und warum möchten Sie einen neuen Job?«

»Das Unterrichten macht mir Spaß«, sagte ich. »Aber GEOS verlangt von seinen Lehrern auch sehr viele Verkaufstätigkeiten. Sie haben einen eigenen Lehrbuchverlag, und man muss den Schülern in monatlichen Kampagnen Lehrbücher aufschwatzen, ob sie sie brauchen oder nicht. Dann gibt es noch eine Abteilung für Austauschprogramme mit englischsprachigen Ländern. Auch dafür müssen wir ständig werben. Die geschäftliche Seite ist nicht mein Fachgebiet. Ich würde mich lieber aufs Unterrichten konzentrieren.«

Die Schweizer Sekretärin klopfte erregt, machte die Tür auf und sah Frau Nakamura flehend an: »Können Sie einmal kurz kommen?« Die Sache mit der Mutter schien nebenan eskaliert zu sein. Frau Nakamura sah Herrn Müller fragend an.

»Dann machen Sie das doch schnell«, sagte Herr Müller. Frau Nakamura verließ uns und machte geräuschlos die Tür zu.

»Wie war denn das Gespräch für Sie?«, fragte er mich.

»Nett«, sagte ich. Dann fiel mir ein, dass er von einer Prüfung meiner Japanischkenntnisse gesprochen hatte. »Ich ... hatte ... keine weiteren Probleme«, fügte ich hinzu.

»Sie hatten keine weiteren Probleme«, wiederholte er.

Ein lebhaftes Klopfen kündigte Herrn Inman an. Er kam mit dem gleichen breiten Lächeln herein, das ich von seinem Profilbild kannte, und wir unterhielten uns eine Weile auf Englisch.

»Häufig«, erklärte Herr Inman, »haben wir das Problem, dass Ausländer sich als Englischlehrer bewerben, und wenn sie dann kommen, machen sie Grammatikfehler und können nicht eingestellt werden. Aber in Ihrem Fall ist das offensichtlich kein Problem. Ich kann sogar Ihren Bath-Akzent hören.«

Es klopfte wieder. Diesmal war es Frau Nakamura.

»Und?«, fragte Herr Müller und deutete auf mich.

»Ich habe noch nie einen Ausländer so gut Japanisch sprechen hören«, sagte Frau Nakamura.

»Gut, danke!«

Frau Nakamura schloss leise die Tür. Ein Lächeln huschte über Herrn Direktor Müllers Gesicht.

»Dann können wir sie ja überall einsetzen«, sagte er zu Herrn Inman. »Im europäischen Zweig, im deutschen Zweig, in der Kommunikation mit den Eltern ...« Herr Inman nickte und blickte zu mir herüber, als wollte er in meiner Anwesenheit nicht weiter über mich sprechen.

»Geben Sie uns ein paar Minuten«, sagte Herr Müller. »Seien Sie um 10 Uhr wieder hier. Herr Inman und ich werden uns kurz besprechen.«

Gegenüber der Schule sah ich ein niedliches Café, das Bio-Kuchen verkaufte, spazierte weiter, machte das nächste Kombini ausfindig und weidete mich an den überraschend zahlreichen Grünflächen und Straßenpflanzen, die hier auf der Insel Rokko Beton und Asphalt unterbrachen.

Um Punkt 10 Uhr klopfte ich ein zweites Mal an Herrn Müllers Bürotür.

»Wir haben gute Neuigkeiten für Sie«, strahlte Herr Inman. »Sie haben den Job!«

Es verschlug mir die Sprache.

»Das einzige Problem, das ich bei Ihnen sehe«, fuhr er fort,

»ist, dass ich fürchte, Sie bewegen sich weit unterhalb Ihres Niveaus. Mit Ihren Sprachfähigkeiten könnten Sie alles Mögliche machen, und kleine Kinder zu unterrichten ist nicht der aufregendste Job. Ich glaube kaum, dass Sie über diesen Vertrag hinaus bei uns bleiben werden, aber wenn Sie eine Übergangslösung suchen, um von Ihrem jetzigen Job wegzukommen, heißen wir Sie herzlich willkommen.«

Ich wollte fragen, was ich denn mit meinen Sprachfähigkeiten noch alles machen konnte, doch verwarf die Idee. Dann wollte ich sagen, Sie unterrichten doch auch kleine Kinder, und verwarf auch diese Idee wieder. Schließlich sagte ich »Kleine Kinder unterrichten ist doch schön!« und strahlte ihn an.

Herr Müller schob mir den Vertrag herüber.

»Könnten Sie das bitte gleich unterschreiben? Dann ist das erledigt, ich muss weniger Leute in Großbritannien rekrutieren und kann früher in den Sommerurlaub.«

Ich wollte schlucken und stellte fest, dass ich keinen Speichel mehr im Mund hatte. Was, fiel mir plötzlich ein, wenn Kashira »nimm auf keinen fall den job in kobe such dir lieber was in iga« zurückschrieb?

»Darf ich noch mal kurz die Toilette benutzen?«, fragte ich.

»Aber natürlich, da vorne rechts«, sagte Herr Müller und trommelte, während ich ging, mit den Fingern auf den Tisch.

Ich verließ das Büro und sah auf mein Handy. Keine Nachricht. Mein Kopf ratterte. Nochmals stellte ich die Vor- und Nachteile meines potenziellen Jobs gegenüber, auf der Grundlage, dass ich eigentlich Ninja in Iga werden wollte. Nachteil: Der Job war nicht in Iga. Vorteile: Visum, Wochenenden frei, 14 Wochen Urlaub. 14 Wochen! All diese wertvolle Zeit, die ich mit Ninja-Training verbringen konnte! Kashira musste es einfach einsehen, beschloss ich. Ich wusch mir die Hände, zählte auf

Japanisch bis 22 und guckte in den Spiegel. Ich atmete tief ein und aus, begradigte meine Haltung und sagte zu meinem Spiegelbild: »Okay, ich unterschreibe.«

Auf dem Weg zu GEOS brummte mein Handy. Eine Nachricht von Kashira. Es flirrte in meiner Magenkuhle. Ich öffnete die Nachricht: »wenn du kannst nimm den job«. Mir fiel ein Stein vom Herzen, der sich wie eine Therapiedecke über die flirrenden Teilchen in meiner Magenkuhle legte. Ich lehnte mich zurück und stieß einen Seufzer aus, der mir von mehreren Seiten seltsame Blicke einhandelte. Sie störten mich nicht im Geringsten.

Ich hüpfte durchs Treppenhaus in den siebten Stock und hatte Mühe, mein Lächeln zu unterdrücken, während ich mich im Gespräch mit Manager um eine vorsichtige Einleitung meiner Kündigung bemühte.

»Es tut mir wirklich leid«, sagte ich. »Das ist wahrscheinlich das letzte, was Sie von mir hören wollen, ehrenwerte Manager, aber ich kündige.«

Manager war schockiert, aber nicht so niedergeschmettert, wie ich befürchtet hatte.

»Na ja, da kann man nichts machen«, sagte sie und zuckte schicksalsergeben mit den Schultern. »Wo gehst du denn hin? Wann fängst du da an? Wie viel verdienst du da?«

Ich erzählte ihr von dem 50 Prozent höheren Einkommen und der 1400 Prozent höheren Anzahl an Urlaubstagen und vernahm ein Funkeln in ihren Augen.

»Haben die für mich nicht auch einen Job?«, fragte sie. Manager befahl mir, sofort eine E-Mail an Herrn Müller zu schreiben und nach potenziellen Sekretärinnenpositionen an der Deutsch-Europäischen Schule Kobe zu fragen. Zähneknirschend leistete ich Folge.

Unglücklicherweise landete die E-Mail bei der *GEOS*-Kansai-Zentrale, und ich bekam eine zornige Nachricht bezüglich meines Missbrauchs des Firmen-E-Mail-Systems für private Zwecke. Zum Glück konnte niemand den deutschen Inhalt der Nachricht lesen, sonst hätte die Sache für Manager schlimm ausgehen können.

Schließlich befahl mir Manager, in der Zentrale anzurufen, um auch dort offiziell meine Kündigung zu verlautbaren. Auch Linsday reagierte nicht so schockiert, wie ich erwartet hatte. Sie sagte, sie sei enttäuscht, aber es sei meine Entscheidung. Es war seltsam. Die viermonatige Kündigungsfrist von Lehrerseite aus, die in meinem Vertrag stand, erwähnte niemand.

Auf dem Weg nach Hause fand ich tief in meiner Jackentasche eine rote Vitaminpille, die sich dort lange Zeit versteckt hatte, und schmiss sie mir kurzerhand in den Schlund. Während sich die rote Pille in meiner Kehle auflöste, stieg eine strahlende Zukunft vor meinem inneren Auge auf und ergoss sich wie die Morgensonne über die bewaldeten Hügel Igas hinter der ewigen Nacht des Salzbergwerks.

Herzlichen Glückwunsch, Kunoichi!

Ich schwebte durch die Allee mit den alten Bäumen in die Welt der Schatten. Es war warm und nass. Die Regenzeit dehnte sich weiter aus, obwohl wir schon Anfang Juli hatten. Bei dem Wetter konnte man nicht viele Besucher erwarten.

Masanosuke und Kashira waren bereits im Zelt. Die übliche Wochentags-Crew. Kashira trug einen schwarzen Karate-Anzug, auf dem in großen, aufgestickten Goldlettern der Schriftzug *Iga-ryū Ninjutsu* prangte – Ninjutsu nach Iga-Art. Er sah darin aus wie ein Wrestler. Als ich ankam, schenkte er mir ein breites Lächeln. Wenn Kashira lächelte, brauchte die Sonne nicht zu scheinen.

»Was für ein Glück«, sagte er, »dass du diesen neuen Job hast! Wir müssen uns den Kopf nicht mehr über dein Visum zerbrechen, und du wirst viel Zeit haben, nach Iga zu kommen.« Dass er mir nach meinem Entschluss, den neuen Job anzunehmen, auch von Angesicht zu Angesicht so freudig ins Gesicht strahlte, stimmte mich endgültig zuversichtlich, dass ich das Richtige getan hatte.

»Wer sich anstrengt, wird mit Glück belohnt«, sagte Kashira. »Wer sich anstrengt, verdient sich die Hilfe der Götter.« Mein Herz machte einen Freudenhüpfer. An diesem Tag schien mir mal wieder der gutmütige Kashira gegenüber zu stehen. Noch.

Zur ersten Show kam eine große Gruppe chinesischer Touristen, die einen Simultandolmetscher dabei hatte. Es war interessant. Die Mandarinversion dauerte häufig dreimal so lang wie ihre japanische Vorlage. Parallel dazu dolmetschte ich von der Soundkabine aus für ein paar Australier, die ich strategisch davor platziert hatte. Nach der Show kamen sie zum Ninja-Stern-Schlagen und machten Fotos mit allen Waffen, die sie in die Finger bekamen.

Es machte mich nervös, wie sie einfach die Schwerter aus ihren Halterungen nahmen. Es waren immer noch echte Waffen.

»Nicht weiter herausziehen!«, befahl ich schließlich einem langhaarigen Mittzwanziger, als er Anstalten machte, das Schwert, das er sich in den Gürtel gesteckt hatte, aus der Scheide zu ziehen. »Sonst muss ich dich leider umbringen.«

Er machte ein »Ups, ertappt«-Gesicht und führte das Schwert behutsam in die Scheide zurück, bis es Klick machte. Seine

Kumpels wieherten. Sie wandten sich zum Gehen. Erleichtert bedankte ich mich und empfahl ihnen, sich im Ninja-Shop mit Waffen einzudecken.

Nach dem Mittagessen bat ich Kashira, einen Blick auf meine Fortschritte mit den zwei kurzen Stäben zu werfen. Meine Arme kreuzten sich mittlerweile seinen Anweisungen entsprechend, links über rechts, rechts über links.

»Ist immer noch nicht die richtige Figur«, sagte er. »Versuch's noch mal mit dem Seil.«

Er gab mir das Seil, das er mir letztes Mal wieder weggenommen hatte. Ich versuchte es herumzuschwingen, aber ohne Erfolg. Masanosuke machte es mir vor. Kashira machte es mir vor. Ich versuchte es wieder und wieder. Ich kreuzte die Arme genau wie sie, aber das Seil flog nicht.

»Deine linke Hand funktioniert nicht«, sagte Kashira.

»Deine Arme sehen langsam besser aus«, sagte Masanosuke. »Aber du musst deine Handgelenke unter Kontrolle kriegen.« Ich begann zu schwitzen.

»Hintern runter!«, grunzte Kashira.

Ich stellte meine Hüften eine Etage tiefer, merkte jedoch sofort, dass meine Knie in dieser Position dem Seil in die Quere kommen würden, bevor es auch nur den ersten Kreis vervollständigen konnte. Masanosuke zeigte mir, wie er sich zum Seilschwingen hinstellte: hinteres Bein gerade, vorderes gebeugt. Diesen Stand kannte ich vom Karate. Wenigstens etwas, dachte ich, aber das Seil brachte ich immer noch nicht zum Fliegen. Kashira stellte sich hinter mich, nahm meine Hände in seine und hob zum Seilschwung an. Selbst er schaffte es nicht mit meinen Händen.

»Zu viel Kraft in den Armen. Entspann dich!«, befahl er. Das hatte ich schon oft gehört. Es war ein Standardkritikpunkt beim

Aikido. Zu viel Kraft und Anspannung. Ich hatte nicht bemerkt, dass ich irgendwelche Muskelkraft in den Armen einsetzte. Trotzdem versuchte ich, sie zu entspannen. Ohne Erfolg.

»Entspann dich!«, sagte Kashira erneut. Ich bemerkte eine Spur Ungeduld in seiner Stimme. »Sie wird mindestens ein halbes Jahr brauchen, nur um diese Kleinigkeit zu lernen«, grummelte er frustriert zu Masanosuke.

Ich wollte ihm das Gegenteil beweisen. Hartnäckig machte ich weiter und versuchte es noch einmal. Er marschierte griesgrämig davon. Da war er wieder, der andere Kashira. Mehr Seilunterricht würde ich von ihm heute nicht mehr bekommen, so viel war klar.

Nach der nächsten Show fegte ich den Dreck aus den Holzaugen, schnappte mir das Seil, stellte mich auf die Bühne und übte weiter. Immer wieder machte ich es falsch und schlug mich selbst, haute mir die harten Knoten um die Ohren, auf die Nase und in die Augen. Ich versuchte, beide Hände getrennt voneinander zu bewegen und zu analysieren, was sie machten. Dann setzte ich sie wieder zusammen und sah sie mir genau an, um herauszufinden, an welcher Stelle etwas schief lief. Plötzlich schaffte ich es, das Seil so um mich herum zu schwingen, dass die Knoten an den Enden weder sich noch mich trafen und aus der Bahn warfen. Ich machte eine Weile damit weiter – und es funktionierte. Es fühlte sich an wie ein Wunder. Wie es von außen aussah, konnte ich nicht beurteilen, aber ich machte glückselig damit weiter.

Masanosuke kam von einer der unzähligen kleinen Missionen zurück, die er täglich im Ninja-Dorf zu erledigen hatte.

»Es fliegt!«, sagte er. »Ich wünschte, Kashira könnte es sehen.«

Nach einer Weile rief er ihn schließlich. Kashira kam, lächelte, und die Sonne schien wieder. »Na endlich!«, rief er.

Kashira inspizierte mein Seil und schickte Masanosuke nach einer Schere.

»Zu viele Fransen«, sagte er und schnitt an beiden Enden ein Stück ab.

Mit einer zeremoniellen Geste reichte er mir das Seil – so als wäre er nun wieder der liebste, offenherzigste Lehrer der Ninja-Welt. Ich drehte die Handflächen nach oben und nahm es mit einer Verbeugung entgegen, wie ich es vom Holzschwert beim Aikido kannte.

»*Gambarimasu!*«, sagte ich. Auch zukünftig würde ich mein Bestes geben, um mich des Strickes würdig zu erweisen. Ob mein Bestes jedoch jemals ausreichen würde, um zu erkennen, mit welchem Kashira ich es gerade zu tun hatte, wusste ich nicht.

Kashira ließ mich die Begrüßungsrede machen, und ich fühlte mich dabei etwas entspannter als sonst. Wie immer machten die Leute im Publikum ihre »Wow, ein Gaijin spricht Japanisch!«-Gesichter. Ein paar von ihnen lachten sogar über den »Deshalb ist Fotos machen ausdrücklich ... gestattet!«-Witz. Zum ersten Mal spürte ich einen Funken *Nori*, das Surfen der Zuschauer auf der Welle der Show, die sie in ihren magischen Bann zog und zu einem spektakulären Ritt einlud, sodass sie vor Begeisterung schrien und jubelten und – egal, wie unglücklich sie vielleicht einen Moment vorher gewesen sein mochten – das Leben wieder liebten. Es war nur eine leise Ahnung davon, aber Nori machte eindeutig süchtig.

Nach der Show begannen wir, das Schlachtfeld zu räumen, blaue Planen und Strohmatten auszurollen. Sie alle hatten ihren Platz und ihre Funktion. Wo ich konnte, half ich, wo ich keine Ahnung hatte, versuchte ich, nicht zu stören. Die Kunst des Shugyō.

Im Zelt sagte Kashira: »Jetzt hast du gelernt, das Seil zu schwingen. Wehe, du verlernst es wieder. Weiter üben! Du musst es in den Körper kriegen.«

»Ich werde jeden Tag üben«, versicherte ich. Masanosuke kam herein und zog sich um.

»Weißt du was?«, sagte Kashira zu ihm. »Sie wird zu lange brauchen, die Soundeffekte zu lernen. Sie kommt ja nur einmal die Woche und kann immer nur hier üben. Vielleicht sollten wir ein Showgirl aus ihr machen. Eine Bühnenspezialistin. Wie Hentai.«

Ich und Bühnenspezialistin?!, dachte ich.

Daran, dass er in meiner Anwesenheit über mich sprach wie über ein Rennpferd, hatte ich mich schon gewöhnt. Wie ein echter Ninja nutzte ich es einfach als Gelegenheit, Informationen zu sammeln, um herauszufinden, was in Kashiras Kopf vorging. Aus dem, was er sagte, schloss ich, dass er selber noch nicht sicher war, was er mit mir anfangen konnte.

»Sie ist ein körperlicher Typ.« Das waren interessante Neuigkeiten. Dabei fühlte ich mich doch so oft in meinem Kopf gefangen. »Und wenn sie noch ein paar mehr Waffen lernt, werden die Leute sie lieben!« Ich atmete auf. Immerhin schien ich kein komplett hoffnungsloser Fall zu sein.

»*Sō desu ne*«, stimmte Masanosuke zu und lächelte. Dann sagte er »*Otsukaresama deshita!*«, den Standardspruch, der getane Arbeit anerkannte, und ging.

»*Arigatō gozaimashita*«, bedankte ich mich laut und hielt eine Verbeugung in seine Richtung.

Kashira sagte: »Hier in der Welt der Ninjas muss jeder alles können. Wir alle wissen, wie man die Soundeffekte bedient. Sogar Uchinoura-san kriegt das hin, wenn auch nicht so gut wie wir. Wir machen unser gesamtes Umfeld selbst. Die Bühne, die

Effekte, die Waffen, wir bedienen alles selber. Ein Iga-Ninja muss ein Alleskönner sein. Nur so können Leute wie wir genug verdienen, um zu überleben. Leute wie Hentai können es nicht. Er ist Stuntman und Schauspieler. Und das ist ein hartes Los, wenn man nicht gerade ein Star ist. Hentai spielt in allen möglichen Serien mit, verdient damit aber nicht mehr als in irgendeinem Teilzeitjob, dabei riskiert er täglich sein Leben und noch ganz andere Sachen. Der Kerl ist impotent. Wegen einem Arbeitsunfall!«

Ich schluckte – und verstand plötzlich die Traurigkeit, die in Hentais Augen glänzte. Ich dachte daran, wie liebevoll er den Kindern das Ninja-Stern-Schlagen erklärt hatte, und wurde noch trauriger. Die von Kashira so beiläufig ausgespuckte Information machte meinen geliebten Samurai endgültig zum tragischen Helden. Damit musste ich den Gedanken, ihm jemals näherzukommen, für immer aufgeben. Um seine Ehre zu retten – und meine. Mit düster-feuchten Augen blickte ich unserem tragischen Schicksal in den Schlund.

Kashira wechselte ungerührt das Thema.

»Anna«, sagte er.

»*Hai*!«

»Hast du die ›Kill Bill‹-Filme gesehen?«

»Ja.«

»Erinnerst du dich an die Szene mit der Hand?« Er machte Uma Thurman nach, wie sie von innen gegen den Sargdeckel schlug.

»Ja, ich erinnere mich.«

»Das ist die Art von Shugyō, der du dich von nun an widmen wirst«, verkündete er. Er machte eine effektive Pause. Dann fügte er hinzu: »*Gambatte ne*!« – Streng dich an!

Ich schluckte. Dann sagte ich so laut ich konnte »*Gambarimasu*!« und bereitete mich innerlich darauf vor, den Deckel zu durchbrechen und mich nach oben zu schaufeln. Noch ahnte ich nicht, dass Kashira mit seinem breiten Lächeln schon dabei war, hinter seinem Rücken Beton über meine Grabstätte zu gießen.

Auf dem Rückweg im Bus horchte ich in mich hinein, um herauszufinden, wie es mir nach dem heutigen Tag ging. Einerseits stimmte mich der Durchbruch mit dem Seil ekstatisch. Andererseits hatte Kashira danach sofort impliziert, dass es jetzt erst richtig hart werden würde – und im selben Atemzug durch seine respektlose Kundgebung über Hentai meinen letzten Funken Hoffnung auf eine Beziehung mit ihm ausgerotzt.

Es war wie verhext, dachte ich deprimiert. Als würde mir jeder kleine Erfolg, jedes bisschen Freude, die ich in Iga erfuhr, durch Kashiras ungestümes Gebaren sofort wieder verwirkt.

Da geschah etwas Seltsames. Wie ein Sonnenstrahl, der durch einen wolkenschwarzen Himmel brach, sagte plötzlich eine tröstende Stimme in meinem Kopf: »Manchmal ist eine Träumerei eben nur eine Träumerei.« Etwas benommen ließ ich sie nachklingen. Dieser Gedanke verschaffte mir, zumindest was die Sache mit Hentai anging, Erleichterung. Auf einmal fühlte ich mich durch den Entschluss, ihn und mich als ewig traumhafte Samurai-Romanze in mein Herz zu schließen, eigenartig befreit. Ich musste nur meine Erwartungen ihm gegenüber abstellen, dann konnte ich, wenn ich Lust hatte, weiter träumen, so viel ich wollte, ohne dabei jemals ihn, mich oder unsere gegenseitige Zuneigung zu verletzen.

Während ich durch die schwüle Abendluft nach Hause ging, ließ ich den edlen, bittersüßen Geschmack dieser Erkenntnis auf meiner Zunge nachwirken. Kaum kam ich in meiner Wohnung an, summte mein Handy. Es war ein Geburtstagsgruß von meiner Oma. Pünktlich wie bestellt.

Ich hatte niemandem im Ninja-Dorf Unannehmlichkeiten bereiten wollen und es als anmaßend befunden, mich, den unbedeutenden Schatten der Schattenkrieger, in den Mittelpunkt zu drängen. Deshalb hatte ich meinen Geburtstag für mich behalten – eine Übung in Mushin. Aber jetzt, wo ich allein war, mit der Hentai-Situation Frieden geschlossen hatte und meine Oma mich daran erinnerte, hatte ich nichts dagegen, noch ein bisschen zu feiern. Freudig fiel mir der mit Sahnehäubchen und Mochi-Bällchen verzierte Becher Grünteepudding aus dem Kühlschrank wieder ein, den ich am Vortag eigens zu diesem Anlass im Kombini gekauft hatte. Ich stellte ihn auf den winzigen Tisch in meinem Zimmer und legte die Handynachricht meiner Oma daneben. Unerlaubterweise zündete ich in meiner Wohnung eine Kerze an und flüsterte konspirativ: »Herzlichen Glückwunsch, Kunoichi!«

Dann rief Dave an.

Einladung zum Baden

»Hey, wie geht's?«, fragte Dave.

»Super«, sagte ich. »Und dir?«

»Hör zu, wir haben hier ein kleines Problem«, sagte er.

»Wer, wir?«

»Selena und ich.«

»Deine Yacht und du?«

»Nein, meine Tochter und ich.«

»Was ist denn?«, wollte ich wissen.

»Sie will unbedingt ins Onsen, und ich würde auch gern, aber sie kann nicht mit in den Männerbereich, weil sie schon zu groß ist.«

»Verstehe«, sagte ich. »Wie alt ist sie denn?«

»Neun«, sagte er. »Also brauchen wir eine Frau, und da habe ich an dich gedacht.«

Dave hatte ein Händchen dafür, mich so zu überraschen, dass ich vor Sprachlosigkeit lachen musste.

»Ihr wollt jetzt ins Onsen und mich mitnehmen?«

»Ja, wir laden dich ein. Kommst du?«

»Hm«, überlegte ich. »Wo ist denn dieses Onsen?«

»Wir haben ein richtig gutes hier in Nishinomiya. Du müsstest mit der Bahn bis Imazu fahren.«

Ich sah auf die Uhr. Es war 19.30 Uhr. Arbeiten musste ich am nächsten Tag erst mittags, und die Aussicht auf ein heißes Bad war verlockend. Der Gedanke, mit Daves neunjähriger Tochter baden zu gehen, machte mich hingegen etwas nervös. Was, wenn sie nervte oder mich nicht mochte? Andererseits war ich neugierig. Es war wie ein Blind Date.

»Ich brauche bestimmt eine Stunde bis Imazu«, sagte ich. »Wird das für deine Tochter nicht zu spät? Sie hat doch morgen Schule, oder?«

»Kein Problem«, sagte Dave. »Dafür lasse ich sie heute Abend nicht fernsehen.«

Das Onsen war ein weitläufiges, zweistöckiges Gebäude – unten befanden sich Empfang, Restaurant, Massagesalon, Ruheraum mit Tatami-Matten und Manga-Regalen, oben die Umkleiden und Bäder. Eine breite Treppe führte an einem Absatz mit zwei Massagesesseln vorbei zu der Stelle, wo Männlein und Weiblein getrennt wurden: rechts ein blauer Vorhang, links ein roter, in der Mitte eine große Uhr. Dave drückte Selena ihr Körbchen mit Badeutensilien in die Hand und sagte: »Um 21.15 Uhr wieder hier?«

»Okay«, rief Selena und rannte freudig in die Frauenumkleide.

Insgesamt wirkte sie eher schüchtern, aber dass sie heute ins Onsen durfte, stimmte sie eindeutig fröhlich. Auf dem Weg hatte ich festgestellt, dass Dave mit ihr Englisch sprach, sie aber grundsätzlich auf Japanisch antwortete. Also wechselte ich, sobald wir die Umkleide betraten, ins Japanische und sagte: »Ich kenne mich hier nicht aus. Du musst mir alles zeigen, ok?«

»Mach ich«, sagte Selena.

Sie hatte große, runde Augen, dickes, dunkelbraunes Haar und niedliche Grübchen in den Backen. Wenn man es nicht wusste, sah man ihr nicht an, dass ihre Mutter Japanerin war.

»Warum kannst du denn so gut Japanisch?«, fragte sie.

»Hab ich studiert.«

»Echt?«, fragte sie erstaunt. »Kannst du Schriftzeichen lesen?«

»Ja«, sagte ich. »Nicht alle natürlich, aber so einigermaßen.«

»Lies mal das Schild da!«, forderte sie mich auf.

»Bitte achten Sie darauf, dass Sie nichts vergessen«, las ich über der Tür.

»Ich wünschte, Papa könnte das auch«, sagte sie.

»Dafür kann dein Papa Einrad fahren und jonglieren«, wandte ich ein.

»Das bringt doch gar nichts«, sagte sie.

»Immerhin verdient er damit Geld«, gab ich zu bedenken. »Ohne Geld kein Onsen.«

»Sagt Papa auch immer«, seufzte Selena.

Wir fanden zwei Spinde für unsere Sachen, zogen uns aus und schnappten unsere Waschsachen.

»Hier lang«, sagte Selena mit ihrem Körbchen, während ich auf typische Gaijin-Art Shampoo, Duschgel und Lappen lose in der Hand hielt, und führte mich durch die gläserne Schiebetür ins Bad.

Vor uns breitete sich eine riesige Bäderlandschaft aus: verschiedene Pools mit Attraktionen wie Liegebuchten und Massagestrahlen variierender Intensität, eine Bank aus Fliesen, an deren Rückenlehne warme Wasserfälle hinabströmten, eine Sauna mit riesigem Fernsehbildschirm, daneben ein kaltes Becken, ein Dampfbad, vor dem eine Schale mit Salz stand, damit man sich vor dem Hineingehen damit einreiben konnte, und ein Becken, in dem das leicht bräunliche, vulkanbeheizte Quellwasser wartete, aufgrund dessen das Onsen errichtet worden war.

Wir gingen in einen Gang mit kleinen Plastikschemeln, Duschen und Spiegeln, um uns zu waschen, bevor wir das kollektiv genutzte Badewasser betraten.

»Du hast ja überall Muskeln«, sagte Selena. »Warum?«

»Ich trainiere zur Zeit viel, um Kunoichi zu werden.« Sie sah mich ungläubig an. »Also, um in einer Ninja-Show in Iga aufzutreten«, ergänzte ich.

»Ah«, nickte sie.

Als wir fertig gewaschen waren, standen wir auf und wandten uns den Bädern zu.

»Und?«, fragte ich. »Wo gehen wir jetzt hin?«

»Ich bade am liebsten draußen«, sagte Selena. Dass es auch ein sogenanntes *Rotenburo* – ein Freiluftbad – gab, hatte ich noch gar nicht bemerkt.

Wir gingen an der langen Wasserfalllehne vorbei. Am Quellwasserbecken sagte Selena: »Mama meint, dieses Wasser macht schön, aber mir ist das zu heiß.«

»Du bist ja auch schon schön«, sagte ich. »Ich könnte ein bisschen mehr Schönheit gebrauchen.«

»Gehen wir erstmal raus«, sagte Selena ebenso diplomatisch wie bestimmt. Sie öffnete eine weitere gläserne Schiebetür, und wir betraten ein Zauberreich der Erholung.

Leise Wasserfälle plätscherten in harmonisch arrangierten Felsformationen vor sich hin, zwischen denen natürlich anmutende Badestellen mit warmem Wasser warteten. Riesige Holzbottiche versprachen ungestörte individuelle Entspannung. Honighelle Bambuselemente umgaben versteckte Liegebäder und Tatami-Matten zum Ausruhen. Die Beleuchtung war so dezent, dass man sie nur als vages, atmosphärisches Leuchten wahrnahm, dessen Ursprung man geneigt war, im Lächeln eines Wassergottes zu vermuten.

Wie benommen folgte ich Selena in eine kleine Badebucht hinter einem Bambuszaun. Wir betteten unsere Nacken auf dicke Bambusstangen, legten uns ins flache Bad und schwiegen. Nach einer Weile tippte Selena mich an. Ich schlug die Augen auf. Sie hatte sich hingesetzt und sagte: »Man darf nicht zu lange liegen bleiben, sonst kriegt man Kreislauf.« Ich setzte mich auf. Schon nach dem ersten Bad fühlte ich mich wie neugeboren.

Da Selena keine Anstalten machte sich wegzubewegen, fragte ich: »Hast du irgendwelche Hobbies?«

»Volleyball«, sagte sie. »Mit Softball hab ich jetzt auch angefangen. Papa hat mir ein Trainingsset gekauft und übt mit mir immer, wenn wir mit Poochie rausgehen. Deswegen macht es Spaß.«

»Ah«, nickte ich. »Wer ist denn Poochie?«

»Unser Hund. Ein Chihuahua.«

»Süß«, sagte ich, während ich mich innerlich kaputt lachte: Dave hatte einen Chihuahua!

»Und du?«, fragte sie. »Hast du Hobbies?«

»Na ja«, sagte ich. »Aikido, wie dein Papa. Und Geschichten schreiben.«

»Erzähl mir mal eine«, sagte Selena. Daran hätte ich vorher denken sollen. Selena war jemand, der Beweise wollte.

»Na gut«, willigte ich ein. »Gib mir ein Wort.«

»Regenwurm«, sagte Selena.

»Regenwurm?«, fragte ich verblüfft. »Wie kommst du denn darauf?«

Sie zuckte mit den Schultern.

»Hab vorhin auf dem Weg zum Auto einen gesehen.« Dann sah sie mich erwartungsvoll an.

Ich seufzte. Und legte los.

»Vor langer, langer Zeit wurde das *Imazu-Onsen* von einem bösen Onsen-Meister betrieben. Er hielt sich eine Horde fleißiger Regenwürmer, die die Arbeit für ihn machten. Abends, wenn sie den ganzen Tag geschuftet hatten, spuckte er auf sie herab und sagte: ›Hier, ihr hässliches Gewürm – euer Lohn!‹ Die Regenwürmer verbeugten sich brav und verkrochen sich wieder. Meistens verrichteten sie ihre Arbeit heimlich und unsichtbar. Begegneten sie doch einmal einem Badegast, verbeugten sie sich beschämt und sagten: ›Entschuldigung, dass wir so hässlich sind!‹«

»Entschuldigung, dass wir so hässlich sind«, wiederholte Selena und lachte. Mit diesem Lacher hatte ich nicht gerechnet. Dankbar für mein gutes Publikum fuhr ich fort.

»Auch wenn sie sich nichts anmerken ließen, litten die Regenwürmer unter ihrer Hässlichkeit und der harten Arbeit. Eines Tages bekamen sie ein Gespräch zwischen zwei Badegästen am Quellwasserbecken mit. ›Dieses Wasser macht schön‹, sagte der eine. Da fassten sie einen Plan. An diesem Abend, als der böse Onsen-Meister sie wie immer zum Dank für ihre Arbeit beschimpft und bespuckt hatte, eilten sie ins Quellwasserbecken. Kaum hatten sie das heiße Wasser berührt, wurden sie gerade und honighell. Hartgekocht und wunderschön verließen sie das Bad wieder. Bewegen konnten sie sich allerdings nicht mehr, nur noch unkontrolliert durch die Gegend hüpfen – wie lange Flummis. Eine Zeit lang vergnügte sie dieser Umstand, doch dann wurde er ihnen zu anstrengend. Schließlich lehnte sich einer der Regenwürmer erschöpft an die Wand neben dem Liegebecken. Die anderen lehnten sich, einer nach dem anderen, dazu. Und wie sie da so gerade und honighell nebeneinander standen, sahen sie aus wie der schönste Bambuszaun der Welt. Sie beschlossen, sich hier für immer von ihrem anstrengenden Leben als Onsen-Arbeiter auszuruhen. Plötzlich tauchte aus dem Liegebecken eine Kunoichi auf und sagte: ›Ihr seht aus wie der schönste Bambuszaun aller Zeiten. Da ich aber besondere Ninja-Kräfte habe, kann ich sehen, dass ihr in Wirklichkeit hartgekochte Regenwürmer seid.‹ – ›Bitte verrat uns nicht!‹, baten die Regenwürmer. ›Keine Sorge‹, sagte die Kunoichi. ›Ich habe die Ninja-Arbeit satt und bin gekommen, den bösen Onsen-Meister zu stürzen, das Onsen zu übernehmen und euch eure Freiheit zu schenken.‹ – ›Wir wollen aber einfach nur hier stehen bleiben und unsere Ruhe haben‹, sagten die Regenwürmer flehentlich. ›Einverstanden‹, sagte die Kunoichi. ›Ihr habt es euch verdient!‹ Sie verprügelte den bösen Onsen-Meister mit ihrem Seil, bis er schreiend die Flucht ergriff. Zu Ehren der Regenwürmer benannte die Kunoichi das Onsen um in ›Bad der hartgekochten Regenwürmer‹, und es wurde das beliebteste Onsen aller Zeiten.«

»Mit *dem* Namen?«, fragte Selena ungläubig.

»Hast du auch wieder recht«, sagte ich, und wir mussten beide lachen.

Selena brauchte länger als ich dachte, um ihre Haare zu föhnen. Als wir aus dem Onsen-Zauberland wieder an der großen Uhr auftauchten, stand Dave schon da und wartete.

»*Omatase shimashita*«, intonierten Selena und ich simultan die übliche Formel, wenn man jemanden hatte warten lassen.

»Ich hab euch draußen kichern hören«, sagte Dave. »Worüber habt ihr denn geredet?«

»Hartgekochte Regenwürmer«, sagte Selena.

»Was sonst«, sagte Dave. Selena und ich kicherten.

Auf dem Rückweg nahmen Dave und Selena mich im Auto mit zum Bahnhof. Unerwartet erfasste mich eine Woge der Dankbarkeit, und ich ließ mich, nachdem ich den ganzen Tag Mushin geübt hatte, schließlich doch noch zu einem Geständnis hinreißen.

»Danke, Leute«, sagte ich. »Das war ein tolles Geschenk. Ich habe heute nämlich Geburtstag.«

»*Eeeeee?!*«, machten sie.

»Feierst du da nicht eine Party mit deinen Freunden?«, fragte Selena schockiert.

»Ich gehe lieber mit meinen Freunden ins Onsen«, sagte ich.

»Aber wir haben *dich* doch angerufen.«

»Tolles Geschenk, sag ich ja.«

»Gern geschehen«, sagte Dave. »Ein umso tolleres Geschenk für uns, dass du mitgekommen bist.«

Selena flüsterte Dave von hinten etwas ins Ohr.

»Oh, ein Geburtstagssandwich?«, sagte Dave und klang skeptisch dabei. »Du willst ihr ein Geburtstagssandwich geben? Wie sollen wir das denn jetzt machen?«

Oje, dachte ich. Jetzt habe ich doch noch Umstände gemacht. Dann sagte er: »Ah, ich weiß.« Er hielt an der Bushaltestelle vor dem Bahnhof. Wir stiegen aus.

»Setz dich mal hier hin und mach die Augen zu«, bestimmte er und deutete auf einen Betonpoller. »Wir holen kurz dein Geburtstagssandwich.«

Von dieser Tradition hatte ich noch nie gehört. Ich fragte mich, was das war und wo sie es so schnell herkriegen wollten. Dann hörte ich sie beide nah an meinen Ohren sagen: »*Issei-no-de*!« – das Osaka-Äquivalent von »Eins-zwei-drei!«

Im nächsten Moment spürte ich auf beiden Wangen einen sanften Druck – rechts einen borstigen, links einen feuchten. Mit einem lauten Schmatzer lösten sich die beiden Münder wieder von meinen Wangen und schmetterten ein ohrenbetäubendes: »Herzlichen Glückwunsch!«

Geburtstagssandwich, dachte ich kichernd. Gar nicht so schlecht.

Ich blickte dem schwarzen *Mazda* mit der winkenden kleinen Hand im Fenster nach, bis er aus meinem Blickfeld verschwand. Dann schwebte ich Richtung Bahnsteig. Entspannt. Müde. Und vollkommen weichgekocht.

Nachträglich

Als Dave und ich uns das nächste Mal trafen, schenkte er mir – nachträglich zum Geburtstag – drei silberne Jonglierbälle. Das eigentliche Geschenk jedoch war, dass er mir zeigte, wie man jonglierte. Ich wurde sofort süchtig. Von da an trafen wir uns häufiger. Er half mir mit dem Umzug aus der *GEOS*-Wohnung nach Toyonaka, bevor ich meinen neuen Job an der Deutsch-Europäischen Schule Kobe antrat. Schon kurze Zeit später überredete er mich dann aber doch, zu ihm und Selena nach Nishinomiya zu ziehen.

Eines Tages kamen die beiden ins Ninja-Dorf und guckten sich die Show an. Ich stellte sie den Ninjas vor. Selena schleuderte mit erstklassiger Softballtechnik mehrere Chargen

Ninja-Sterne auf die Zielscheibe, und wir posierten mit der ganzen Ninja-Familie für ein Gruppenfoto. Später hörte ich Kashira hinter der Bühne zu Masanosuke sagen: »Der Kerl hat doch damals das *World Performance Festival* gewonnen. Das, wo ich auch mitgemacht habe.«

Ach herrje, dachte ich. Mein Chef und mein Freund sind alte Rivalen. Und auch wenn Kashira angab, dass sein Herz größer war als die Sonne, fragte ich mich, ob er nicht doch nachtragend war. Mit einem Seufzer wischte ich sein Schwert sauber, steckte es in die Scheide und hängte es zögernd in seine Ablage zurück.

Störfaktor

Am nächsten Abend kam ein Anruf von Uchinoura-san. Sie wusste, dass ich lange arbeitete, und rief um 22:45 Uhr an, als ich mir zu Hause gerade ein bisschen Gemüse briet.

»Anna«, sagte sie.

»*Hai!*«, antwortete ich.

»Wegen dir hat Kashira in Iga sein Gesicht verloren. Was hast du dir nur dabei gedacht?«

Ich schaltete den Herd aus und ging zum Tisch hinüber, um mich zu setzen. Wovon redete sie?

»*Hai?*«, fragte ich.

»Er hatte extra Herrn Miyazaki mobilisiert, um dir in Iga einen Job zu suchen. Auch Herr Miyazaki hat daraufhin unzählige Leute mobilisiert. Und dann kommst du und suchst dir einen Job in Kobe?! Das kannst du doch nicht machen! Kashira hat dich in seine Familie aufgenommen, und du trittst seine Großzügigkeit mit Füßen.«

Ich war sprachlos. Kashira hatte mir doch geschrieben, ich solle den Job annehmen, wenn ich kann. Er hatte mich angestrahlt und gesagt: »Was für ein Glück, dass du jetzt diesen Job hast.« Er hatte sogar davon gesprochen, dass ich mir mit meinen Anstrengungen die Hilfe der Götter verdient hatte. War es möglich, dass er in Wirklichkeit ganz anders darüber dachte, mir dies aber nur über Uchinoura-san sagen konnte? Hatte er womöglich so dick aufgetragen, um seinen eigentlichen Ärger über die Sache zu kompensieren? So sehr ich mich bemühte, ihn besser kennenzulernen – ich verstand immer weniger, was in seinem Kopf vorging.

Ich schluckte und sagte: »Das war nicht meine Absicht. Ich habe die Anzeige für den Job zufällig in einer Zeitschrift gefunden und dachte, die Stelle könnte auch für meine Ninja-Lehre gut sein – zumindest besser als meine jetzige. Ich wollte damit ganz bestimmt niemanden verletzen.«

»Hast du aber. Du musst vorher nachdenken.«

Vorher nachdenken konnte nicht die Lösung sein. Ich hatte nachgedacht und Kashira und Uchinoura-san um ihre Meinung gebeten. Kashira hatte gesagt, ich solle den Job nehmen. Mein Nachdenken brachte mich offensichtlich nicht auf den von mir verlangten Weg.

»Außerdem bist du den Ninjas nicht die geringste Hilfe.«

»Habe ich etwas falsch gemacht?«, fragte ich.

»Du bist keine Hilfe, du bist ein Störfaktor. Den anderen stehst du nur im Weg herum, konzentrierst dich nicht und lernst nicht, was du können musst.«

»Tut mir leid«, sagte ich. Etwas Besseres fiel mir nicht ein.

»Das bringt auch nichts«, sagte sie. »Sie überlegen, ob sie dich ab jetzt lieber nach Dojo-Art unterrichten sollen. So kann es jedenfalls nicht weitergehen.«

Nach Dojo-Art. Mit anderen Worten, statt mich für meine Arbeit zu bezahlen, würde ich nun sie dafür entschädigen müssen, einem nutzlosen Störfaktor wie mir Ninjutsu beizubringen. Unterricht nach Dojo-Art. Das war die Art von Unterricht, die Kashira bisher bei jeder Gelegenheit schlechtgemacht hatte. »Im Dojo bringen sie dir keine echte Kampfkunst bei«, sagte er immer. »Sie wollen nur dein Geld.«

»Ich gebe mir immer Mühe zu lernen«, sagte ich. »Was kann ich besser machen?«

»Du musst dir alles genau ansehen und besser aufpassen, was wichtig ist und was gemacht werden muss. Du darfst Kashira nicht lächerlich machen. Iga ist seine Heimat. Er ist dort angesehen. Was hast du dir dabei gedacht? Du musst vorher überlegen!«

»*Hai*«, sagte ich und überlegte, was die Konsequenzen dieses Anrufs sein würden. »Wie soll es jetzt weiter gehen?«

»Ich habe dir die Nachricht überbracht. Alles andere wird sich zeigen.« Uchinoura-san legte auf.

Ich war den Tränen nahe.

Ich verstand die Welt nicht mehr. Ich wusste nicht, was Kashira wirklich dachte und was er Uchinoura-san gesagt hatte. Konnte ich mich so wenig auf seine Aussagen und seine Gesten in der direkten Kommunikation verlassen? Konnte ich mich so wenig auf meine Menschenkenntnis verlassen?

Ich wusste nicht, was Uchinoura-san dachte und was sie von mir wollte. Kashira betonte immer, wie viel sie mir gab. Wie selbstlos sie war. Dass ich ihr dankbar sein sollte. Nach diesem Gespräch fiel es mir besonders schwer, ihr dankbar zu sein. Ich war mir plötzlich nicht mehr sicher, ob sie wirklich das Sprachrohr der Ninjas war oder ob sie schlicht und einfach das Bedürfnis verspürte, auch einmal jemanden fertig zu machen, so wie sie wahrscheinlich ihr Leben lang immer wieder fertig gemacht wurde. Dieser Gedanke war für mich erträglicher als ein vollends unberechenbarer Kashira. Ich ließ das halb gebratene Gemüse auf dem Herd stehen, duschte und legte mich hin. Die ganze Nacht lang wälzte ich mich mit meinen nutzlosen Überlegungen herum. Sie halfen überhaupt nicht. Sie störten nur, so wie ich.

Doch am Ende brachte die schlaflose Nacht ein Ergebnis: Ich war nicht bereit, meinen Ninja-Traum so schnell aufzugeben. Vielleicht konnte Kashira empfindliche Themen wie den Gesichtsverlust tatsächlich nur über eine Mittelsfrau ansprechen. Vielleicht musste Uchinoura-san einfach mal jemanden zur Schnecke machen. Vielleicht testeten sie mich. Ich konnte es nicht wissen. In jedem Fall wollte ich meine Seite klar darlegen.

Nachdem ich das welke, halbgare Gemüse auf dem Herd entsorgt und mich frisch gemacht hatte, schrieb ich einen Brief an die Ninjas, in dem ich mich dafür entschuldigte, dass ich sie verletzt hatte. Ich erklärte, dass es nicht meine Absicht gewesen war. Ich verlieh meiner aufrichtigen Sorge Ausdruck, es könnte mir wieder passieren, weil ich nicht immer verstand, was angebracht war und was nicht. Ich bat sie, es mir zu sagen, wenn ich etwas falsch machte. Ich entschuldigte mich dafür, dass ich bisher, obwohl ich mich bemüht hatte, nur gestört und nicht geholfen hatte. Ich versicherte ihnen, dass ich sie alle sehr mochte und weder verletzen noch stören wollte und dass ich weiterhin nichts lieber wollte, als wertvolle Ninja-Fähigkeiten zu erlernen und mich nützlich zu machen. Ich bat sie, mir Bescheid zu geben, wie es weitergehen sollte.

Aus der Welt

Je länger ich Uchinoura-san kannte, desto mehr wuchs in mir die Idee, sie wie eine fiktive Figur zu behandeln. Anders konnte ich sie nicht verarbeiten. Außerdem fand ich, jemandem wie ihr begegnete man am besten in fiktiver Form. So konnte man mit Interesse Geschichte und Charakter »seiner Figur« studieren, sie als tragische Gestalt sehen, Mitgefühl entwickeln und sie weglegen, wann immer man wollte. In der Realität konnte ich ja nicht vor Uchinoura-san wegrennen. Zumindest nicht, wenn ich meinen Ninja-Traum verwirklichen wollte. Nicht wegrennen, nicht unterbrechen, nicht widersprechen. Ein pupsiger Kōhai wie ich hatte gegenüber seinem ehrenwerten Sempai nichts zu melden. Um mich von ihr distanzieren zu können, musste ich sie »aus der Welt« schreiben.

Uchinoura-san selbst brachte mich auf die Idee, als sie mir eines Tages im Auto den Begriff Yamato-Nadeshiko erklärte. Eine Yamato-Nadeshiko war die ideale japanische Frau – gefügig, bescheiden, perfekt versorgend und doch elegant.

»Eine *Yamato-Nadeshiko*«, sagte Uchinoura-san, »muss stark und biegsam sein wie ein Bambus.« Die japanische Idealfrau musste all ihre Kraft darauf verwenden, ihre eigenen Hoffnungen und Wünsche zu unterdrücken, und all ihre Biegsamkeit darauf, den Wünschen ihres Umfeldes gerecht zu werden. Dazu gehörten Eltern, Modezeitschriften, Chefs und Männer.

Sofort fiel mir auf, dass Uchinoura, was ja wörtlich »Rückseite des Inneren« hieß, selbst das perfekte Beispiel einer Yamato-Nadeshiko war. Zusätzlich war »Rückseite des Inneren« ein passender Name für einen Ninja – ich beschloss also, passend zu meinem Umfeld, eine moderne Ninja-Geschichte zu schreiben, die gleichzeitig ein japanisches Frauenportrait war und, durch dessen Tragik, eine feministische Gesellschaftskritik. Außerdem tat ich meinem Sempai damit sogar in gewisser Weise einen Gefallen: Uchinoura-san wollte nämlich liebend gern ein Ninja sein.

Seit Schulzeiten hatte sie alle Ninja-Fernsehserien, Mangas, Romane und Kinofilme verschlungen, die sie in die Finger kriegen konnte. Schließlich schloss sie mit Ach und Krach die Schule ab. Sie musste sich um ihre Mutter kümmern. Also fing sie an zu arbeiten. Zwölf Stunden am Tag, sechs Tage die Woche half sie ihren Kollegen, Autos zu verkaufen, nahm Anrufe und Kaffeebestellungen entgegen und setzte sich ihrer frauenfeindlichen Attitüde aus. Rebellion war keine Option. Stattdessen stille Verbeugungen und Entschuldigungen. Sie servierte den nächsten Kaffee, nahm den nächsten Anruf entgegen, wartete auf die nächste Gehaltsabrechnung, die gerade so für sie und ihre Mutter reichte. Sie war ein Vorzeigemodell für die moralischen Maxime »kindliche Pietät« und »Loyalität«. Und eine vortreffliche Yamato-Nadeshiko. Der Ninja-Traum jedoch blieb unverwirklicht. So weit Kindheit, Jugendzeit und Berufseinstieg meiner japanischen Frauenfigur.

Die Jahre vergingen.

Schließlich eine Wendung: Sie lernte Kashira kennen, einen lebenden Ninja-Traum, der nur darauf wartete, von ihr mitgelebt zu werden. In ihren Augen und von der öffentlichen Meinung treuherzig darin bestärkt, sah sie sich als verblühte Nelke, nicht mehr im heiratsfähigen Alter, nicht mehr jung genug, um beruflich einen neuen Weg einzuschlagen. Aber hier war ein winziger Familienbetrieb, der Helfer gebrauchen konnte.

Sie begann, die Sonntage in Iga zu verbringen. Einmal pro Woche nahm sie nun ihr Leben in die eigene Hand, ging weg von ihrer Mutter und versuchte ihr Glück als Ninja-Helferin. Sie war wieder am Anfang, wieder ein Neuling, putzte und servierte Kaffee. Aber den Ninjas Kaffee zu servieren, war ihr eine Ehre. Sie brachte sich HTML bei und designte eine Website für ihre geliebte neue Familie. Die Website war nicht gut gemacht, und auf ausländischen Computern erschien die japanische Schrift als Kringelsalat. Aber das wussten die Ninjas nicht, und jetzt hatten sie zumindest eine Website, und Uchinoura-san konnte ein bisschen glänzen und einen kleinen Schatten zur Schattenwelt hinzufügen.

Irgendwann wurde Kashiras zweite Frau schwanger und konnte die Soundeffekte nicht mehr bedienen. Uchinoura-san begann einen weiteren Abschnitt ihrer Lehre. Knöpfe mussten gedrückt werden, Lautstärken kontrolliert, Geräusche und Melodien koordiniert und auf das Bühnengeschehen abgestimmt werden. Ihre Hände zitterten über den Knöpfen und Rädchen. Kashira, der Mann, den sie insgeheim verehrte, ermutigte sie.

»Du bist nicht dumm«, sagte er, wenn ihre Nervosität ihr Fallen stellte. Dann machte sie in der nächsten Show den gleichen Fehler, und er schrie sie an: »Was glaubst du eigentlich, was du da machst? Die Leute bezahlen Geld, um diese Show zu sehen!« Tränen rannen an ihren alternden Wangen hinab. Somit hatte meine tragische Figur nicht nur an ihrer unglücklichen Liebe zu knapsen, weil Kashira verheiratet war, sondern auch, weil er sie mit seinen launischen Ausbrüchen immer wieder verletzte. Perfekt!

Nach drei Jahren sagten ihr die Ninjas, wenn sie sich nicht zusammenrisse, würde sie gefeuert. Sie riss sich zusammen. Mit Schweiß und Tränen kämpfte sie weiter. Weiterhin bewies sie ihre Loyalität in der vorbildlichen Art einer Yamato-Nadeshiko, und irgendwann hörte man auf, sie zu hänseln. Sie bekam mehr Respekt. Mehr Verantwortung. Für die Website. Die Soundeffekte. Und für die Beratung neuer Ninja-Lehrlinge. Das Ninja-Dorf war der einzige Ort, an dem der Druck, der überall anders auf ihr lastete, zerstreut wurde. Der einzige Ort, an dem es Menschen gab, die in der Hierarchie unter ihr standen. Menschen wie mich.

»In der Navy haben wir immer gesagt: Scheiße rollt bergab«, sagte Dave.

»Was du nicht sagst«, stöhnte ich und dachte an Uchinoura-san. Ich war ein winziges Bäumchen am Fuße des Berges. Sie bewunderte mich und trampelte mich nieder. Sie beneidete und belehrte mich. Sie schnippelte mit Gartenscheren an mir herum, jede Standpauke ein neuer Schnitt.

Aber jetzt war sie für mich eine fiktive Figur, und jede Begegnung mit ihr half mir, sie weiterzuentwickeln. Jede Begegnung mit ihr – und sei sie auch noch so nervig – half mir beim Schreiben, und Schreiben war meine große Liebe. Mit diesem Kunstgriff hatte ich endlich wieder genügend Abstand, um sie respektieren zu können – und damit auch mich selbst.

Omas Täschchen voller Wissen

Wenn man in Osaka mit der Bahn fuhr, gab es auf den kleinen Bildschirmen außer Werbung und Nachrichten auch die Rubrik »Omas Täschchen voller Wissen«. Da bekam man Tipps wie: »Wenn du das Gefühl hast, dich zu erkälten, löse 1 TL Salz in 200 ml gekochtem Wasser auf und gurgele damit, während es noch heiß ist.« Es ging um Themen wie Haushalt, Gesundheit und Schönheit – kurz: um alles, was Omas interessierte und worüber sie jahrelang Wissen gesammelt hatten.

Uchinoura-san war auch so eine Oma, die man, riet sie, immer mit »*Onee-san*« – große Schwester – ansprechen sollte. Stets trug sie ein übervolles Täschchen Wissen bei sich und leerte dessen Inhalt ungefragt über mir aus wie klebrige, alte Bonbons. Alle möglichen und unmöglichen Ratschläge polterten daraus herab und begruben mich unter sich.

Ich bekam Albträume, in denen mir auf dem Bildschirm in der Bahn plötzlich Uchinoura-san erschien, genau dort, wo sonst immer die freundliche Comic-Oma ihren wohlwollenden Zeigefinger hob. Vor allen anderen Fahrgästen zeigte sie mit dem Finger auf mich und begann, mir in einem unaufhörlichen Redefluss Ratschläge zu erteilen. Die anderen Fahrgäste bekamen mit, dass sie mit mir sprach, zogen aus ihren unaufhörlichen Ratschlägen Rückschlüsse über meine offensichtlichen Unzulänglichkeiten und begannen, hinter vorgehaltener Hand zu kichern und miteinander zu flüstern.

Der Traum wiederholte sich. Jedes Mal wachte ich schweißgebadet auf und sah sofort panisch auf die Uhr, ob Zeit und Wetter es noch erlaubten, mit dem Fahrrad zur Arbeit zu fahren.

Kunoichi-Wettbewerb

Nachdem mein Brief keine Reaktion gezeigt hatte, entschloss ich mich nach vielen schlaflosen Nächten und inneren Kämpfen, am nächsten Montag, wie ursprünglich vereinbart, wieder in Iga aufzutauchen. Kashira war wie immer, kommentierte weder Uchinoura-sans Anruf noch meinen Brief. Sein Verhalten gab mir keine Hinweise, ob die Sache wirklich von ihm ausgegangen war oder nicht. Es war, als hätte er weder irgendwelche Mahnreden angeleiert noch meinen Brief erhalten.

Nach der ersten Show des Tages kam ein Freund von ihm vorbei. Während ich auf der Bühne mit dem Seil übte, schlug Kashira

Ninja-Sterne und unterhielt sich mit ihm. Der Freund hatte ordentlich gescheiteltes, weißgraues Haar und trug eine seidige, beige Jacke. Ihrer Unterhaltung entnahm ich, dass er einen landesweiten Kunoichi-Club für ninja-begeisterte Mädchen leitete und jedes Jahr einen Kunoichi-Wettbewerb organisierte. Offensichtlich gab es viele japanische Mädchen, die große Ninja-Fans waren. Sie lasen Ninja-Mangas, guckten sich Animes und andere Fernsehserien an, die in der Sengoku-Zeit spielten, vernetzten sich online in allen möglichen Communities, machten Computerspiele, in denen sie als Kunoichi Heldentaten vollbrachten und praktizierten auch in der physischen Welt Disziplinen wie Bogenschießen, Klettern, Ninja-Stern-Schlagen und Schwertkampf.

Kashiras Freund wischte mit einer zusammengerollten Zeitschrift über die Wand neben der Zielscheibe, als würde er Fliegendreck entfernen, und sagte: »Dafür könnte ich mir Anna doch mal ausleihen, oder?«

»Klar«, sagte Kashira.

»Was muss man denn da so machen?«, fragte ich beiläufig.

»Ach«, sagte der Freund. »Nichts Besonderes. Was ihr hier auch macht. Bogenschießen, Ninja-Sterne schlagen, ein bisschen klettern ...«

Bogenschießen?!, dachte ich. Das hatte ich noch nie gemacht. Außerdem war es eine dieser Tätigkeiten, die Geduld und Konzentration erforderten und bei denen man sich auf gar keinen Fall bewegen durfte. Wie Golf. Oder Billard. Das war nichts für mich. Kashira sagte selbst: »Du hast Durchhaltevermögen, Anna, aber konzentrieren kannst du dich nicht.« Ich hatte ziemliche Bauchschmerzen bei dem Gedanken, mich auf einem landesweiten Kunoichi-Wettbewerb lächerlich zu machen. Schließlich wollte ich Show-Ninja werden. Und noch schlimmer: Was, wenn Kashira meinetwegen erneut sein Gesicht verlor?

Da mein Schicksal jedoch bereits besiegelt war, beschloss ich wie üblich, meine Neugier einzuladen und meine Angst vor dem Scheitern, die ungebeten hereingeschneit war, wegzuschippen. Das wurde noch einfacher, als Uchinoura-san erzählte, Masanosukes Freundin würde ebenfalls an dem Wettbewerb teilnehmen. Masanosuke hatte eine Freundin! Das war interessant. Ich war gespannt darauf, sie kennenzulernen. Und vielleicht konnte sie mir ein paar Tipps geben, was das Bogenschießen anging.

Über die nächsten Wochen versuchte ich jedes Mal, wenn ich in Iga war, irgendwie an einen Bogen heranzukommen und jemanden um Anweisungen zu bitten. Aber zwischen all den anderen Aufgaben blieb nicht viel Zeit, und niemand schien Interesse daran zu haben, mich zu coachen. Schließlich gab ich es auf und dachte: »Was soll's?! Mitmachen zählt.«

An einem sonnigen Tag versammelte sich eine Gruppe von zwanzig Kunoichi aus ganz Japan im Hofe der *Burg von Fukuchi* in Fukuchiyama. Ich war die einzige Nicht-Japanerin. Und die einzige, die in Iga eine Ninja-Lehre machte. Ich hoffte, dass niemand davon wusste.

»Das ist Anna«, stellte Kashiras Freund mich vor. »Sie macht in Iga eine Ninja-Lehre.« Na, toll. Ich setzte pflichtbewusst ein Lächeln auf, verbeugte mich und bat die anwesenden Schattenkriegerinnen demütig um ihr Wohlwollen.

»Das ist Masanosukes Freundin«, flüsterte Kashiras Freund mir ins Ohr und deutete auf ein Mädchen im roten Ninja-Anzug, das in einem Dreiergrüppchen stand und sich angeregt mit zwei anderen Kunoichi unterhielt.

Sie war von eher gesunder als traditioneller Schönheit, ihre Haut gebräunt, nicht weiß, wie das gängige Schönheitsideal für feine Damen in Japan es erforderte, unterstützt von zahlreichen hautweißenden Kosmetikprodukten. Sie sah wendig und sportlich aus, mit einem Bob, den sie einseitig über dem Auge trug und ab und zu zur Seite schleuderte. Das verlieh ihren Bewegungen einen selbstbewussten, dramatischen Effekt wie einer Figur in einem Anime-Film.

Wie Masanosukes Freundin standen auch alle anderen in Gruppen herum. Nur eine von ihnen war größer als ich. Ich versuchte, in dem Stimmengewirr um mich herum auszumachen, worum es ging. Die modernen Kunoichi sprachen über Mangas, Filme und Buchtitel, von denen ich nie gehört hatte, vom Training mit Pfeil und Bogen. Das große Mädchen erzählte von ihrem letzten Wurfwettbewerb, bei dem ihr ärgerlicherweise ein Ninja-Stern heruntergefallen war, weil er auf dem Mittelpunkt der Zielscheibe mit ihrem vorigen Wurf kollidiert war. Es war offensichtlich, dass mich alle Anwesenden in Ninja-Wissen, Leidenschaft und Können um Seillängen überragten. Ich übte mich in der vielleicht wichtigsten Fähigkeit eines Ninja und machte mich, so gut ich konnte, unsichtbar.

Kashiras Freund rief uns auf und hakte auf einer Liste unsere Namen ab. Er verteilte Nummern und Sicherheitsnadeln wie bei einem Marathon. Dann erklärte er die verschiedenen Stationen. Die anderen schienen das bereits zu kennen. »Ja, ja, Bogenschießen zuerst, Wasserlauf zuletzt, wie immer«, schienen ihre Gesichter zu sagen, während sie höflich nickend zuhörten.

Kashiras Freund verkündete: »Die diesjährige Gewinnerin erhält ein mit *Swarovski*-Kristallen besetztes Ninja-Schwert, in dessen Griff ihr Name eingraviert wird.« Beeindruckt raunten sich die Mädchen die Ausläufer ihrer Gewinngier in die Ohren. Ich hatte kein sonderliches Interesse an einem mit *Swarovski*-Kristallen besetzten Schwert. Mein persönliches Ziel war, mich nicht lächerlich zu machen.

Wir begannen mit dem Bogenschießen. Sobald ich den Pfeil an die Sehne des Bogens setzte, wabbelte beides in meiner Hand. Ich gab mir Mühe, die Technik der anderen Teilnehmerinnen zu imitieren, aber es war vergebens. Ich landete keinen einzigen Pfeil auch nur in der Nähe der Zielscheibe.

Beim Ninja-Stern-Schlagen lief es besser. Erstaunlicherweise schienen sich die Anweisungen, die ich hunderten von Besuchern in Iga gegeben hatte, auch auf meine eigene Wurfkraft positiv ausgewirkt zu haben. Mein erster Stern blieb unweit der Mitte stecken, die anderen ein paar Zentimeter daneben. Kein Stern kollidierte mit dem vorigen. Unauffällig linste ich zu dem hochgewachsenen Mädchen hinüber, dem wieder einmal rein gar nichts gelang, und kicherte mir stolz ins vorgehaltene Fäustchen.

Als nächstes mussten wir mit einem lose herumschaukelnden Seil an einem steilen Hang voller Büsche hochklettern. Es ging um Geschwindigkeit. Nach einem schaurigen Tanz mit einem unberechenbaren Seil, das ich kaum sehen, geschweige denn greifen konnte, und unzähligen zerbrechlichen Büschen, an denen ich mit meinen Ninja-Schuhen Halt suchte, um die nahezu senkrechte Steigung zu überwinden, war ich froh, oben anzukommen, bevor die anderen es aufgaben, auf mich zu warten.

Zu guter Letzt kamen wir zum Burggraben. Erst mussten wir auf weit voneinander entfernt liegenden, wackeligen Steinplatten quer über seine gesamte Breite hüpfen, ohne ins Wasser zu fallen. Heldenhaft trocken und erleichtert kam ich auf der anderen Seite an. Dann folgte das finale Wettrennen über eine am anderen Ufer entlang verlegte 100-Meter-Bahn schwimmender Plastikbalken, auf denen wir alle gleichzeitig entlangliefen und die anderen zur Seite drängen mussten, um als erste ans Ziel zu kommen.

»Entschuldigen Sie, meine Gnädigste«, sagte Masanosukes Freundin kokett zu ihrer Nachbarin und schubste sie beherzt. »Ich gehe dann mal vor.« Es machte Platsch, und ihre Mitstreiterin landete im Wasser. Sie gefiel mir. Masanosuke hatte Geschmack. Alles, was ich über ihn erfuhr, machte ihn sympathischer.

Seine Freundin gewann das Rennen trotz ihres unerschrockenen Vorstoßes nicht. Ich schon gar nicht. Die Gewinnerin des diesjährigen Kunoichiwettbewerbs war die Große – das Mädchen, das ich noch beim Ninja-Stern-Schlagen heimlich schadenfroh angekichert hatte. Feierlich wurde ihr Name verlesen, und sie bekam eine Urkunde verliehen. Das funkelnde Kristallschwert würde in der Werkstatt mit ihrem Namen versehen und ihr später zugeschickt werden. Wir alle bekamen zur Belohnung für unsere Anstrengungen einen großen Berg geschabtes Eis mit blauem Sirup. Dann durften wir nach Hause gehen. Es war der beste Moment des Tages.

Bei ihrem nächsten Treffen in Iga legte Kashiras Freund seinen Newsletter an die Wand neben der Zielscheibe, klopfte auf das Titelfoto, auf dem ich gerade mit angespanntem Gesicht den Burggraben überquerte, und las stolz vor: »Ninja-Gemeinschaft wächst über Japans Grenzen hinaus. Erster internationaler Kunoichi-Wettbewerb!«

Jetzt wusste ich auch, warum er mich rekrutiert hatte. Ich war sein Aushängeschild. Durch meine Anwesenheit konnte er seine Veranstaltung ab jetzt in allen Medien als »Internationalen Kunoichi-Wettbewerb« anpreisen. Sicherlich gab es international viel mehr Ninja-Fans und Möchtegern-Kunoichi als in Japan selbst, und wenn diese sahen, dass man auch als Gaijin an einem echten japanischen Kunoichi-Wettbewerb teilnehmen konnte, würden sie sicher bereitwillig ihre Taschen öffnen und seine Kassen füllen.

Hätte ich das vorher gewusst, dachte ich. Aber jetzt war es zu spät. Außerdem war es ein Segen, dass ich keine Ninja-Fähigkeiten gebraucht hatte, um ihn glücklich zu machen. Ich beschloss, statt Reue Erleichterung zu kultivieren.

Kashiras Freund sah sich die Titelseite noch einmal an. Dann rollte er den Newsletter zusammen und wischte damit über die Wand neben der Zielscheibe.

»Jetzt müsste ich das Ganze nur noch auf Englisch haben«, sagte er. »Dafür könnte ich mir Anna doch mal ausleihen, oder?«

»Langsam nervst du«, sagte Kashira. Ich fragte mich, ob er mich um meiner selbst willen verteidigte oder nur, weil er mich als sein Eigentum ansah und mich nicht ständig mit anderen teilen wollte. Sein Freund zog die Lippen breit, dann spitz, und sagte: »Lass uns mal wieder zusammen einen trinken gehen.«

»Dich wird man wohl gar nicht mehr los«, sagte Kashira und schleuderte einen Stern in die Mitte der Zielscheibe. Der Freund klopfte sich ein paar Mal mit der Newsletterrolle in die Hand und zog von dannen.

Sonderbeilage

Als die Ahornblätter anfingen, mit ihrem roten Gefieder den Blick in den Himmel zu verzaubern, kam ein Journalisten-Team vom Iga-Kabelfernsehen ins Ninja-Dorf und interviewte mich für ein Portrait. Ob sie mein Profil auf der Website gesehen hatten und selbst darauf gekommen waren oder Kashira jemandem etwas erzählt hatte, war unklar.

Ein freundlicher Mann mit tiefen Lachfalten und einer dicken Brille interviewte mich. Die Fotografin, deren Frisur so perfekt und deren Kostüm so flimmernd kobaltblau war, dass ich Schwierigkeiten hatte, mich zu konzentrieren, machte unaufhörlich Bilder von mir und bat mich, ihr weitere per E-Mail zu schicken, um meine anderen Aktivitäten in Japan zu illustrieren.

In der nächsten Woche drückte Kashira mir das neue Iga-Kabelfernsehprogramm in die Hand.

»Sonderbeilage«, las ich. »Ninja-Kunoichi Anna verfolgt ihren Traum.« Ich trug ein Ninja-Oberteil, auf dem blaue Adler flogen, und lachte, als würde ich die Zähne fletschen. Neben einem Bild beim Aikido-Training mit Jesse stand: »Im Karate sind Kata ihr Spezialgebiet. Auch ihre Abschlussarbeit an der Universität widmete sie dem Thema Kampfkunst.«

Die nächsten Bilder zeigten mich in Iga neben einer Gaijin-Gruppe und auf der Bühne mit ausgestreckten Armen. »In fließendem Japanisch trägt Anna-san die Begrüßungsrede vor. Selbstverständlich spricht sie Deutsch, aber auch Englisch und Spanisch. Dankbar nutzen ausländische Besucher den Kunoichi-Dolmetschservice.«

Unter einer Fotoreihe beim Seilkampftraining mit Masanosuke, die mir erneut bewusst machte, wie unbeholfen ich dabei aussah, war das Interview abgedruckt. Auf die Frage »Was ist dein Ziel?« antwortete ich: »Erstmal will ich in der Show auftreten. Eines Tages möchte ich ein Buch über meine Erfahrungen als Kunoichi schreiben.«

Mich in einer Beilage des Iga-Kabelfernsehens wiederzufinden, verursachte bei mir gemischte Gefühle. Als Gaijin erregte man in Japan grundsätzlich Aufmerksamkeit, dagegen war nichts zu machen. Als Gaijin in einer ungewöhnlichen

Position – als Ninja-Lehrling in Iga beispielsweise – wurde man garantiert zu Medienfutter. Von schwarzen Amerikanerinnen hatte ich oft gehört, dass sie immer das Gefühl hatten, alles zehnmal so gut machen zu müssen wie ihre weißen Kolleginnen, um sich auch nur annähernd den gleichen Respekt zu verdienen. So ähnlich ging es mir auch als Gaijin-Frau in Japan. Einerseits fühlte ich mich vom freundlichen Interesse des Journalisten-Teams geschmeichelt. Andererseits hatte ich das Gefühl, dass nun, da mein unkonventioneller Karrierewunsch an die Öffentlichkeit gelangt war, noch mehr Druck auf mir lastete, ihn zum Erfolg zu führen.

Tease and Denial

Kashira kündigte wiederholt ein Trainingscamp an, in dem er mir endlich beibringen würde, was ich für meine erste Bühnennummer mit *Martial-Arts*-Action brauchte. Im Frühling sagte er: »Im Sommer machen wir ein Trainingscamp. Du kommst für eine Weile zu uns, und wir nehmen uns richtig Zeit zum Trainieren.«

Der Sommer ging vorüber. Viel Arbeit. Kein Trainingscamp.

Dann sagte er: »Im Herbst haben wir nicht viel zu tun. Da kommst du zum Trainingscamp, und ich zeig dir, was du brauchst, um aufzutreten.«

Der Herbst ging vorüber. Viel Arbeit. Kein Trainingscamp.

»Im Winter ist nicht viel los«, sagte Kashira. »Da kommst du zum Trainingscamp.«

Ob Kashira mich absichtlich damit quälte oder einfach unausgegorenes Zeug redete, wusste ich nicht. Jedenfalls machten mich die ständigen Enttäuschungen mürbe.

Eines Abends saß ich mit Hiro und seinem neuen Freund Tom in einem schummrig beleuchteten Restaurant in Kobe. Tom hatte noch nie Kobe-Rind gegessen, und Hiro hatte einen Laden gefunden, in dem das zarteste Fleisch der Welt erschwinglich war. Für nur 4,500 Yen bekam man ein Steak mit Salat, Miso-Suppe und extraviel Reis. Das Steak war ein sinnliches Erlebnis. Jeder Bissen wurde von feuchter bis tropfnasser Zunge gierig empfangen, in einem leidenschaftlichen Liebesakt herumgewälzt, zermalmt und in den Verdauungstrakt befördert.

Tom studierte in Hamburg Kulturanthropologie und schrieb eine Doktorarbeit über Sado-Masochismus im interkulturellen Vergleich. Irgendwie hatte er es geschafft, sich dafür einen sechsmonatigen Japanaufenthalt sponsern zu lassen. Während er ausführlich über sein Fachgebiet referierte, hielt Hiro beidhändig seinen Gin Tonic fest und schlürfte leise an seinem Strohhalm. Ich hatte den Eindruck, dass Toms Vorträge ihn überforderten und er mich als Backup eingeladen hatte. Zwar war er wie ich vielseitig interessiert und thematisch offen, aber Tom war wirklich eine Herausforderung.

Erst erzählte er von einem Mann, der im Gespräch mit ihm verzweifelt angefangen hatte zu weinen, weil alle Prostituierten sich weigerten, ihm eine rostige Bettfeder in den Penis einzuführen, die er aus der Matratze seiner verstorbenen Mutter entnommen hatte. Dann schnitt er sich mit dem Steakmesser das nächste Stück Kobe-Rind ab, sagte beiläufig »Das Zeug ist wirklich gut!« und kaute schnell, bevor er hastig nach einem neuen Gedankengang schnappte.

»Oh, genau, und in meiner momentanen Gesprächsreihe geht es um *Tease and Denial*.«

»Aha«, sagte ich höflich und versuchte, mich auf das Steak in meinem Mund zu konzentrieren.

»Das ist im Grunde Orgasmusverweigerung. Also, man erregt seinen Partner bis zum Äußersten, verweigert ihm dann aber die vollständige Befriedigung durch den Orgasmus. Und das wiederholt man dann immer und immer wieder.«

Sofort dachte ich an Kashira und seine Trainingscamps. Schockiert über diese Assoziation und das Ausmaß meines Verlangens nach einem Ninja-Trainingscamp, das sie offenbarte, entfuhr mir die beherzte Selbstbeleidigung: »Oh Gott, du bist so ein verdammter Nerd!«

Tom dachte, ich meinte ihn, und lachte verlegen. Ich lachte verlegen mit. Hiro saugte weiter an seinem Gin Tonic. Ich bestellte mir auch einen.

情報収集

Jōhōshūshū

[Informationen sammeln]

Die wichtigste Aufgabe eines Ninja ist es,
Informationen zu sammeln.

Ninja-Nerd

Während meines Ninja-Daseins entwickelte ich ein paar Ticks, die immer dann auftraten, wenn ich an irgendeiner Haltestelle auf das nächste Verkehrsmittel wartete. Während ich nicht anders konnte, fand ich sie selbst befremdlich und nannte sie kopfschüttelnd »nerdöse Ticks« – die Angewohnheiten eines Nerds im Bestreben, seine Nervosität zu besiegen.

Wartete ich zum Beispiel an der Bushaltestelle in Iga-Ueno, wo ich Platz hatte und nicht viele Leute standen, holte ich die drei silbernen Bälle heraus, die Dave mir geschenkt hatte, und übte jonglieren. Wartete ich auf die Bahn, wo es voll war und die Gefahr bestand, meine Bälle versehentlich auf die Gleise zu werfen, übte ich Flaschentricks. Auch die hatte mir allesamt Dave gezeigt. Die 500-ml-PET-Flaschen, die gefüllt mit Myriaden unterschiedlicher Getränke von *Calpis* über Cola bis Gerstentee überall in Kombini und Automaten verkauft wurden, eigneten sich hervorragend dazu. Sie mussten nur voll und ungeöffnet sein und durften nichts mit Kohlensäure enthalten.

Ein ziemlich schwieriger Trick war, die Flasche mit Mittel- und Zeigefinger von oben am Flaschenhals zu halten, sie dann mit dem Boden vorwärts nach oben zu schwingen und loszulassen, sodass sie auf der Handfläche zum Stehen kam. Schaffte ich diesen Trick, erweiterte ich und warf die Flasche mit dem Handrücken hoch. Idealerweise machte sie dann einen eleganten Salto und kam wiederum auf der Handfläche zum Stehen. Meistens fiel sie runter, rummste und schäumte, und zog Blicke auf sich.

Ein leichterer Trick war der *Bottle-Spin.* Ich hielt die Flasche in der Hand, Deckel nach vorne, wie eine Waffe, die ich auf den Gegner richtete. Dann gab ich ihr einen Schwung rückwärts um ihre eigene Achse und ließ sie um den Zeigefinger eine Drehung machen, bis sie wieder wie vorher in meiner Hand lag. Stundenlang machte ich diese Bewegung. Ich konnte gar nicht mehr aufhören. Ein nerdöser Tick eben. Im Unterschied zu einem nervösen Tick konnte man ihn genießen. Manchmal war ich traurig, wenn die Bahn kam.

Soundeffektfieber

Nach Kashiras Drohung, mich zum Bühnenspezialisten zu machen wie Hentai, packte mich das Soundeffektfieber. Es zeichnete sich durch einen überhöhten Ehrgeiz aus, die Soundeffekte für jede Nummer in der Show perfekt zu meistern. Der Ehrgeiz glich einem Fieber. Statt aufzuschreiben, wer was gesagt hatte und was wir gemacht hatten, wenn ich aus Iga kam, machte ich mir von nun an Soundnotizen. Oben drüber schrieb ich den Titel der Nummer, zum Beispiel »Kettensichel vs. Ninja-Schwert«, und den passenden CD-Track, darunter eine Tabelle, in der links stand, was auf der Bühne geschah. »Kashira wirft Eisenkugel auf Masa« zum Beispiel oder »Kashira rammt Masa Sichel in die Eier«. Daneben gab es zwei Säulen für Bank A und Bank B, in denen die Nummern der Knöpfe standen, sowie die Abfolgen, in der sie gedrückt werden mussten. Zusätzlich fertigte ich eine Legende an, in der alle Knopfnummern neben ihren lautmalerischen japanischen Äquivalenten aufgelistet waren, und versah sie mit Anwendungsbeispielen, um sie in einem natürlichen und artgerechten Umfeld anzusiedeln.

Bank A, Knopf 7 – *hyun,* zum Beispiel: Sichel schleudern
Bank A, Knopf 5 – *shaba,* zum Beispiel: Dolch raus

Diese Einträge paukte ich wie Vokabeln. Den ganzen Tag lang baute ich in jede Situation, die ich erlebte, innerlich Soundeffekte ein. Wenn eine Schülerin ihren Stift aus dem Etui zog, dachte ich: »Bank A, Knopf 5, *shaba*, zum Beispiel: Kunai rausziehen.« Wenn ein Schüler sich nach dem Unterricht seinen Schal umlegte, dachte ich: »Bank A, Knopf 2, *hyun*, zum Beispiel: Kette um den Hals schwingen.« Eine nervige Kollegin sagte: »Ich habe für nächste Woche Mittwoch wieder drei Gespräche mit japanischen Eltern vereinbart. Trag dir bitte Montag, Dienstag und Mittwoch zum Dolmetschen nach Unterrichtsschluss ein.« Ich dachte: Bank A, Knopf 7, *gucha*, zum Beispiel: Eisenkugel auf Gegner werfen.

Einmal träumte ich von meiner Mutter. Ich saß krank im Bett mit einem Soundpult, während sie am Herd stand und kochte. Erst hackte sie blitzschnell eine Gurke in tausend hauchdünne Scheiben. In Windeseile drückte ich wiederholt Bank A, Knopf 7, *bashi*, zum Beispiel: jemanden schlagen. Sie spießte die geschnetzelte Gurke längs auf. Ich drückte Bank A, Knopf 5, *bushu*, zum Beispiel: Dolch rein. Dann ließ sie die Gurkenscheiben mit einer schwungvollen Bewegung in die heiße Pfanne gleiten. Meine Mutter sagte: »Hör dir das an! Das unverfälschte Geräusch von Gurkenscheiben in der Pfanne.« Es zischte. Ich drehte die Lautstärke hoch. Sie drehte sich, dass ihre Haare und ihr Bademantelgürtel herumflogen. Ich drückte Bank B, Knopf 4, *hyun*, zum Beispiel: Seil wird durch die Luft geschleudert.

Meine Mutter war besorgt, weil ich so stark unter Soundeffektfieber litt, und meinte, im letzten *hyun* einen besonders schlimmen Anfall erkannt zu haben. Sie kam auf mich zu und reichte mir fürsorglich das Ende ihres Bademantelgürtels, damit ich mir meinen Schweiß von der Stirn wischen konnte. Ich nahm es und bewegte es auf und ab, als schüttelte ich jemandem die Hand. Meine Mutter schüttelte besorgt den Kopf. Ich drückte Bank A, Knopf 2, *bun,* zum Beispiel: Hals wird mit Kette umwickelt. Meine Mutter hörte auf, den Kopf zu schütteln und sah mich verzweifelt an. Für diese Situation hatte ich keinen Soundeffekt.

Verstört wachte ich auf.

Fallen und Aufstehen

Im Winter wurde die Bühne überdacht und die Ninjas bekamen einen richtigen Backstagebereich direkt daneben. Das Zelt war Vergangenheit, ebenso wie die improvisierten Planenkonstruktionen bei Regen. Die wenigen Besucher, die im Winter nach Iga kamen, während die Umbauarbeiten liefen, durften auf dem schlammigen Platz vor dem Haus der Ninja-Traditionen Ninja-Sterne schlagen.

Meine Hoffnung auf ein Trainingscamp hatte ich aufgegeben. Genauer gesagt hatte ich sie an jenem Abend in Kobe mit dem Steakmesser getötet, noch bevor mein Gin Tonic kam. Ich wollte mich nicht abhängig machen von jemandem, der mich immer wieder enttäuschte. *Tease and Denial* war nichts für mich.

Zum Glück war ich mit einem Straßenkünstler zusammen. Dave bestieg täglich ein zwei Meter hohes Einrad und jonglierte darauf mit Macheten, um seine Show so zu beenden, dass die Passanten ihm danach ein Stück Lebensunterhalt in seinen Hut legten. Als ich ihm das Video der Seilkampfnummer zeigte, sagte er: »Ah. *Poi-Weave.* Grundbewegung senkrechter Peitschenknall. Keulenschwingschleife überm Kopf. Alles klar.«

»Wie war das im Mittelteil?«, fragte ich.

Den ganzen Winter über mieteten wir zwei- bis dreimal wöchentlich das Dojo des Sportzentrums in Nishinomiya, guckten uns das Video von Tomonosuke und Masanosuke an und stellten es Stück für Stück nach – er mit dem Schwert, ich mit dem Seil. Bis zum Umfallen. Im Januar hatten wir es drauf.

Ich sagte den Ninjas kein Wort. Brav fuhr ich weiter nach Iga und beaufsichtigte die hereintröpfelnden Besucher beim Ninja-Stern-Schlagen im Baustellenmatsch zwischen der halbfertigen, neuen Bühne und dem Haus der Ninja-Traditionen.

Eines Tages, als gerade keine Besucher da waren, übten Masanosuke und Tomonosuke die Seilnummer.

»Und, Anna-san?«, fragte Tomonosuke. »Kannst du's schon?« Scherzhaft hielt er mir das Seil hin.

»Darf ich mal versuchen?«, fragte ich und verkniff mir mühevoll meine Aufregung.

Masanosuke griff mich zögerlich mit dem Schwert an, aber wurde zunehmend ernsthafter. Ich machte einen guten Anfang. Bei dem 360-Grad-Rückwärtssprung rutschte ich aus und landete mit voller Wucht im Schlamm.

»Alles okay?«, fragte Masanosuke. Tomonosuke starrte mich mit leicht geöffnetem Mund an, und obwohl ich im Matsch saß, meinte ich, in seinem sonst so hieroglyphischen Gesichtsausdruck die Botschaft zu erkennen: »Das ist interessant. Lass uns den Rest sehen!« Ich hatte Tomonosuke positiv überrascht. Dieses Hochgefühl ließ mich voller Tatendrang aus dem Schlamm aufstehen.

»Gleich noch mal«, sagte er. »Lass es uns noch mal sehen.« Natürlich war es möglich, dass er mich noch mal in den Schlamm plumpsen sehen wollte, aber ich war Schlimmeres gewohnt. Ich wollte es ihnen zeigen, und das war meine Gelegenheit!

Masanosuke ging in Position und lächelte. Dann brüllte er »Aaaaaah!« und rannte mit dem Schwert auf mich zu. Ich schwang das Seil herum und hielt ihn ab. Er kam näher, ich schleuderte ihm das Seil um die Ohren und betete zu den acht Millionen Göttern, dass ich ihn nicht wirklich traf. Beim Rückwärtssprung spannte ich alle Muskeln an, die ich zwischen meinen Innenschenkeln auch nur irgendwie mobilisieren konnte und blieb glorreich auf den Beinen. Ich umwickelte erst Masanosukes Schwert, dann seinen Hals mit dem Seil und wollte ihn vor dem Schlamm verschonen, aber er warf sich bereitwillig vor mir nieder, begleitet von gekonnten Schicksalsgrimassen. Ich zog das Schwert aus der Schlinge, wirbelte es über meinem Kopf herum und rammte es direkt neben meinem Ninja-Bruder schwungvoll in den Schlamm. Es klang, als hätte ich es tief in seinem Körper versenkt. Er lieferte dazu die passenden Grimassen. Atmend sah ich mich nach meinem nächsten Feind um und blickte Tomonosuke direkt ins Gesicht.

»Anna-san«, sagte er kontrolliert. »Du hast ein bisschen was gelernt.« Ich entschuldigte mich bei Masanosuke für den Schlamm. Er klopfte sich ab, lächelte breit und sagte: »Da wird Kashira sich aber freuen!«

Von nun an fragte ich, so oft ich konnte, ob jemand bereit war, die Seilkampfnummer mit mir zu üben. Nach den Erfahrungen mit der Begrüßungsrede schien mir das die einzige Möglichkeit, darauf hinzuarbeiten, dass ich irgendwann mit der Nummer in der Show auftreten durfte. Dieser Teil der Ninja-Lehre fiel mir nach wie vor schwer. Jedes Mal, wenn ich meine Ninja-Brüder bat, mit mir zu üben, hatte ich das Gefühl, sie zu belästigen und ihre kostbare Pausenzeit zu rauben. Mit der Zeit jedoch verstand ich, dass genau dieses unangenehme Gefühl ein unabdingbares, vielleicht sogar zentrales Element des

Shugyō darstellte. Das Gefühl, andere zu belästigen und ihrer nicht würdig zu sein. Mit strengen Ansagen und körperlichen Herausforderungen hatte die Härte des Shugyō nichts zu tun. Shugyō war Psychoterror.

Den Frühling über lernte ich eine kürzere und eine längere Variante der Seilkampfnummer. Ich dachte, ich hätte es fast geschafft. Ich dachte, jetzt wäre es nur noch eine Frage der Zeit. Aber wie sich herausstellen sollte, stand mir mein eigentlicher Sturz in den Schlamm noch bevor.

Golden Week, die zweite

Es war wieder Golden Week. Ein Jahr war vergangen, seit ich meine Ninja-Lehre begonnen hatte. Laut Hiro war das ein wichtiger Meilenstein, wenn man Teil einer Gruppe werden wollte. Mit den anderen Gruppenmitgliedern einmal alle vier Jahreszeiten zu durchlaufen, sagte er, war eine Art Initiation und gab dem Neuling ein ganz anderes Ansehen. Vielleicht, dachte ich, war die Zeit des Psychoterrors endlich vorbei.

Ich sollte die ganze Golden Week im *Neo Fukuton* übernachten, dem Hotel mit dem Pin-Up-Girl im Speisesaal, und täglich im Ninja-Dorf helfen. Kashira ließ mich einen Tag früher anreisen, damit ich mich bei den Vorbereitungen nützlich machen und am nächsten Tag gleich morgens da sein konnte. Die erste Nacht würde ich allein im Hotel verbringen. Am nächsten Tag würden die Ninjas, Hentai und Karate-Champion Sugita-san dazu kommen. Wieder einmal brauchten die Ninjas alle Hände an Deck.

Sie gaben mir ein Fahrrad. Kashira überreichte mir einen Stadtplan. Ich nahm ihn an wie eine Urkunde. Plötzlich hatte ich das Gefühl, mich in Iga frei bewegen zu können.

Während ich auf dem Weg zum Hotel die große Straße mit dem Kombini entlang radelte, fuhren die Ninjas im Ninja-Van an mir vorbei. Freudig winkte ich ihnen zu. Masanosuke strahlte aus dem Fenster, als würde er sagen: »Guckt euch das an, hier ist unsere Anna und fährt mit dem Fahrrad durch Iga. Ist es nicht schön, dass sie jetzt zu uns gehört?«

Beschwingt stellte ich das Fahrrad in den Ständer am Hotel, ging in mein Zimmer und zog mich um. Ich hatte beschlossen, eine Runde laufen zu gehen. Ich wollte Iga erobern und wusste, es ging nur, indem ich mich anstrengte. Über die Straße der Sieben Tempel rannte ich durch die Allee bis zum Ninja-Dorf. Zum ersten Mal sah ich sie jenseits des Tagesbetriebs. Es dämmerte bereits, und die Baumkronen, die sich über den Weg streckten, wurden märchenhaft von Laternen beleuchtet. Ich sprintete die lange, steile Treppe hinauf, die Tomonosuke mir als Konditionstraining empfohlen hatte. Fünfmal hoch und wieder runter. Nach dem zweiten Mal bekam ich Seitenstiche, aber Kashira sagte immer: »Du musst dich durchkämpfen!« Also kämpfte ich mich durch. Was machte schon Schmerz, wenn er es am Ende wert war?

Abends im Hotel aß ich im Speisesaal allein mit dem neuen Pin-Up-Girl des Monats Oktopus-Gurken-Seetangsalat, frittiertes Hühnchen, einen ganzen Plattfisch, Miso-Suppe, kalten Kartoffeleintopf und Takuan.

Am nächsten Tag fühlte ich mich bei meiner Ankunft im Ninja-Dorf frischer als je zuvor. Das mochte daran liegen, dass ich nicht früh morgens aus Osaka hatte anreisen müssen. Aber zweifelsohne hatte es auch etwas mit dem neuen Mut zu tun, den ich geschöpft hatte. Tomonosuke zeigte mir das Showprogramm für den Tag: Ninja-Sterne, Wurfsichel, Doppelsichel, Kettensichel, Ninja-Schwert und Samurai-Schwert.

»Welche Soundeffekte davon kannst du noch nicht?«, fragte er. Ich schluckte und überlegte, welche ich konnte. Erleichtert stellte ich fest, dass mir tatsächlich nur eine Nummer fehlte.

»Ninja-Schwert«, sagte ich. Er ging mit mir die Soundeffekte für die Ninja-Schwert-Nummer durch und sagte: »Im Showbusiness darfst du niemals den gleichen Fehler mehr als zweimal machen. Sonst wirst du gefeuert. Das ist kein Witz.«

In den beiden ersten Shows machte ich jeweils einen Fehler. Ich fragte mich, ob man mehr Fehler machen durfte, wenn es verschiedene waren, aber ich wollte es nicht darauf ankommen lassen. In der dritten Show schaffte ich es trotz zitternder Hände, endlich alles richtig zu machen.

Nach der Show kam Felipe, ein Spanier, der als Jongleur arbeitete, und wollte Tomonosukes Sicheljonglage-Nummer noch einmal sehen. Ich grub ein bisschen Spanisch aus und gab es für ihn weiter. Tomonosuke warf geschmeichelt seine Sicheln hoch, und Felipes Augen leuchteten.

Kurz vor der nächsten Show kam die Direktorin mit einem betrunkenen, kanadischen Englischlehrer, der sein Handy verloren hatte. Ich gab das von ihm beschriebene Aussehen und den geschätzten Zeitpunkt des Verlustes an die Direktorin weiter. Sie versprach zu tun, was sie konnte. Der Englischlehrer bedankte sich und kaufte ein Ticket für die Show.

»Das ganze letzte Jahr hast du hier die lahme Ente gemacht«, kläffte Kashira mich zwischendurch an. »Du bist nur zu deinem Vergnügen hergekommen, hast bei jeder Show nur Maulaffen feilgehalten und dich kein bisschen um Fortschritt bemüht.« Ich schluckte. Dann sagte er: »Und jetzt guck dich an! Du hast deine Einstellung geändert, und schon kriegst du es hin.«

Ich hatte meine Einstellung nicht geändert. Ich war von Anfang an aus vollem Herzen dabei gewesen. Trotzdem war ich glücklich. Ein Lob von Kashira war wie ein Stück Hummer in der Miso-Suppe. Es kam praktisch nicht vor. »Ich muss streng mit dir sein«, schloss er. »Du brauchst strenge Führung.«

Hatte er seine Einstellung geändert? War er bisher nicht streng mit mir gewesen? Worunter ich litt, war jedenfalls nicht seine Strenge, sondern seine Unberechenbarkeit. Sein Herz mochte größer sein als die Sonne, aber seine Ninja-Seele war düster und unergründlich wie das Weltall. Das einzige, worauf man sich in diesem Universum verlassen konnte, war ständiger Wandel. Ich lebte wie eine Asketin, übte mich in Mushin und versuchte, mich damit abzufinden.

Noch bevor die Show anfing, kam eine lila Kunoichi mit dem Handy des Kanadiers angerannt und drückte es ihm unter Verbeugungen in die Hand.

»Begrüßungsrede! Ab!«, sagte Kashira und scheuchte mich hinter die Bühne.

Was die Rede anging, hatte ich mich inzwischen entspannt. Nach einem Jahr und unzähligen Malen war mir der Text in Fleisch und Blut übergegangen, und ich hatte genügend Raum gewonnen, wirklich mit den Zuschauern, die vor mir saßen, zu kommunizieren. Ich ging auf einzelne Leute ein, die mir beim Kartenverkauf aufgefallen waren, erzählte alles auch auf Englisch, wenn ich nicht-japanische Gesichter im Publikum sah, und fühlte mich mit meinen Zuhörern verbunden. Trotzdem kniff ich mich mit aller Kraft in den Arm, als nach Tomonosuke und Masanosuke auch Kashira am Ende des Tages zu mir sagte: »Deine Begrüßungsrede ist wirklich gut geworden.«

Sollte Hiro recht behalten mit dem Meilenstein? Hatte ich meine Probezeit endlich überstanden?

»Übrigens«, fuhr Kashira fort, »Herr Miyazaki möchte dich sehen. Fahr gleich mal bei ihm vorbei.«

Mit Hilfe des Stadtplans fand ich den Laden ohne Mühe. Herr Miyazaki begrüßte mich erfreut, servierte mir an demselben kleinen Tisch wie letztes Mal Tee und Sojasoßeneis und fragte, ob es mir etwas ausmachen würde, ein wenig Englisch mit ihm zu sprechen, er bekäme so wenig Übung. War er auf der Suche nach einem Tandempartner? Wir unterhielten uns über das Sprachenlernen, über Französisch und Portugiesisch und über das Skifahren. Schließlich machte er einen geschmeidigen Übergang zu einem anderen Thema.

»Apropos Skifahren«, sagte er. »Das Thema meines nächsten Iga-Magazins ist ›Was ist cool in Iga?‹.«

»Das klingt bei dem Wetter sehr verlockend«, sagte ich.

»Genau«, bestätigte er. »Und da du auch cool bist …«

»Nein, nein, nein, nein, nein!«

»… wollte ich dich bitten, den Lesern aus deiner Perspektive zu erzählen, was du in Iga cool findest.«

»Das Allercoolste ist auf jeden Fall Ihr Sojasoßeneis«, sagte ich. Er lachte.

»Darf ich ein Foto von dir und dem Eis machen?«

»Gerne.« Ich hielt mir einen Löffel Eis vor den Mund und lächelte in die Kamera.

»Und was ist noch cool hier?«

»Ninja-Schuhe«, sagte ich.

»Ninja-Schuhe?«, fragte er überrascht.

»Ja, meine Freunde in Deutschland lieben sie. Sobald ich mit diesen Schuhen ankomme oder mit den dazugehörigen Socken, sagen alle: Die will ich auch haben!«

»Darf ich dir mein Auto zeigen?«, fragte Herr Miyazaki verschmitzt. Er führte mich zu seinem froschgrünen VW *Käfer.*

»Cool!«, sagte ich aufrichtig beeindruckt, was bei Autos selten vorkam.

»Danke«, sagte Herr Miyazaki. »Aber ich wollte eigentlich mit dir zu einem Ninja-Schuhgeschäft fahren.«

»Ich habe schon sehr viele Ninja-Schuhe«, protestierte ich. Ich wollte vermeiden, dass er mich mit Geschenken überhäufte und ich am Ende wieder tief in seiner Schuld stand, aus der ich mich gerade mit aller Kraft zu befreien versuchte.

Widerrede zwecklos. Wir stiegen in seinen Käfer und fuhren zum Schuhgeschäft. Sie hatten alle möglichen Modelle.

»Welche findest du am coolsten?«, fragte Herr Miyazaki. Diese verdächtige Frage machte mir erneut Angst vor Geschenken, und ich sagte diplomatisch: »Sie sind alle cool!«

»Würde es dir was ausmachen, wenn ich ein Foto von dir und den Schuhen mache?«, fragte er.

»Aber nein!«

»Hier, nimm mal das Paar hier.« Er drückte mir eines mit Blumenmuster in die Hand und lachte kopfschüttelnd, als amüsierte er sich königlich über meine verzweifelten Windungen auf der Flucht vor Geschenken. Er schoss ein paar Fotos.

»Fahren wir zurück«, sagte er schließlich zufrieden. Wir fuhren zurück zu seinem Laden.

»Ach ja«, rief ich. »Das hatte ich ja ganz vergessen – Ihr Yōkanzuke! Ich würde gerne zwei Packungen mitnehmen.«

»Meinst du, auch andere Nicht-Japaner essen gerne Yōkanzuke?«, fragte er.

»Warum nicht?« Ich bestand darauf, zu bezahlen. Er bestand darauf, mir eine dritte Packung zu schenken.

»*Buy two, get one free*«, sagte er und lachte. Ich bedankte mich und lächelte gequält.

Unsere Verabredung schien beendet. Ich fragte mich, ob ich ihm wirklich hatte helfen können.

»Vielen Dank für das nette Gespräch«, sagte ich.

»Anna«, sagte er. »Schreibst du mir einen kurzen Absatz auf Englisch, den ich in einer Sprechblase neben deinem Foto abdrucken kann? Über das, was du in Iga cool findest? Per E-Mail. 500 Zeichen.« Kurz vor dem Abschied rückte er endlich mit seinem Anliegen heraus. Mir fiel ein Stein vom Herzen.

»Mit Vergnügen«, sagte ich und verbeugte mich tief. Er lachte. »Mache ich gleich im Hotel. Dann kriegen Sie den Text noch heute Abend.« Vielleicht konnte ich auf diesem Wege mein Fauxpas mit der Jobsuche endlich wieder gut machen.

In der nächsten Ausgabe von Herrn Miyazakis Ninja-Magazin lächelte ich die Leser mit einem Löffel Sojasoßeneis in der Hand an und erzählte ihnen per Sprechblase:

»Ich bin Anna Sanner aus Deutschland, derzeit Ninja-Lehrling in Iga. Abgesehen von den Ninjas hat Iga eine ganze Reihe cooler Läden mit traditionellem Kunsthandwerk zu bieten. Als cooles Souvenir empfehle ich Ninja-Schuhe mit gespaltenen Zehen und die dazugehörigen Socken. Die coolste Erfrischung in ganz Iga ist *Miyazakiya-sans* Sojasoßeneis. Herr Miyazaki, der Inhaber des Ladens, spricht übrigens fließend Englisch. Fragt ihn bei der Gelegenheit gleich mal nach seinem Yōkanzuke, einer schmackhaften Spezialität mit einer coolen Geschichte!«

Gefangen, aber ...

Während der Golden Week lief alles anders als sonst. Die Ninjas erwarteten maximale Besucherzahlen und hatten das maximale Aufgebot an Mitarbeitern bestellt. Während des Ninja-Stern-Schlagens rief plötzlich jemand: »Anna! Anna!« Ich drehte mich in alle Richtungen, bis ich schließlich Sugita-san entdeckte.

Kaum hatte ich sie erblickt, warf sie mir mit voller Wucht einen Ninja-Stern zu, einen Querschläger, der mir offenbar beim Einsammeln entgangen war. Kurz bevor er in meiner Wange stecken blieb, fing ich ihn mit meiner rechten Hand auf.

»Sugita-san«, sagte ich, »vielen Dank!« Dann verbeugte ich mich tief zur Begrüßung.

Gleich nach ihrer Ankunft zur Golden Week hatte sie mich einem Test unterzogen, und ich fühlte mich schuldig, da meine Aufmerksamkeit nur auf dem nächsten Stern-Schläger gewesen war und nicht überall – wie für einen Ninja-Lehrling angemessen. Glücklicherweise war der Ninja-Stern trotzdem nicht in meinem Gesicht gelandet. Von diesem Moment an war Sugita-san nett zu mir.

Zur nächsten Show kamen 68 amerikanische Karate-Sportler. Ich machte die Begrüßungsrede zweisprachig und dolmetschte den Rest der Show von der Seite der Bühne aus. Auf Englisch konnte ich besser improvisieren. Ich fühlte mich freier. Die Karate-Fans reckten ihre Hälse, um alles mitzubekommen. Ich brachte sie zum Lachen.

Beim nächsten Mal kamen unabhängig voneinander etwa fünfzehn Gaijin. Kashira sagte, ich solle ihnen vor der Show einen Überblick über das Programm geben. Gewissenhaft nahm ich alle Nicht-Japaner, die ich erblickte, unter meine Fittiche. Als ich sie zusammengetrommelt hatte, sagte ich: »Ich bin hier für alle, die kein Japanisch, dafür aber hoffentlich Englisch sprechen.« Zum Glück lachten sie. Sie verstanden mich. Für Ausländer in Japan, auf die das nicht zutraf, war es unpraktisch und manchmal verletzend, dass sie aufgrund ihres Gesichts stets automatisch als englische Muttersprachler eingestuft wurden.

Der Tag war wild. Ständig baten mich Leute, Fotos mit ihnen zu machen.

»Pass auf«, lachte Kashira, »bald trittst du auf NHK auf!« Die NHK war eine Art japanische ARD. Tomonosuke stimmte ein: »Anna ist jetzt ein Markenname.«

»Oh, wo das noch hinführen mag«, grinste Kashira.

Diesen Ausdruck freudiger Erwartung an meine Ninja-Zukunft hatte ich das letzte Mal zu Anfang meiner Lehrzeit vernommen. Vor einem Jahr.

Nach der letzten Show schlug Tomonosuke vor, die Zuschauersitze schon mal zu fegen, damit ich am nächsten Morgen noch Zeit hatte, mit dem Seil zu üben. Schnell holte ich den kleinen Besen und fegte los. Kashira kam vorbei und sagte: »Mach das doch morgen.«

»Bin fast fertig«, sagte ich und verdoppelte so unauffällig ich konnte meine Geschwindigkeit.

»Du arbeitest hart, hm?« Er gluckste in sich hinein.

Endlich merkte er es. Endlich gab er mir Anerkennung. Wer sich anstrengt, dachte ich, verdient sich die Hilfe der Götter.

Abends im Hotel schien Sugita-san müde und voller Vorfreude auf ihr Bett. Trotzdem erlaubte ich mir im Fahrstuhl nach oben eine Frage.

»Worauf muss ich beim Waffentraining am meisten achten?«, fragte ich.

»Sei vorsichtig mit deinen Muskeln«, antwortete sie. »Es soll aussehen, als seien deine Bewegungen kraftvoll, aber in Wirklichkeit musst du sie voll unter Kontrolle haben und immer sicher gehen, dass du deinen Partner nicht verletzt. Im Showkampf werden die Auswirkungen der Angriffe hauptsächlich durch die Reaktionen des Partners gezeigt – wie er zusammenzuckt, wie er zurücktorkelt, wie er rollt, schreit und sein Gesicht verzieht. Die Kraft aus deinen Muskeln herauszunehmen ist auch eine Art, sie zu kontrollieren. Das musst du noch lernen. Vergleiche dich mit Kashira und den Jungs. Bitte Uchinoura-san, Videos von dir zu machen. Dann kannst du sehen, wie du aussiehst. Egal, wie sehr du versuchst, dich aus der Perspektive des Betrachters zu sehen – während du auf der Bühne stehst und kämpfst, ist das normalerweise unmöglich.«

Mit offenem Mund staunte ich, wie viele nützliche Ratschläge sie in wenige Stockwerke hineinbekommen hatte. Ich bedankte mich überschwänglich. Wir stiegen aus.

»Ich habe gehört, du arbeitest hart ...«, sagte sie und beendete den Satz mit »... aber ...«. Das war eine nicht unübliche japanische Art, einen Satz zu beenden. In diesem Fall hieß es wahrscheinlich: »Aber wir werden sehen, ob du hart genug arbeitest.« Sicher wollte sie mich damit motivieren.

»*Gambarimasu!*«, versprach ich und verbeugte mich in ihre Richtung, bis sie in ihrem Zimmer verschwunden war.

Sobald wir am nächsten Morgen im Ninja-Dorf ankamen, fiel mir wieder ein, was Tomonosuke gesagt hatte, und ich bat Masanosuke, mit mir zu üben. Wir gingen die Seilnummer durch. Es klappte ziemlich reibungslos.

»Gut«, sagte er. Dann holte er eine aufgerollte Strohmatte auf einem Ständer, wie sie Kashira mit dem Schwert durchschnitt, und sagte: »Ich muss leider noch was machen. Üb mal damit. Stell dir vor, das hier wäre dein Partner.«

Mit der Strohmatte zu üben, war befreiend. Man musste nicht ständig darauf achten, ob man jemanden traf. Und man musste kein schlechtes Gewissen haben, jemanden von seiner Arbeit abzuhalten. Ich merkte mir die Stellen, die noch nicht liefen und übte sie. Mein Rückwärtssprung musste gerade sein, nicht diagonal. Wenn ich die Schlinge machte, musste sie locker sein. Der vierte Seilschlag durfte nur knapp über dem Kopf vorbeischnellen, sonst sah er nicht echt aus.

Masanosuke kam wieder: »Schon viel besser. Machen wir es noch mal zusammen.« Nach der letzten von drei Runden sagte er: »Sehr schön!«

Da hörte ich eine Frauenstimme aus der hintersten Zuschauerreihe: »Du kannst es ja!« Erstaunt sah ich mich um. Es war Sugita-san.

Wieder einmal war sie aus dem Nichts aufgetaucht und hatte mir, ebenso unerwartet wie einen Tag zuvor den Ninja-Stern, einen plötzlichen Brocken Lob zugeschleudert. Erfreut schnappte ich danach. Auch heute konnte ich danach den ganzen Tag lang an nichts anderes mehr denken. Sugita-san hatte mich gelobt, aber ...

Frühstück mit Uchinoura-san

Morgens im Speisesaal wartete bereits der sprechende Wasserfall darauf, auf mich herabzustürzen. Uchinoura-san stand an der Durchreiche und sprach mit der Dame dahinter. Sofort musste ich gegen den Impuls ankämpfen, mir die Ohren zuzuhalten. Ich erinnerte mich an eine japanische Redewendung, die wir an der Uni gelernt hatten. Wer eine Rüge bekam, die er nicht hören wollte, sagte: »*Mimi ga itai.*« – Aua, meine Ohren!

»Ich schaffe nicht so viel«, sagte Uchinoura-san zu der Dame und bat sie, ihr weniger Reis zu geben. »Weißt du«, fing sie an, mich zu belehren, »etwas übrig zu lassen, ist sehr unhöflich. Du musst vorher sagen, wenn sie dir weniger geben sollen.« Obwohl ich ziemlichen Kohldampf hatte, bat ich die Frau vorsichtshalber, auch meine Portion kleiner zu machen.

Wir setzten uns. Uchinoura-san saß dem Bildschirm zugewandt, auf dem die Nachrichten liefen. Ich dankte den Nachrichten, dass sie die Wucht des Wasserfalls zügelten, aß still vor mich hin und wandte meinen Kopf auch den Nachrichten zu.

Als wir mit dem Frühstück fast durch waren, sagte Uchinoura-san: »Anna! In Japan geben wir sehr viel darauf, das Geschirr in einem ansehnlichen Zustand zu hinterlassen.«

Ich wusste es. Wieder einmal würde ich von meinem ach-so-feinen Gegenüber zum unzivilisierten Gaijin-Schwein abgestempelt werden. Langsam reichte es.

»Es zeigt Dankbarkeit«, fuhr Uchinoura-san überheblich fort. »Dankbarkeit denjenigen gegenüber, die den Reis angebaut und die Mahlzeit für dich zubereitet haben. Also: Lass niemals auch nur ein Körnchen Reis übrig!« Immer noch hungrig mühte ich mich wütend ab, die hartnäckig am Boden meiner Schüssel klebenden Körner mit den Stäbchen zu fassen zu kriegen.

»Wenn du fertig gegessen hast«, fasste sie noch einmal lehrmeisterlich zusammen, »sollte kein Reis mehr übrig sein und dein Tablett picobello aussehen.«

Angespannt versuchte ich mich darauf zu konzentrieren, worin sich unsere beiden Tabletts unterschieden. Teller und Schüsseln standen in der gleichen Reihenfolge und Formation. Sie hatte ihre Miso-Suppe ausgetrunken, alle Muscheln ausgeschlürft und die Schalen ordentlich gestapelt. Ich hatte meine nicht angerührt. Der Geruch von Muscheln am Morgen bekam mir nicht. Meine Stäbchen lagen diagonal auf dem Tablett, ihre ursprüngliche enge Zweisamkeit akkurat wiederhergestellt. Ihre lagen auf einer kleinen Schüssel.

Plötzlich hörte ich einen lauten Rülpser. Das Geräusch heiterte mich umgehend auf. Aber wo war es hergekommen? Uchinoura-san war es nicht gewesen, und außer uns und der

Frau an der Durchreiche war niemand anders im Speisesaal. Es hatte sehr nah geklungen.

»Hier gibt es keine Stäbchenhalter«, fuhr Uchinoura-san unbeeindruckt fort. »Also müssen wir uns selbst welche basteln.« Offenbar hatte sie das Rülpsen nicht gehört. Ich wagte einen Blick in ihr Gesicht und traute meinen Augen nicht: Aus dem Nichts kam ein matschiges Reiskorn angeflogen und klebte an ihrem Kinn fest.

»Manche Leute machen einen Knoten in ihr Taschentuch und benutzen es als Stäbchenhalter«, sprach sie weiter, als hätte sie nichts bemerkt.

Ich senkte meinen Blick und verkniff mir das Lachen. Da fiel ich beinahe vom Stuhl. Vor mir auf dem Tablett stand eine quietschlebendige Kunoichi-Minitatur, gerade so groß wie ein ausgestreckter Mittelfinger, und schlug meine übrig gebliebenen Reiskörnchen wie Ninja-Sterne in Uchinoura-sans Gesicht, dass ihre unbändige Zottelmähne nur so flatterte. Gerade ging sie dazu über, auf das linke Nasenloch zu zielen und gekonnt ein Korn nach dem anderen darin zu versenken. Ich war begeistert. Auch wenn Uchinoura-san seelenruhig weiter quasselte.

»Wie auch immer du es machst«, sagte sie gerade, »du solltest wirklich darauf achten, dass du alles in einem ansehnlichen Zustand hinterlässt.«

»Noch mal bitte, ich hab's noch nicht ganz verstanden!«, hob die kleine Kunoichi ihre Stimme. Da wusste ich plötzlich, mit wem ich es zu tun hatte. Uchinoura-san zu einer fiktiven Figur zu machen, war definitiv eine Erleichterung. Aber um das Projekt wirklich befriedigend zu machen, brauchte sie eine Gegnerin. Die Nemesis der fiktiven Uchinoura-san war geboren. Eine Kämpfernatur, die einen Scheißdreck auf Sempai, Kōhai, Zuhörlaute und Yamato-Nadeshikos gab und es sagte, wie es war, ohne Rücksicht auf Verluste. Das machte sie unverwundbar. Ich nannte sie Mae, das bedeutete »vorne«. Man erkannte sie daran, dass sie stets mit einem lauten Rülpser erschien – anstelle der für Ninjas üblichen Rauchwolke.

Fasziniert sah ich zu, wie Mae eine Lachshaut ergriff, die ich diagonal über den Teller drapiert hatte, und sie Uchinoura-san entgegenschleuderte, sodass sie wie ein Knebel auf ihrem Mund haften blieb.

»Mmm«, machte Uchinoura-san, und ich fragte mich einen Moment lang, ob der Knebel wirklich funktionierte. Dann jedoch sagte sie: »Wenn ich im Ausland bin, habe ich auch keine Ahnung, was Sache ist. Deshalb erkläre ich dir, wie wir es hier machen. Wenn ich in Frankreich bin und reihenweise Besteck neben meinem Teller rumliegt, weiß ich nicht, was ich damit machen soll.«

»Frankreich?«, sagte Mae. »Wann warst du denn bitte in Frankreich?! Ach, du überlegst, hinzufliegen? Dafür solltest du dich lieber ein bisschen schick machen, sonst nehmen dich die Französinnen nicht ernst. Hier, nimm das!« Mae schnappte sich die Gräten auf meinem Teller und verpasste Uchinoura-san am Außenohr entlang eine schicke Reihe Ohrlöcher.

Schon faselte sie weiter. »Oh, würde ich mich fragen: Mit welchem Besteck fange ich denn jetzt an? Ah, von außen. In Japan studieren wir fleißig ausländische Essmanieren. Wir hassen es, uns zu blamieren. Was sollen die Leute sagen, wenn du dein Tablett so hinterlässt? Sie werden sagen: ›Oje! Die da von den Ashura-Ninjas hinterlässt ihr Tablett in einem fürchterlichen Zustand.‹«

Der Wasserfall sprudelte noch einmal ordentlich drauflos.

»Und sie werden es weitersagen und darüber lästern. Du willst doch keine Schande über Kashira bringen, oder? Sie werden sagen: ›Vielleicht taugt sie was als Kunoichi, aber guck dir mal an wie die isst.‹ Das wäre sehr peinlich für Kashira. Du musst auf Nummer sicher gehen, dass du ihn in einem guten Licht erscheinen lässt, wo auch immer du hingehst, ganz besonders hier in Iga, seiner Heimatstadt. Auch wenn Kashira selbst wie ein Schwein frisst. Er packt seine Füße auf den Stuhl und futtert wie ein Scheunendrescher. Und die beiden Jungs, na ja. Aber wir sind Frauen. Das ist etwas anderes.«

Wir sind Frauen? Das schien Mae besonders wütend zu machen. Jetzt legte sie richtig los. Sie hob die ungegessenen Muscheln aus der Suppenschüssel, stemmte sie mit beiden Händen über den Kopf und schleuderte sie Uchinoura-san entgegen. Ein Schalentier nach dem anderen. Batsch! Die unkonventionellen Geschosse saugten sich an Uchinoura-sans Haaren, Gesicht und Hals fest. Eine Muschel fiel durch den T-Shirtkragen in ihren Ausschnitt.

»Werd du erstmal eine richtige Frau«, donnerte Mae. »Dann reden wir weiter.«

Vor Begeisterung hörte ich Uchinoura-san kaum noch.

»Manche Dinge verstehen nur Frauen«, sagte sie leise, als habe jemand die Lautstärke runtergedreht. »Und wenn die Leute sehen, dass du dein Tablett so hinterlässt, werden sie denken: ›Na ja, die ist eben nur ein Gaijin.‹« Glücklich lächelte ich sie an. »Vielleicht werden sie dir vergeben und es dabei belassen«, mutmaßte sie. »Aber wenn sie sehen, dass du dein Tablett ansehnlich und sauber hinterlässt, werden sie sagen: ›Wow! Hast du das gesehen? Dieser Gaijin hat sein Tablett hinterlassen wie eine Japanerin.‹ Sie werden denken: ›In diesem Mädchen schlägt wahrhaftig ein japanisches Herz. Sie ist wie eine von uns.‹ Das willst du doch sein, oder nicht? Ein echtes Yamato-Nadeshiko.«

»*Sō desu ne*«, pflichtete ich ihr fröhlich bei.

Ein Yamato-Nadeshiko war so ziemlich das letzte auf der Welt, was ich sein wollte. Ich, so hatte ich an diesem segensreichen Morgen festgestellt, wollte so sein wie Mae!

Beine zusammen!

Zwischen zwei Shows bat ich Tomonosuke, mir ein paar Minuten seiner wertvollen Zeit zu schenken, mir beim Üben zuzusehen und mir Feedback zu geben. Er gewährte mir die Bitte und setzte sich neben Uchinoura-san in die Zuschauerreihen. Ich ging auf die Bühne und machte die Seilnummer mit der Strohmatte als Gegenüber, die in der nächsten Show von Kashira geköpft werden würde. Die Position, in der ich stand, während ich das Seil um mich herumschwang, zeichnete sich dadurch aus, dass meine Füße etwa einen halben Meter voneinander entfernt standen, das hintere Bein den Großteil meines Körpergewichts trug und das vordere samt Fuß in die Richtung zeigte, in die ich guckte. Allgemein galt: Hintern runter, und zwar möglichst tief, alles andere war für Weicheier und sah nicht nach Kampfkunst aus.

»Da, an der Stelle«, sagte Tomonosuke, als ich mich umgedreht hatte. »Da sieht deine Standposition komisch aus.« Er machte mich nach, seine Zehen auf beiden Seiten nach außen gedreht wie ein Frosch. Ich musste lachen und hielt mir die Hand vor den Mund. Uchinoura-san hob die Stimme. Ich entsandte ein Gebet an die acht Millionen Götter, sie möge mich während dieser kurzen Trainingseinheit mit ihrem Wasserfall verschonen. Solange sie sprach, würde ich nicht weitermachen können. Das wäre respektlos gewesen.

»Vor allem für eine Frau ist es wichtig, immer die Beine zusammenzulassen«, sagte Uchinoura-san. »Öffne niemals die Beine!«

Ein lauter Rülpser erklang, dann eine Stimme: »Ist das dein Ernst?«, fragte sie. Ich hoffte, dass meine Gesichtszüge nicht entglitten.

Mae war wieder da.

»Stell dir vor, du trägst einen Minirock und machst die Beine breit wie jetzt«, sagte Uchinoura-san. »Das ist doch peinlich! Frauen müssen die Beine zusammenlassen.«

»Ich werde die Beine breit machen, wann immer ich Lust dazu habe«, rief Maes rebellische Stimme. Gott sei Dank hörte sie niemand. Ich erkannte es an den gleichbleibenden Gesichtern meiner beiden Zuschauer.

Auch diesmal half mir Mae, ungeachtet von Uchinoura-sans sexistischer, antifeministischer und in Anbetracht der Situation wenig hilfreicher Bemerkung, cool zu bleiben, und den zustimmenden Geist des »Sō desu ne!« aufrechtzuerhalten.

Uchinoura-san war noch nicht fertig: »Das ist der Charme einer Kunoichi. Dass du so dastehst ...«, sie stellte sich x-beinig hin wie ein Schulmädchen, »... und dann einen Dolch rausholst und ihn deinem Feind ins Herz rammst!«

»Tatsächlich?«, sagte Mae. »Manche Feinde werden schnell zu Freunden, wenn man die Beine öffnet, Schätzchen. Hast du darüber schon mal nachgedacht?«

Ich versuchte, den trotzigen Blick, den ich in meinem Gesicht vermutete, als Niedergeschlagenheit über meine unzureichende Standposition zu tarnen, und überlegte, wie um Himmels Willen ich Uchinoura-sans Rat in meinen nächsten Versuch einfließen lassen sollte, auf der Bühne gut dazustehen.

Nudelspeer

Im Mai dieses Jahres herrschte in Japan Butternot. Wo sonst stapelweise Butter aus Hokkaido gelegen hatte, waren die Kühlregale leer. In gut sortierten Läden war die Butter unauffällig durch Margarine mit Buttergeschmack ersetzt worden. Eines Tages probierte ich damit mein Glück, aber die Margarine formte eine ekelerregende, ranzige Schicht auf meiner Zunge, und ich beschloss, lieber mit der Erinnerung an die gute, alte Butter zu leben als mich mit ihren Ersatzprodukten abzufinden.

Ich stieg in den *Ninja-Liner* und ging meine Soundnotizen durch. Wenn ich sie einmal durchlas und dann noch einmal im Kopf wiederholte, konnte ich noch eine Stunde schlafen, bevor ich in Iga ankam.

Die erste Show des Tages lief fast perfekt. Ich verpennte nur einen Knopfdruck, während Tomonosuke von der Bühne rollte.

»Was zum Teufel machst du da?«, grunzte Kashira am Walkie-Talkie. »Unmöglich! Du hast überhaupt kein Feingefühl.« Da war er wieder, der Kashira, der launisch Beleidigungen spuckte. Wieder einmal scheiterte ich bei dem Versuch, ihn zu lesen. War es nur ein frustrierter Moment, oder zweifelte er plötzlich wieder an meiner Tauglichkeit für den Ninja-Beruf? Ich entschuldigte mich und achtete wie ein Fuchs darauf, den Knopfdruck in der nächsten Show nicht zu verpassen.

Beim Mittagessen hinter der Bühne erzählte Tomonosuke, dass er vorgestern beim Abendessen doch wieder Bier getrunken hatte, dabei hatte sein Fitnesstrainer gesagt, sein Körper würde sich noch weiterentwickeln, bis er 25 war, und bis dahin sollte er lieber clean bleiben.

»Aber dieses kühle Bitter und dieses perlende Prickeln – wenn man einmal Bier getrunken hat, kann man einfach keine anderen kohlensäurehaltigen Getränke mehr trinken,« sagte er. »Deutschland ist berühmt für sein Bier, stimmt's?«

»Sō desu ne«, bestätigte ich. »Vor allem im Sommer ist Deutschland ein super Bierland. Da gibt es nämlich Hefeweizen in großen, schlanken Gläsern. Du würdest es lieben.«

»Würste sind auch berühmt in Deutschland, stimmt's?« Tomonosuke prahlte gerne mit seiner Bildung.

»Sō desu ne«, sagte ich. »Im Sommer grillen wir Würstchen und trinken Hefeweizen.«

»Was ist denn noch berühmt in Deutschland?« Jetzt hatte er etwas ins Rollen gebracht.

»Was mir persönlich am meisten fehlt«, sagte ich, »ist Brot.« In Gedanken schnitt ich durch die knackige Kruste in den frischen Laib eines warmen Bauernbrots hinein. Damit drängten sich von neuem sehnsuchtsvolle Gedanken an Butter in mein Herz. »Es gibt hunderte von Brotsorten, und sie sind alle lecker.«

»Was für Brot haben wir hier in Japan, das ihr in Deutschland nicht habt?«, fragte Tomonosuke. Ich ging im Geiste an den Backwarenregalen japanischer Kombini und Bäckereien entlang und suchte etwas, das für mein deutsches Auge besonders fremd aussah.

»Yakisoba-pan!«, sagte ich. Hotdog-Brötchen mit Bratnudeln. Tomonosuke lachte.

»Ah, oder Kartoffensalat-Sandwiches, hm?«

Ich war beeindruckt. Durch mein Beispiel hatte er tatsächlich die Essenz dessen erkannt, was daran für mich seltsam war. Zwei kohlenhydratreiche Speisen in einem waren ein Affront für die kulinarische Prägung meines Gaumens. Kartoffeln mit Nudeln? Reis mit Brot? Spaghetti mit Kartoffeln? Jede deutsche Mutter ermahnte ihre Kinder am Buffet, sich nicht gleichzeitig Pommes und Reis auf den Teller zu schaufeln. In Japan hingegen sah man die Kombination in jeder Bentō. Ich dachte an die letzte, die ich gegessen hatte: drei Kartoffelecken, die übliche quadratische Portion weißer Reis mit Salzpflaume, eine Cupcake-Form Kartoffelsalat, daneben Teriyaki-Hühnchen und ein Nest Spaghetti mit Tomatensoße. Die Hitze in Iga machte mir zu schaffen. Plötzlich sehnte ich mich nicht mehr nur nach Butter, sondern auch nach frischem Brot und eiskaltem Hefeweizen.

Auf dem Rückweg war ich genauso müde wie auf dem Hinweg, dafür aber entspannter. Die Arbeit war getan und ragte nicht mehr vor mir in den Himmel wie ein kantiger, schwarzer Felsen, dessen Spitze ich durch die Wolkendecke nicht erkennen konnte. Immer wieder wurden Blitze und Donner herabgeschleudert. Ich vermutete dort oben ein Schloss, in dem ein Gott mit starken Stimmungsschwankungen lebte, und wollte sein Herz erobern. Jede Woche kletterte ich von neuem zu ihm hinauf.

Ich hatte mir ein Nickerchen verdient. Ich klappte meinen Bussitz zurück und schmolz hinein. Direkt in einen Traum. Ich war ein riesiges, buttriges Croissant-Walross. Mein menschliches Gesicht war umringt von glänzenden, goldenen Rüstungsplatten. 32 Schichten Teig mit Butter, ein Meisterwerk europäischer Backkunst, das weder von gebogenen, japanischen Schwertern durchschnitten noch von geraden Ninja-Schwertern durchstochen werden konnte. Mit dreißig Prozent Butter im Körper war ich voller Schwung und Dehnbarkeit. Ich begann, den Cancan zu tanzen, und warf meine Schwanzflosse links und rechts nach oben, sodass sie aussah wie zwei Beine. Ich machte Dehnübungen und Ninja-Saltos. Ich war voller buttrigem Elan.

Dann jedoch geschah etwas Alarmierendes. Etwas durchstach von oben meine Schädeldecke, während ich immer noch durch die Gegend wirbelte. Mit den seltsamen Fähigkeiten einer Träumenden drehte ich meine Augen nach hinten und erkannte in meinem Kopf eine seildicke Soba-Nudel, die sich von oben nach unten durch mich hindurchbohrte. Sie bewegte sich wie ein riesiger Wurm und durchstach mich längs, bis sie aus meinem Schwanzende wieder herauskam. Schnurstracks verknotete sie sich an beiden Enden und machte eine riesige Hängematte aus mir. Einen Gaijin am Spieß. Ein Croissant an einer Sobanudel.

Die Nudel schwang von Osten nach Westen. Am Ende jedes Schwungs schoss ein stechender Schmerz durch meinen Körper. Ich bemerkte, dass an den Stellen, an denen es schmerzte, Butter aus mir herauslief. Meine Substanz wurde mir entzogen, ich begann, mich aufzulösen und auseinanderzufallen.

Okay, dachte ich, ich muss weich bleiben! Ich atmete in die Schichten meines Unterbauchs ein und aus und entspannte meinen Teig, wo der Nudelwurm ihn angriff. Langsam gab der Schmerz nach, und mein Körper blieb ganz, aber ich konnte immer noch den Soba-Wurm spüren, wie er, von innen an mein Gewebe geschmiegt, herumzappelte. Angewidert schreckte ich aus meinem Traum hoch. Selbst im Wachzustand verursachte die Bratnudelinvasion in mir ein Übelkeitsgefühl, das mich bis ins Mark durchdrang.

Als ich in Umeda ankam, rannte ich zum nächsten Kombini, vermied das Backwarenregal und kaufte mir eine große Flasche Wasser. Ich musste meinen Körper reinigen. Während ich zum Bahnhof hinüberging, goss ich ihren Inhalt in mich hinein. Eine weißbemützte Verkäuferin rief mit schriller Stimme »*Yakisoba! Yakisoba!*« und bot damit ihre Bratnudeln feil. Ich schwang die Flasche ums Handgelenk und sah ihr finster in die Augen. Die rote Laterne an ihrem Stand baumelte hin und her. Ihr Gesichtsausdruck blieb unverändert. Während ich mich beeilte, in der Menge zu verschwinden, bohrte sich ihre Gleichgültigkeit von hinten in mich hinein. Nach drei Schritten hörte ich sie wieder schreien: »*Yakisoba, Yakisoba!*« Diesmal fügte sie hinzu: »1A-Qualität!«

Außerhalb des Ninja-Dorfes

Kashira sprach immer wieder davon, dass er Tomonosuke und mich zusammen nach Amerika schicken wollte, um dort mit einer englischen Ninja-Show aufzutreten. Wir sollten die Reichweite des Clans vergrößern, damit er auch auf internationalen Bühnen angefragt wurde.

Diese Pläne nahmen jedoch nie Form an, und so blieben die glamourösesten Auftritte meiner Ninja-Karriere zwischen Kashiras Launen und meiner ausschweifenden Fantasie stecken. Vielleicht verkörperte ich für Kashira einen großen Traum, der bei jeder kleinen Unzulänglichkeit meinerseits mit der Realität kollidierte. Umgekehrt war es natürlich genauso – die Ninja-Karriere war mein großer Traum. Kashira reagierte auf diese schmerzhaften Kollisionen mit Wut und Beleidigungen, ich mit Niedergeschlagenheit und Selbstzweifeln.

Einmal nahmen mich die Ninjas mit zu einer Show in einem Hotel in Kyoto. Der Festsaal hatte rote Vorhänge, eine hohe Bühne und einen riesigen Zuschauersaal mit gepolsterten Klappsitzen – wie in einem großen Theater. Der Veranstalter war eine Organisation zur Förderung des internationalen kulturellen Austausches, die erstaunlicherweise Geld zu haben schien. Das Publikum bestand beinahe zur Hälfte aus Gaijin. Ich dolmetschte mit einem Handmikrofon. Nach der Show sagte Kashira: »Das mit dem Dolmetschen hast du gut gemacht.

Die Leute sind richtig mitgegangen. Mitte Juli sind Sommerferien. Da solltest du Vollzeit nach Iga kommen. Dann wirst du endlich richtig lernen.«

»Hai!«, sagte ich und machte große Augen. Wieder einmal sprach er davon, dass er Tomonosuke und mich bald nach Amerika schicken wollte.

Die vielen Male, die er mich kritisierte und beleidigte, fing ich irgendwann an zu verdrängen. Die wenigen Male, die er mich lobte, brannten sich hingegen in meine Erinnerung ein. Vielleicht brachte er mich mit seinen Ermutigungen, mich auf meine Stärken zu konzentrieren, letztendlich doch in meiner Karriere weiter. Immerhin wurde ich später Dolmetscherin.

Ende Mai hatten die Ninjas wieder einen Auftritt außerhalb des Ninja-Dorfes. Die Veranstaltung sollte in der Tennishalle des *Hill Hotel Sunpia* in Iga stattfinden. Es befand sich mitten in der Einöde und stand in starkem Kontrast zu dem Festsaal in Kyoto. Die weitläufige Tennishalle war schäbig. Runde Stehtische und eine Bühne waren bereits aufgebaut worden. Trotzdem wirkte das Ensemble zusammengeschustert und alles andere als festlich.

Tomonosuke und Kashira gingen zum Ninja-Van, um das Equipment für die Soundeffekte zu holen. Masanosuke bohrte Löcher in eine Tatami-Matte und band sie mit Drähten an einen Rahmen. Für die Wurfsicheln.

»Kann ich helfen?«, fragte ich.

»Danke, geht schon«, sagte er. Er befestigte Holzbretter mit Querbalken und Schrauben aneinander. Für die Ninja-Sterne. »Die Event-Organisatoren haben uns ziemlich reingerissen«, sagte er. »Sie haben keine Ansteckmikros, nur Handmikros. Aber wie sollen wir mit zwei Sicheln in den Händen ein Handmikrofon halten?«

»Oh, nein«, sagte ich mitleidig.

Tomonosuke und Kashira kamen mit dem Equipment zurück. Wir trugen Masanosukes Konstruktionen nach vorne und bauten sie auf der Bühne auf. Während die Ninjas auf der Bühne verschiedene Wurfentfernungen ausprobierten, markierte ich die richtigen Stellen mit Klebeband auf dem Boden, ebenso die Positionen der Wurfziele – falls sie in der Zwischenzeit verschoben wurden.

Als nächstes setzte ich mich an die Musikanlage am hinteren Ende der Halle. Kashira blieb auf der Bühne und gab mir per Walkie-Talkie durch, was zu tun war, während sie skizzenartig das Programm durchgingen.

Wir testeten die Lautstärke.

»Das könnte morgen anders sein, wenn viele Leute im Raum sind«, sagte Kashira. »Dann vielleicht ein bisschen lauter.« Mir bangte davor, improvisieren zu müssen. Damit begab ich mich jedes Mal auf Glatteis. Aber ich lächelte und sagte »*Wakarimashita!*«, wie es sich gehörte. Verstanden!

Am nächsten Morgen wartete der Ninja-Van um 8.30 Uhr auf dem Parkplatz des *Neo Fukuton*. Schweigend fuhren wir zum *Hill Hotel Sunpia*. Dort angekommen, war die Atmosphäre wie in einem Schützenfestzelt. Ich saß hinten an der Musikanlage. Die Ninjas traten auf. Die Gäste wurden immer betrunkener und sahen kaum hin, während sie auf der Bühne ihre lebensgefährlichen Tricks vorführten.

Die Stimmung war etwas niedergeschlagen, als wir Stunden später endlich all das Equipment mühsam wieder zusammengepackt hatten und, ohne dass es irgendjemand bemerkte, wie professionelle Ninjas wieder von der Bildfläche verschwanden. Geld verdient hatte der Ninja-Clan an diesem Tag trotzdem.

Zusammenfassend konnte man sagen, dass das Show-Ninja-Dasein stärker von Staub und Rackerei geprägt war als von glamourösen Auftritten hinter roten Vorhängen – oder, Gott bewahre, auf internationalen Bühnen. Im Grunde war es ein ewiges Vorbeigaloppieren von Heldenträumen, die pompös auftauchten, nur um sogleich wieder in den dicken Staubwolken zu verschwinden, die sie aufgewirbelt hatten.

居合斬り

Iaigiri

[Schwertübung]

Mit dieser Übung bereitet der Ninja
sich auf den Ernstfall vor. Er zieht
das Schwert, schneidet, lässt es zum
Blutabschütteln durch die Luft sausen
und steckt es wieder zurück.

Kashiras Verletzung

»Kashira hat sich verletzt«, schrieb Uchinoura-san. »Er hat sich auf der Bühne mit dem Schwert in die Hand geschnitten. Mittelfinger, Ringfinger und kleiner Finger sind fast ab. Er ist im Krankenhaus.« Mein Herz raste los.

»Wie schrecklich!«, schrieb ich zurück. »Können sie ihn retten? Kann ich etwas machen?«

»Er wird operiert.«

Ich überlegte und kam zu dem Schluss, dass ich nur eines machen konnte: »Ich schicke ihm Ki.«

Spät abends kam die nächste Nachricht: »Sie haben sechs Stunden operiert.« Zum Glück hat er die ausländische Ninja-Versicherung, dachte ich. Uchinoura-san schrieb: »Ob er seine Hand wieder benutzen kann, wissen sie noch nicht. Ich fahre Samstag hin.«

»Kann ich mitfahren?«

»Er wird sich freuen, dich zu sehen.«

Da war ich mir nicht sicher. Ich war mir auch nicht sicher, ob ich ihn sehen wollte, im Krankenhaus, frisch operiert, seine Hand vielleicht für immer beeinträchtigt. Aber es musste sein. Der Krankenbesuch war Pflicht.

»Danke, dass ich mitfahren darf«, schrieb ich. »Hoffentlich erholt sich seine Hand.«

 Ki Das Ki, das beispielsweise in Aikido (合気道) vorkommt oder in chinesischer Ausführung in Qi Gong (氣功), ist ein unsichtbares Konzept, mindestens ebenso schwer greifbar und definierbar wie die Liebe und mindestens ebenso zentral in der psychischen und sozialen Dynamik menschlicher Beziehungen. Am besten verständlich finde ich die Übersetzung „Lebensenergie" oder einfach „Energie". Jemandem, der krank ist, Ki zu schicken bedeutet, ihm positive Gedanken und Gefühle zu widmen, beispielsweise indem man sich den Kranken gesund und munter vorstellt. Auf diesem Wege gibt man ihm etwas von der eigenen Energie ab, damit er auch in Wirklichkeit schnell wieder zu Kräften kommt.

Eigentlich war ich am Samstag mit meinem ehemaligen *GEOS*-Schüler Junya verabredet.

»Tut mir leid«, schrieb ich. »Ich kann morgen nicht. Kashira hat sich verletzt. Ich muss ins Krankenhaus.«

Nach wenigen Sekunden kam die Antwort: »Geht es dir gut? Bist du schon im Krankenhaus? Kann ich helfen?« Ich war verwirrt. Ein Missverständnis? Hatte ich mich vertippt?

Meine Augen schweiften aufwärts zu meiner Nachricht. Dann wurde mir klar, was passiert war. Natürlich! Ich war wahrscheinlich die einzige Person in ganz Japan, die das Schriftzeichen für »Kopf« schrieb und damit nicht ihren Kopf meinte, sondern ihren Chef. Ich schrieb zurück, um das Missverständnis aufzuklären, diesmal in Lautschrift.

Trotzdem war ich beunruhigt. Stimmte mit meinem Kopf womöglich wirklich etwas nicht? Ging es mir gut? Brauchte ich Hilfe? Mit einem Seufzer nahm ich meine Tasche und fuhr zum Bahnhof, um ein Geschenk für Kashira zu kaufen.

Auf der Fahrt gab Uchinoura-san das, was geschehen war, noch einmal ausführlich wieder.

»Er war auf der Bühne und hat Strohmatten durchgehauen, wie immer, nur dass er diesmal aus Versehen Masanosukes Schwert genommen hatte. Man darf nie ein Schwert nehmen, an das man nicht gewöhnt ist. Das ist fatal. Als er es herausziehen wollte, hat er sich geschnitten. Er hat noch einen Witz gemacht. Das Publikum hat gelacht. Dann ist er von der Bühne gegangen, Hand hinterm Rücken, und hat zu Tomonosuke gesagt: ›Ruf einen Krankenwagen!‹«

Kashira war allein in einem Dreierzimmer. Er saß aufrecht im Bett und trug sein Bruce-Lee-T-Shirt. Seine rechte Hand war mit einem dicken Gips und einem hautfarbenen Verband ummantelt, bewegte sich jedoch als Fortsatz seines rechten Arms so natürlich, dass man denken konnte, er habe überhaupt keine Verletzung.

»Anna!«, sagte er zur Begrüßung. Ich stellte die Papiertüte mit *Morozoff*-Schokolade neben ihn auf den Nachttisch.

»Deutsche Schokolade aus Osaka.«

»Unsere vorige Kunoichi wäre nicht gekommen, stimmt's?«, sagte er zu Uchinoura-san.

»Sie wäre nicht gekommen?«, fragte ich ungläubig. »Warum nicht?«

»Sie war verwöhnt«, sagte er. «Wenn sie Strohmattenteile einsammeln sollte, hat sie sie angefasst wie besudelte Unterhosen. Ihre Eltern hatten sie nicht gut erzogen.«

»Warum hat sie eigentlich aufgehört?«, wollte ich wissen.

»Ich hab es eines Tages an ihren Augen gesehen, dass sie nicht mehr wollte. Dann hat sie eine Ausbildung als Massagetherapeutin gemacht. Jetzt hören wir nichts mehr von ihr.«

Einen Grund nannte er nicht. Trotzdem beschlich mich das Gefühl, dass ich die Antwort auf meine Frage selber kannte.

Uchinoura-san stellte eine große Papiertüte neben meine.

»Ich habe ein bisschen Fruchtgelee mitgebracht. Ist erfrischend und leicht zu essen. Das, was meine Mutter liebt – mit Nashi, Mandarine und Traube.«

»Ich muss mit meinem Gewicht aufpassen«, sagte Kashira. »Ich lieg ja nur rum.«

»Ihr seht schlanker aus!«, sagte Uchinoura-san.

»Ja, ich hab ein bisschen abgenommen.« Es entstand eine Pause. »Montag fang ich mit der Reha an«, sagte Kashira dann. »Vielleicht wird sich meine Hand zu fünfzig Prozent erholen.«

»Ich schicke Euch Ki«, beteuerte ich. Ein Sonnenlächeln huschte über sein Gesicht. Er hatte weder seine Freude am Leben noch seinen Kampfgeist verloren.

»Ihr solltet Euch ausruhen«, sagte Uchinoura-san.

»*Sō desu ne*«, stimmte ich zu.

»Danke, dass ihr gekommen seid«, sagte Kashira.

Es war Zeit zu gehen.

Vater

Es war seltsam im Ninja-Dorf ohne Kashira.

Masanosuke und Tomonosuke übernahmen die Show, Uchinoura-san und ich taten, was wir konnten, um sie zu unterstützen. Die Stimmung war konzentriert, aber kein Weltuntergang hing in der Luft. Wahrscheinlich war es für die Ninjas normal, dass man sich verletzte. Sie waren schließlich Krieger. Und ihr Vater war wohlauf.

Wir redeten nicht viel. In der Pause aßen wir schweigend Reisbälle mit frittierten Garnelen, groß und rund wie Handgranaten, die Uchinoura-san und ich auf dem Hinweg besorgt hatten. Das Kombini um die Ecke stellte sie von Hand her. Garnelen lagen auch immer zum neuen Jahr in den symbolbeladenen, kunstvoll arrangierten Schachteln mit Neujahrsspeisen. Sie standen für ein langes Leben. Wegen des gebeugten Rückens.

Nach dem Mittagessen kam Herr Miyazaki vorbei, um uns die neue Ausgabe des Ninja-Magazins vorbeizubringen. Ich servierte Gerstentee. Tomonosuke stand am Bühneneingang und blickte hinaus. Dann setzte er sich und trank einen Schluck Tee. Irgendetwas an seinem Verhalten erregte Herrn Miyazakis Aufmerksamkeit.

»Wer von euch war eigentlich an dem Tag hier, als Kashira sich verletzt hat?«, fragte er.

»Ich«, sagte Tomonosuke.

»Hast du gesehen, wie es passiert ist?«, fragte Herr Miyazaki. Tomonosuke stellte seinen Tee ab und ging zurück zum Bühneneingang. Während er wieder die gleiche Stelle betrachtete wie zuvor, berichtete er von uns abgewandt von dem Vorfall.

»Es war der erste Teil der Show. Ich saß hier drin und hab zugeguckt. Es ist passiert, als er das Schwert rausgezogen hat, aber er hat seine Hand eingewickelt und sie zusammengepresst. Es war ein bisschen Blut am Schwert, aber sonst habe ich nichts gesehen. Man darf dem Publikum kein Blut zeigen. Er hat einen kleinen Scherz gemacht und gesagt, er ist heute nicht so gut in Form, er holt lieber mal seinen Sohn, und die Leute haben gelacht. Dann ist er ruhig von der Bühne gegangen. Ich dachte: Wow, das ist ein echter Profi, der in einer solchen Situation so ruhig bleiben kann. Aber das Beeindruckendste war sein Gesicht. Als er an dem Tag von der Bühne kam«, sagte Tomonosuke, »hatte mein Vater den liebsten Ausdruck im Gesicht, den ich je an ihm gesehen habe.«

Zum ersten Mal hatte er ihn Vater genannt.

Wenn er wieder wiederkommt

Ich verbrachte den sengend heißen Maivormittag in Kobe damit, sechzig Grundschüler, die im Rahmen eines Austauschs die Deutsch-Europäische Schule besuchten, sowie unsere gesamte eigene Schülerschaft auf einem riesigen Sportplatz zu beaufsichtigen. Die Sonne verbrannte uns die Nacken und trocknete unsere Kehlen aus, während wir über das Spielfeld rannten und den exklusiv zu diesem Anlass ersonnenen, »fröhlichen Outdoor-Aktivitäten« nachgingen. Ich erklärte Spiele, teilte die Kinder in Gruppen ein, hielt sie in Reih und Glied und wies unsere

Schüler zischend zurecht, die Gäste zu integrieren, anstatt immer nur mit ihren Freunden zusammenzukleben.

»Sucht euch neue Freunde«, sagte ich.

Mako und Dianne klammerten sich aneinander fest und schrien: »Wir wollen keine neuen Freunde!«

Die Hitze, das gleißende Sonnenlicht und die Kakophonie der Schreie hämmerten mir Nägel in den Kopf, die sich gegeneinander verschoben und quietschend aneinander rieben.

Endlich war es Zeit, das Austauschprogramm zu beenden. Nachdem wir die Kinder von der anderen Schule wieder ihren eigenen Lehrkräften übergeben und sie sich in Reih und Glied mit einer simultanen Verbeugung verabschiedet hatten, floh ich erleichtert zu den sanitären Anlagen, um Nacken und Gesicht mit kaltem Wasser zu erfrischen.

Da brummte mein Handy. Es war Uchinoura-san.

»Kashira schreibt ein Skript für dich. Wenn es fertig ist, gebe ich es dir, und du musst alles auswendig lernen. Er kommt Anfang Juli wieder. Das wird deine Bewährungsprobe sein. Wenn du es bis dahin nicht kannst, wirst du nie mehr zum Ninja-Clan zurückkehren können.«

Zum Glück war ich inzwischen ziemlich weit in den Charakter meiner fiktiven Figur Uchinoura-san vorgedrungen. Ich verstand die Tragödie ihres Lebens besser und konnte ihr Verhalten als tragischen Teil davon nachvollziehen. Es rief keine Tränen mehr hervor, keine Fassungslosigkeit und keine Verzweiflung. Außerdem hatte ich jetzt Mae. Trotzdem fühlte sich Uchinoura-sans Nachricht immer noch an wie der entschlossene Faustschlag eines kleinen Zwerges mitten ins Gesicht – mitten in den Kern meiner Kopfschmerzen. Magensäure stieg mir die Speiseröhre empor und mischte sich mit eiligen Schlucken meines Sportgetränks, die ich ihr zur Verteidigung entgegenschickte.

Nach der Schule brummte mein Handy erneut.

»Hast du jetzt Zeit?«, wollte Uchinoura-san wissen.

Oje, dachte ich. Sie will telefonieren. Auch das noch. Der bloße Gedanke brachte die Kopfschmerzen der Mittagszeit mit voller Wucht zurück. Ich wollte es so schnell wie möglich hinter mich bringen, bevor sich mein Magen verknoten konnte. Zur Not würde ich das Unmögliche tun und im Bus mit ihr reden.

»Ja, ein bisschen«, schrieb ich zurück. »Soll ich anrufen?«

Schon klingelte mein Handy.

»Anna, das Skript, das Kashira für dich schreibt, wird nicht nur die Seilkampfnummer beinhalten.«

»*Sō desu ne*«, sagte ich.

»Es wird noch viel mehr beinhalten. Kashira wird Ende Juli zurück sein ...« Moment, hatte sie vorhin nicht Anfang Juli geschrieben? »... und dann will er den gesamten Text von dir hören – und zwar fehlerfrei und flott.«

Fehlerfrei und flott stieg ich in den Bus. Außer, dass ich dabei telefonierte.

»Wenn du es dann nicht kannst, wirst du für die Ninjas nutzlos sein.«

Da war er, der laute, saftige Rülpser. Gott sei dank!

»*Sō desu ne*«, sagte ich erleichtert.

»Mm. Weißt du, normalerweise gibt es niemanden, der dir diese Dinge sagt.«

»Schätzchen«, sagte Mae, »du bist ein Muster der Aufopferung, wo es dir doch so schwer fällt, den Mund aufzumachen.«

»*Sō desu ne*«, sagte ich. Mae gab mir Kraft.

Das ersehnte Ende des Gesprächs im Blick, robbte ich durch den Schlamm und arbeitete mich darauf zu. Wenn Uchinoura-san versuchte, mich niederzudrücken, wenn sie wollte, dass ich weinte und mich wand, stellte ich mir vor, sie sei der Boden unter mir und meine Stimme die Ellbogen, die ich hineinbohrte, um mich vorwärts zu ziehen.

»Normalerweise«, fuhr sie fort, »wenn es hart wird, so wie jetzt, wo Kashira sich verletzt hat und nicht arbeiten kann und wir mit weniger Leuten auskommen müssen, geht man in der Gruppe noch rücksichtsvoller miteinander um als sonst. Man strengt sich mehr an, um den anderen zu helfen, sodass auch sie sich mehr anstrengen und man dadurch irgendwie alles schafft.«

»*Sō desu ne.*«

»Aber bei dir ist das etwas anderes. Du verstehst die japanische Kultur nicht. Also muss es dir jemand sagen.«

«Zeig mir, wie man sich anstrengt und nützlich macht, Schätzchen. Rede noch zwei Stunden weiter, damit ich mich so richtig erleichtert fühle«, sagte Mae.

»*Sō desu ne*«, sagte ich fröhlich.

»Normalerweise sagt es dir niemand«, sagte Uchinoura-san. »Niemand!«

Sie ließ eine Lücke. Zeit, mich zu rechtfertigen. Ich beteuerte, dass ich mich bereits anstrengte. Das entsprach der Wahrheit. Wie immer.

»Im Moment arbeite ich daran, die Erklärung für die Seilkampfnummer, die Übergänge und die Erklärung des Ninja-Schwerts zu lernen, wie Kashira es mir aufgetragen hat«, sagte ich. »*Gambatteimasu.*« Ich bin dabei, mich anzustrengen.

Das Verb *gambaru* enthielt die Schriftzeichen für »hart, störrisch« und »ziehen, zerren, dehnen«. Darin lagen Schmerz, Schweiß und pausenlos angespannte Muskeln. An der Stelle, wo ich zu Hause »Ich werde mein Bestes geben« sagen würde, beteuerte ich hier, dass ich mich verausgabte. An der Stelle, wo mir zu Hause jemand »Viel Glück!« wünschen würde, sagte Uchinoura-san: »Streng dich an!«

Mae machte demonstrative Schnarchlaute. Das gab mir genügend Rückenwind, um das Gespräch beherzt zu beenden.

»Wenn ich Sie nicht hätte! Ich bin Ihnen von Herzen dankbar«, log ich inbrünstig.

»Mm. Bis Sonntag.«

»Ja, bitte beehren Sie mich auch Sonntag wieder mit Ihrem Wohlwollen.«

»Mm. Tschüs.«

Ich dachte an Kashira, den Linkshänder. Die Blutgefäße und Nervenbahnen seines linken Daumens, Zeigefingers und kleinen Fingers waren frisch zusammengenäht und verausgabten sich derzeit, gestützt von einem komplexen Drahtgeflecht in einem riesigen Gips, um zu heilen. Wie wollte er mir eigentlich ein Skript schreiben? Abgesehen davon, dass Schreiben selbst bei körperlicher Höchstform nicht seine Stärke war?

Ich schrieb ihm eine Nachricht: »Ich hoffe, Ihr fühlt Euch besser. Ich habe gehört, Ihr schreibt mir ein Skript. Das wäre eine große Hilfe, aber bitte übernehmt Euch nicht. Ich bete für Eure schnelle Genesung und schicke Euch mein bestes Ki.«

Er schrieb zurück: »wenneinninjanichtbeidehändebenutzen kannisterkeinechterninjaichschreibemitderrechtenhandichhab egehörtdassduimmernochnichtalleerklärungenauswendigkan nstobwohlwiresdirvorewigkeitenaufgetragenhabenichwerded ichtestenunddannentscheidenobduhierimjuliarbeitenkannst«.

Ich schrieb zurück: »Ich weiß Eure Mühen sehr zu schätzen. Ich hoffe, Ihr erholt Euch bald. Ich freue mich darauf, Euch bald im Ninja-Dorf wiederzusehen. *Gambarimasu!*«

Dann atmete ich so viel Luft aus, dass es dem Busfahrer die Nackenhaare zerzauste, und sank in meinem Sitz zu einem kleinen Haufen zusammen. Was würde es für eine Freude werden, dieses Skript zu lernen!

Piranhabegegnung

Offensichtlich hatte ich mich zu früh gefreut, meine Probezeit überstanden zu haben, und wieder einmal Hoffnung aus einem sinkenden Boot geschöpft. Ich fühlte mich ausgelaugt. Trotzdem war ich nicht bereit aufzugeben.

Mitte Juli kam Kashira zurück. Er trug noch kein Ninja-Kostüm und trat noch nicht wieder in der Show auf, aber er war wohlauf und freute sich über die Auswahl feinster Mini-Schokoladenkuchen, die ich ihm aus Kobe mitgebracht hatte. Ich fragte ihn nach dem Skript.

»Seilkampf, Ninja-Schwert und Abschiedsrede«, sagte er knapp. »Musst du selber lernen.« Ein Skript hatte er nicht geschrieben. In mühevoller, stückweiser Arbeit hatte ich mir so viel von den Bühnentexten aufgeschrieben, wie ich konnte. Da ich jedoch unsicher bezüglich meiner altjapanischen Ausdrucksweise war, hatte ich gehofft, offiziell abgesegnete Texte von Seiten der Ninjas zu bekommen. Ich verkniff mir einen Seufzer, schrie »Hai!« und beteuerte: »*Gambarimasu!*«

An diesem Tag kam noch jemand anders ins Ninja-Dorf: ein neuer Kunoichi-Lehrling. Sie hieß Mayu, war 16 und machte schon ihr Leben lang Kendo, die Kampfkunst mit dem Bambusschwert, den dunklen Rüstungen und den hohen Schreien. Mayu war so still, dass ich mich an kein einziges Wort erinnern kann, das sie je äußerte. Ihr Vater brachte sie zusammen mit einer Riesenladung Getränkekisten als Geschenk für die Ninjas, als verkaufe er sie an den Clan, weil er nichts Besseres mit ihr anzufangen wusste. Mayu hatte einen Unterbiss und erinnerte von der Seite an einen Piranha.

In der Nacht träumte ich, ein paar dunkle Gestalten ließen meinen leblosen Körper von einem Boot in den Fluss gleiten.

Piranhas kamen und fraßen mich. Da ich bereits tot war, tat es nicht weh. Trotzdem konnte ich seltsamerweise noch ein Bündnis mit den Fleischfressern schließen, indem ich versöhnlich zu ihnen sagte: »Ihr Piranhas könnt ja nichts dafür.«

Sommerhitze

Kurz vor den Sommerferien verbrachte ich ein paar Tage im Hause der Familie Ukita mitten im ländlichen Herzen der Präfektur Mie. Drumherum waren nur Felder, das Klo war nicht an die Kanalisation angeschlossen, und im Morgengrauen fraßen Marderhundwelpen auf der Terrasse heimlich das Katzenfutter. Im Landhaus der Ukitas lebten zusätzlich zu Kashira, seiner Frau, Tomonosuke, Masanosuke und ihrem kleinen Halbbruder Atsuyoshi, der bereits daran arbeitete, eines Tages als Atsunosuke mit ihnen in der Ninja-Show aufzutreten, auch Kashiras Eltern, die mir für meinen Aufenthalt ihr winziges Kämmerlein überlassen hatten.

Frau Ukita und der kleine Atsuyoshi waren nicht da. Ich nahm an, dass sie aufgrund der höheren Auslastung ihres Hauses zu den anderen Großeltern geflohen waren.

Ich fragte mich, wo die Einliegerwohnung sein mochte, die Kashira vor über einem Jahr als mögliche Wohnstätte für mich erwähnt hatte. Sie war danach nie wieder zur Sprache gekommen. Das legte nahe, dass diese Möglichkeit verworfen war. Trotzdem spürte ich jeder Fährte nach, die es mir erlaubte, Kashiras unberechenbare Gedankengänge nachzuvollziehen. Wie immer kam ich auch dieses Mal zu keinem brauchbaren Ergebnis.

Am Montagmorgen verließen wir das Haus um 8.30 Uhr, eine halbe Stunde später als an den vorigen Tagen. Kashira musste wegen seiner Handverletzung zur Reha und parkte den Ninja-Van vor dem Krankenhaus. Ab hier übernahm Masanosuke das Steuer. Als wir im Ninja-Dorf ankamen, überreichte er mir aus dem Kofferraum ein Bündel.

»Hier, deine neuen Kostüme«, sagte er. Kashira hatte mir aufgetragen, bei Sugita-san zwei Sommerkostüme für mich schneidern zu lassen, mit kurzen Hosenröcken und ärmellosen Kimono-Oberteilen. In meinen Ohren hatte diese Anweisung süß nach Zukunft geklungen.

Ehrfürchtig schlug ich die vier Seiten des Bündels auf. Sugita-san hatte wunderbare Stoffe für mich ausgesucht. Das eine Oberteil war rot mit weißen Kranichen und frühlingsgrünen Pflanzenornamenten, das andere schwarz mit einem Muster aus elegant geschwungenen und geknoteten violettbeigen Seilformationen. Ein Moment der Rührung überkam mich, die Kraniche drehten flatternd eine Begrüßungsrunde in meiner Magenkuhle, und die Seile schnürten mir die Kehle zu. Farblich passende Hosenröcke und Schienbeinkleider vervollständigten die Kostüme sowie zwei Beutelchen mit Kordel. Ich wusste zwar nicht, wofür sie waren, aber zweifelsohne würde ich es bald herausfinden.

Ich wechselte das Wasser im Heißwasserspender und schaltete ihn an, dann das Equipment in der Soundkabine. Anschließend verrichtete ich die einzige Aufgabe im Ninja-Dorf, von der mir schlecht wurde. Ich reinigte den Aschenbecher vor dem Bühneneingang und füllte ihn mit frischem Wasser. Die braun-schwarze Suppe und die Zigarettenleichen, die in der großen Blechschachtel trieben, rochen übel, und sowohl Schachtel als auch Deckel waren verbogen, sodass es schwer war, sie voneinander zu trennen. Ich hielt die Luft an, während ich einen Versuch nach dem anderen machte.

Als ich mit meinem morgendlichen Reinigungsablauf durch war, sagte Tomonosuke: »Heute ist ein Wochentag. Die erste Show fängt erst um 11.30 Uhr an. Da haben wir viel Zeit zum üben.«

Tomonosuke ging auf die Bühne und begann, sich zu dehnen. Ich nahm die andere Bühnenseite und dehnte mich ebenfalls. Als nächstes machte er seine Waffengymnastik und schwang schwere Sai um seine Handgelenke.

»Meine Lieblingswaffen«, sagte er. »Perfekt zur Kräftigung der Schultern. Wenn du regelmäßig damit trainierst, ist es danach viel leichter, das Seil herumzuschleudern.«

Nach dem Dehnen nahm ich mein Seil und übte, sein eines Ende mit einem lauten, knochenzerschmetternden Knall auf den Boden zu hauen. Ich brauchte diesen Knall für die Kurzversion der Seilkampfnummer und war immer noch nicht besonders gut darin. In dieser Version sollte ich am Anfang Hobakujutsu, die Ninja-Praxis des Seilkampfes, erklären und dann das Seil mit einem Knall auf eine Holzplatte hauen, bevor der Kampf mit dem Partner begann. Meine rechte Schulter schmerzte. Also übte ich mit dem linken Arm weiter. (einninjadernichtbeidehändebenutzenkannistkeinechterninja!) Danach ging ich die Bewegungen der ganzen Nummer durch, während ich mir meinen Gegner dabei vorstellte. Tomonosuke warf ein paar Kunai, sodass sie in der Strohmatte stecken blieben.

»Könnten wir heute noch mal üben?«, fragte ich.

»Machen wir«, sagte er. »Vor dem Mittagessen.«

釵 Sai ist eine Hieb- und Stichwaffe für den Nahkampf, die aussieht wie ein kleiner Dreizack mit verlängerter Mittelzinke und gebogenen Außenzinken. Sai werden auch im Karate und im *Kobudō* benutzt, einer alten Kampfkunst mit Bauernwaffen. Beide Kampfrichtungen haben auf der Inselgruppe Okinawa ihren Ursprung, ebenso wie die Waffe selbst. Allerdings ist es auch möglich, dass sie aus anderen Gegenden Asiens eingeführt wurde wie China, Indonesien, Malaysia, Vietnam oder Indien, in deren Kampfsystemen sie ebenfalls zum Einsatz kommt.

Zur ersten Show kamen sechs Leute. Wir ließen die Begrüßungsrede weg. Stattdessen fing Tomonosuke gleich mit der Erklärung des Samurai-Schwerts an. Danach erklärte er das Ninja-Schwert. Die Soundeffekte fielen mir leicht. Es war ein Teil des Ninja-Alltags, in dem ich mich inzwischen routiniert fühlte – jedenfalls meistens.

Nach der Show übernahm Tomonosuke netterweise wie versprochen den Part des Feindes für mich. Ich würde zukünftig gegen verschiedene Feinde antreten müssen – Masanosuke, Tomonosuke oder Hentai, je nach Besetzung und Show-Aufstellung. Tomonosukes Stimme war hoch und lehrmeisterlich, und er genoss es, sie in eloquenten Wendungen in meine Richtung fließen zu lassen. Ab und zu pikste er mich mit kleinen, spitzen Gemeinheiten.

»Du bewegst dich wie ein Roboter«, sagte er. Oder: »Du stehst da wie eine alte Frau.« Anschließend strahlte er begeistert über seine cleveren Sticheleien. Es war so niedlich, dass selbst ich mich darüber freuen konnte. Er gab mir viele nützliche Ratschläge. Das war die Hauptsache.

»Die Schläge müssen nah genug an meinem Gesicht vorbeigehen. Es muss echt aussehen. Nachdem du dich umgedreht hast, muss das Seil horizontal direkt über meinem Kopf hinwegfliegen. Nachdem ich das eine Ende des Seils gefangen habe, geh direkt in die L-förmige Seilhaltung über, ohne vorher daran herumzuruckeln. Wenn du Schwierigkeiten mit der Art hast, wie dein Partner etwas macht, musst du ihm Bescheid sagen, damit er sich auf dich einstellen kann und es leichter für dich ist. Aber ohne ihn zu beleidigen! Du musst es nett sagen. Hey, du stehst da wie eine alte Frau!«

Den ganzen Tag triefte der Schweiß nur so aus meinen Poren, drang zunehmend durch mein T-Shirt und erreichte bereits die dekorativen Seile meines neuen Kostüms. Bemüht darum, trotz Hitze präsentabel auszusehen, tupfte ich mir in jeder freien Minute mit einem Handtuch Gesicht und Arme ab, aber während des japanischen Sommers war der Kampf mit dem Schweiß echte Sisyphusarbeit.

Nach der 13-Uhr-Show kam Kashira aus der Reha, und das eigentliche Training begann.

»Anna, hol dein Seil«, sagte er. »Mach dein Mikro dran, als wärst du in der Show. Was machst du da? Das ist eine Kampfnummer! Warum zum Teufel machst du dein Mikro da dran?« Ich hatte es wie immer hinten an den Gürtel geklipst und wusste nicht, was ich sagen sollte. »Du brauchst eine Mikrofontasche, wenn du eine Kampfnummer machst. Denkst du überhaupt nicht nach? Ich hab dir schon im Winter gesagt, du sollst dir eine machen lassen!« Ich konnte mich nicht daran erinnern. Ob er es gesagt hatte oder nicht, die Antwort war: »Es tut mir aufrichtig leid.«

»Du hast keine Tasche?« Ich erinnerte mich an die beiden Beutel in dem Paket mit meinen neuen Kostümen.

»Doch, hab ich«, rief ich.

»Dann hol sie! Du verschwendest unsere Zeit.«

Ich rannte hinter die Bühne, kramte in meinen Sachen herum und beeilte mich, die Tasche zu finden und danach alles ordentlich zu hinterlassen. Wie mein Frühstückstablett. Das war ein wichtiger Bestandteil japanischer Kultur – man musste alles ordentlich hinterlassen. Machte man ein Kirschblütenpicknick, nahm man danach seinen Müll mit. Ging man zu einer Party, half man danach beim Aufräumen. Brach man auf in die Schlacht, zog man vorsichtshalber zwei Unterhosen an. So konnte man, falls man unerwartet dem Tod ins Auge sah, schnell die innere herauslösen und der Nachwelt eine saubere

Leiche mit unbefleckter Unterhose hinterlassen. Im Hagakure, dem Code der Samurai, war diesem Thema ein eigenes Kapitel gewidmet.

Ich rannte mit dem zu meinem Kostüm passenden Beutel wieder auf die Bühne.

»Was ist das denn?« Vielleicht war es doch nicht der richtige. »Na, dann benutz das eben«, donnerte Kashira.

So schnell ich konnte, knotete ich den Beutel an das innere Band meines Oberteils. Ich schaffte es, den Empfänger hineinzustopfen, und klipste das Mikro an meinen Kragen. Dadurch kam ich allerdings nicht mehr an den Schalter heran und fragte mich, wie ich es nun anmachen sollte.

»Jetzt schalt das Ding ein, hol das Brett und komm raus. Du verschwendest meine Zeit!«

Ich rannte zum Bühnenrand, schnappte mir das Brett und fummelte in den Falten meines Kostüms herum, bis ich es irgendwie schaffte, das Mikro einzuschalten. »Nein, nicht jetzt anschalten! Ich hab doch gesagt, du sollst es genauso machen wie in der Show.« Ich sollte in der Show nicht mein Mikro anschalten? »Jetzt beeil dich, du verschwendest unsere Zeit!«

Ich atmete einmal durch, trat mit meiner tollpatschigen Mikrofonkonstruktion im Kostüm auf die Bühne und sagte: »Die nächste Ninja-Technik, die wir euch vorführen werden, ist Hobakujutsu, die Kunst des Seilkampfs. Wie ihr seht, hat das Seil an jedem Ende einen Knoten.« Ich hielt die Knoten hoch, damit alle sie sehen konnten.

»Die Show soll eine Viertelstunde dauern!«, schrie Kashira. »Wenn du so lahmarschig bist, dauert allein die Seilnummer eine Viertelstunde. Komm mal zu Potte!« Ich ging zurück hinter die Bühne und fing noch einmal von vorne an. Diesmal sprach ich schneller.

»Man kann das Seil auch dazu verwenden, den Feind zu würgen«, sagte ich. Das war Masanosukes Stichwort. Er kam auf die Bühne, und ich demonstrierte die Würgetechnik an ihm.

»Was machst du denn da?«, fragte Kashira. »Es soll aussehen, als würdest du ihn würgen. Du ziehst das Seil durch die Schlinge wie einen Faden durch die Nähnadel. Schneller!« Ich zog schneller. »So geht das nicht.« Ich machte es noch einmal. Und noch einmal. »Was soll denn das für eine Pose sein? Bist du eine Maschine oder was? Die Bewegungen müssen fließen, verdammt noch mal!« Kashira nahm meine Position ein und führte mir vor, wie man es machte. Seine Handverletzung schien er vergessen zu haben. »Nicht so viel Oberkörper!«, bellte er.

Dieser Teil zog und zog sich. Ich bekam es einfach nicht hin. Kashira schrie und fluchte weiter in meine Richtung, bis Masanosuke beinahe entschuldigend lachte und sogar Tomonosuke mitleidig anfing, mir nützliche Ratschläge zu geben. Wahrscheinlich spürten auch sie, wie Kashiras Intensität zusammen mit der unbarmherzigen Hitze und den Schmerzen in meinen Muskeln von all dem Training mich auslaugten. Kashira wütete unbeeindruckt weiter. Meine Dämlichkeit und Ungeschicklichkeit schienen unübertrefflich, gebührende Strenge unumgänglich.

Ich zog das Schwert durch die Schlinge und Kashira schrie: »Nicht nur mit dem Arm schneiden!« Er wollte, dass ich meinen ganzen Körper benutzte, vor allem Beine und Hüften. Als ich wieder aufblickte, saß Mayu, die neue Kunoichi-Anwärterin, im Publikum und sah zu. Kashira wischte mich verächtlich zur Seite und führte es mir noch einmal vor. Ich ging zurück, um es nachzumachen.

»Gaijin sind unfähig, wenn es darum geht, Beine und Hüften zu benutzen«, sagte er zu Mayu. »Sie haben keine Kraft in den Beinen. Guck dir diesen langen Lulatsch an.«

Ich war nicht sicher, was ich tun sollte, während er mit Mayu sprach, also wiederholte ich den gleichen Teil wieder und wieder, während ich Masanosukes Augen auf Hinweise überprüfte, ob es das richtige war. Ich konnte keinen Widerspruch in ihnen erkennen. Wir waren Marionetten in Kashiras Hand.

»Gaijin können nicht mit dem japanischen Schwert umgehen«, sagte Kashira. »Japaner haben kurze, schnelle Beine und bewegliche Hüften.«

Meine Eingeweide begehrten auf. »Beruhige dich«, sagte ich mir. »Du weißt genau, dass er Unsinn redet. Wenn du es kannst, wird er allen erzählen, dass du der einzige Gaijin bist, der es jemals geschafft hat, Beine und Hüften zu bewegen und mit dem japanischen Schwert umzugehen.«

»Du bewegst dich wie ein Roboter!«, schrie er. »Wie eine dämliche Maschine. Kannst du dich nicht wie ein Mensch bewegen? Das hier soll eine Generalprobe sein. Als wärst du in der Show. Machst du das gerade in Zeitlupe oder was? Ich hab dir das schon mal gesagt, und jetzt machst du es schon wieder. Du verschwendest unsere Zeit!«

Zur Überraschung seiner Söhne cancelte Kashira die 15-Uhr-Show und fluchte weiter, während er mich erneut durch die Nummer peitschte. Als ich schon fürchtete, meine Beine würden jeden Moment unter mir zu Pudding werden, ging er hinter die Bühne. Danach kam er nah an mich heran. Ich hatte keine Ahnung, was er vorhatte. Er schnallte mir einen Mikrofongürtel um. Es war seiner, und er war so weit für mich, dass er heruntergefallen wäre, wenn ich ihn nicht mit letzter Kraft aufgefangen hätte.

»Sorg dafür, dass er dir nächste Woche passt«, sagte er und rauschte davon. Ich verbeugte mich und hielt mich mühsam auf den Beinen. Mein Schweiß hatte den Bühnenboden in Schlamm verwandelt, in dem ich nun langsam aber sicher versank.

Sonnenuntergang

Auch am frühen Abend blieb der Schweiß ein ständiger Begleiter. Masanosuke und ich waren dabei, vor dem Haus der Ukitas Zielscheiben zu machen, für das Ninja-Stern-Schlagen am nächsten Tag. Kashira kam heraus und sagte: »Anna, wir beide gehen Kaffee trinken.«

Wir fuhren mit dem Ninja-Van über die Felder zum einzigen Café weit und breit. Die Sitze waren aus abgewetztem, ockergelbem Kunstleder, die Lampenschirme hatten vom Zigarettenrauch die Farbe alter Zähne angenommen, selbst die Plastikattrappen von schwarzem Kaffee mit Eiswürfeln und Grünteerolle mit Sahne und roten Bohnen unter dem gläsernen Tresen schienen vergilbt. Kashira setzte sich auf eine Bank, ich auf den Hocker gegenüber. Hinter ihm sah ich durch die Fenster die Sonne über den Feldern sinken. Wir bekamen zwei Tabletts mit Eiskaffee und Grünteekuchen.

Kashira goss sich aus einem winzigen, runden Plastikbehälter mit Abziehfolie Sirup in den Kaffee, aus einem zweiten Kaffeesahne. Er machte eine unscheinbare Bewegung mit dem Strohhalm. An den Vorgängen in seinem Glas sah ich, dass er dabei seinen Schließmuskel spiralförmig aufwärts gezogen hatte. Das war eine Technik, die viele Kampfkünstler regelmäßig nutzten, um ihr Körperzentrum zu stärken. Aber nur wenige sprachen darüber. Sirup und Sahne reproduzierten die Dynamik und stiegen in einem Wirbel aufwärts. Eiswürfel klackerten. Eine Sekunde später sah man nur noch süßen, karamellbraunen Frieden. Schlürfend nahm Kashira den ersten Schluck.

»Wir haben hier nach langen Jahren unsicherer Rackerei mit Müh und Not eine Nische gefunden«, sagte er und nahm schlürfend den ersten Schluck. »Aber selbst so ist es immer noch ein hartes Leben.« Er rührte in seinem Eiskaffee herum. Noch konnte nicht viel Eis geschmolzen sein. »Du, Anna, ...«, er nahm noch einen Schluck, »... hast eine Hochschulausbildung. Was um Himmels Willen ist für dich so attraktiv daran, dich hier mit uns abzurackern?« Just verschwand hinter ihm am Horizont der letzte orangeglühende Rand der Sonne im Ackerboden.

»Ich will es einfach«, sagte ich trotzig.

Egal, wie unbarmherzig und launisch er sonst sein mochte, dieses Mal spürte ich eine neue Dimension in seiner Einstellung mir gegenüber: Er verhielt sich väterlich. Ich hingegen verhielt mich kindlich. Plötzlich merkte ich, dass diese Dynamik unsere Beziehung beherrschte, erweitert um die Dimensionen Meister-Schülerin, Japaner-Ausländerin, Mann-Frau, Mensch-Mensch. Jede von ihnen brachte ihre eigenen strudelförmigen Bewegungen mit ein. Komplizierter hätte es kaum sein können. Wir waren kreuz und quer miteinander verstrickt. Durchschnitt man das Seil, würden Gliedmaßen rollen.

Wohnungen

»Heute zeigt dir Yamashita-san die Wohnung«, sagte Kashira. »Er holt dich um 17 Uhr vorne auf dem Parkplatz ab.«

Ein Bekannter von Kashira hatte eine Wohnung in Iga frei. Ich war trotzig geblieben und wollte immer noch Vollzeit-Ninja werden. Den ganzen Tag lang hatte ich eine Liedzeile im Kopf, die wir früher im Mädchenchor gesungen hatten:

Wie lieblich sind Deine Wohnungen, Oh Herr!
Es sehnt sich meine Seele nach dem Vorhof des Herrn.

Herr Yamashita fuhr einen rostigen, grünen Toyota Swift. Er stand davor wie fünf nach sechs mit einem verbogenen Minutenzeiger, dünne Statur, dünnes Haar, dünne Haut.

»Anna-san«, nickte Herr Yamashita mir zu, als ich über den Parkplatz kam.

»Dōzo!« Er öffnete die Autotür und ließ mich einsteigen.

Ohne ein Wort fuhr Herr Yamashita seinen rostigen *Toyota* zu einer desolaten Wohngegend jenseits des hübschen Stadtkerns von Iga. Das Gebäude war dreistöckig und bestand aus einem verdächtigen Baumaterial, dessen Farbe mich an blutigen Stuhl erinnerte. Die Wohnung war im ersten Stock. Sobald wir eintraten, ließ mich der feuchte Geruch von Schimmel beinahe rückwärts wieder herausschnellen. Höflich blieb ich stehen. Der Schimmel wucherte dunkel auf den Tatami-Matten.

Herr Yamashita sagte immer noch kein Wort. In seiner gebeugten Haltung bewegte er sich schwerfällig zur Klimaanlage an der gegenüberliegenden Wand hinüber und zog an der Strippe, um sie anzumachen. Sie funktionierte nicht.

»Würden Sie eine neue Klimaanlage einbauen?«, fragte ich, um eine positive Richtung einzuschlagen.

»Ja«, sagte er. »Das könnten wir machen.«

»Und neue Tatamis?«, fragte ich vorsichtig. Herr Yamashita kratzte mit dem Fuß über den Schimmel.

»Könnten wir machen«, sagte er.

Er wirkte, als würde er ununterbrochen von einer schweren Last niedergedrückt und leide unter Kopfschmerzen. Als wolle er in Wirklichkeit am liebsten gar nichts machen. Weder eine neue Klimaanlage einbauen noch neue Tatamis verlegen lassen oder seine Wohnung an einen Gaijin vermieten. Er sah mich von schräg unten an, obwohl er eigentlich größer war als ich, und sagte: »50,000 Yen im Monat. Kalt. 100,000 Yen *Reikin*.«

Ich schluckte. Mein Speichel schmeckte nach Schimmel. Reikin hieß wörtlich »Dankesgeld«. Dabei handelte es sich um ein Schlüsselgeld, das man an seinen Vermieter zahlen musste, bevor man einzog – als Dank dafür, dass man einziehen durfte. Wie auch in diesem Fall betrug es meist zwei Monatsmieten. Man bekam nichts davon zurück. Meine kleine, aber feine, brandneue Wohnung in Toyonaka, einem guten Wohnviertel Osakas hatte 60,000 Yen im Monat gekostet – ohne Reikin.

»Vielen Dank«, sagte ich. Aus dem Nichts materialisierte sich in der Ecke des Zimmers ein länglicher Haufen. Jäh erkannte ich in der geisterhaften Erscheinung mein zukünftiges Ich, nachdem es in diese Wohnung eingezogen war, mit einem graugrünen Fell überwachsen und für immer immobilisiert.

Ich war so schockiert, dass ich vergaß zu fragen, ob die Wohnung auch ein Bad besaß. Oder eine Küche. Wortlos wandte ich mich um und ging die Treppe hinunter. Herr Yamashita kam wortlos hinterher. Draußen angekommen, sog ich voller Erleichterung, dem düsteren Schicksal noch einmal entronnen zu sein, frische Luft in meine Lunge.

»Soll ich dich noch zum Bahnhof fahren?«, fragte Herr Yamashita. Er sah nicht so aus, als wollte er es machen.

»Nein, danke«, sagte ich. »Das ist sehr nett von Ihnen, aber ich gehe gerne zu Fuß. Ist ja nicht weit.«

In Wirklichkeit hatte ich keine Ahnung, wo ich war. Ich wollte nur nicht noch einmal in Herrn Yamashitas Auto steigen. Er stieß sich trotz seiner gebückten Haltung beim Einsteigen den Kopf und hob zum Abschied wie zur Entschuldigung die Hand, ohne mich anzusehen. Wie es die Etikette erforderte, blieb ich stehen und lächelte ihm hinterher, bis er davongefahren war.

Zum Glück erkannte ich in der Ferne die große Straße mit dem Kombini und ging darauf zu. Es war weit. Ich verpasste den letzten *Ninja-Liner* und musste den langen, komplizierten Weg mit der Bahn zurückfahren.

Eins war klar: Wenn ich die Wohnung nicht nahm, würde Kashira wieder einmal meinetwegen sein Gesicht verlieren. In seiner Heimatstadt Iga, wo er hoch angesehen und respektiert war. Während ich von einem Zug zum nächsten hetzte, sehnte sich meine Seele heftiger denn je nach dem Vorhof des Herrn, nach einer lieblichen Wohnung weit weg von dem irdischen Jammertal, in dem ich mein Dasein fristete, jenseits von Eitelkeiten, verdächtigen Baumaterialien und schimmligen Tatami-Matten.

Ein überraschendes Debüt

Ich hatte die ganze Nacht wach gelegen und darüber nachgedacht, was ich Kashira über die Wohnung berichten sollte, die Herr Yamashita mir gezeigt hatte. Am nächsten Morgen jedoch hatte Kashira, der inzwischen wieder Ninja-Kleidung trug, Kunai und Ninja-Sterne mit der rechten Hand schlug und sogar einhändig ein paar aufgerollte Bambusmatten köpfte, schon wieder ein ganz anderes Thema für mich.

»Am 21. machst du dein Debüt«, sagte er.

»*Hai!*«, rief ich und verbeugte mich stramm. Er ging mit mir die Seilnummer durch und war erneut mit nichts zufrieden.

»Hintern runter!«, grunzte er. »Bist du ein kompletter Anfänger oder was? – Nicht schon wieder diagonal zurückspringen. – Du siehst aus wie eine alte Oma, wenn du das Seil schwingst. – Nicht so viel Muskelkraft! – Bisschen mehr Power! – Das Seil muss knapp über seinem Kopf hinwegfliegen. – Wehe, du triffst ihn!« Zum Schluss sagte er: »Wenn du nächstes

Mal nicht alles kannst, was ich dir gesagt habe, wirst du zurückgestuft und wir bezahlen dir gar nichts mehr!«

Ich verbrachte den Rest meines Ninja-Tages in niedergeschlagener Stimmung. Abends schickte Kashira mir eine Nachricht: »wenn du die wohnung nicht willst musst du sie nicht nehmen denk an alles was ich dir heute gesagt habe und streng dich an ich freue mich auf dein debüt am 21.« Wieder einmal knabberte ich zahm das Bröckchen Zuckerbrot, das er mir zuwarf, während die Peitsche noch in seiner anderen Hand zuckte.

Am nächsten Tag kam eine weitere Nachricht: »war die wohnung ok«. Ich schrieb, dass sie ein wenig heruntergekommen aussah, Herr Yamashita aber versprochen hatte, neue Tatamis und eine neue Klimaanlage einzubauen. Ich setzte darauf, dass Herr Yamashita es nicht machen würde und ich die Wohnung daraufhin nicht nehmen musste. Es war selbstsüchtig von mir, denn Kashira würde auch in diesem Fall sein Gesicht verlieren – nur nicht meinetwegen. Wäre ich ein wahrer Gefolgsmann, würde ich die Wohnung dankbar annehmen, egal in welchem Zustand.

Kashira schrieb: »wenn sie es saubermachen gut miete ist billig übrigens verlegen wir dein debüt letztes mal warst du nicht gut genug trainier lieber noch ein bisschen als wärst du schon in der show wenn du dein debüt machst erhöhen wir dein gehalt auf stufe b«.

Es war keine unfreundliche Nachricht, aber mit dem ständigen Hin und Her von Kashiras Entscheidungen klarzukommen, war einer der anspruchsvollsten Aspekte des Shugyō. Wahrscheinlich war er stolz darauf, wie gut er es hinbekam, mich diesem echten, japanischen Erziehungsritual zu unterwerfen. Er fachte meine Hoffnungen an, im nächsten Moment hielt er einen Feuerlöscher darauf. Wie ein Rennpferd, dessen Willen er brechen wollte, ließ er mich mit Vollkaracho in die eine Richtung galoppieren, nur um mich im nächsten Moment herumzureißen und in die andere zu lenken, sodass der Metallbügel mir tief in den weichen Mundwinkel schnitt.

Ich versuchte, das Positive zu sehen, und war froh, dass Kashira meinen ersten Auftritt verschieben wollte. So bekam ich noch ein bisschen mehr Zeit zum Üben.

Entschlossen konzentrierte ich mich auf die Vorbereitung. Ich wollte ein echter Ninja sein. Ein echter Ninja machte alles selbst. Ich brauchte eine wasserdichte Tasche in meinem neuen Oberteil, damit ich mein Mikrofon beim Kämpfen hineinstecken konnte. Nähen war nicht meine Stärke. Trotzdem kaufte ich wasserdichtes Material, brütete über dem Design und nähte innen an den schrägen Kimono-Saum eine Mikrofontasche mit Reißverschluss. Sie sah ordentlich aus und funktionierte.

Als ich am 19. in Iga ankam, begrüßte mich Tomonosuke und sagte: »Konzentrier dich und sei auf der Hut. Heute bist du in der Show!«

Ich riss die Augen auf.

»Genau«, bestätigte Kashira. »Aber du kannst den Text noch nicht, deshalb machen wir die Seilnummer einfach am Anfang der Show ohne Erklärung davor. Sprich das mit Tomonosuke ab.«

Wie bitte?! *Heute* sollte ich meine erste Show machen?!

Warum konnte man sich auf nichts, was er sagte, verlassen? Warum musste er immer so mit mir umspringen? Ärgerlich versuchte ich, das Warum abzuschütteln. Wieder einmal war ich weit entfernt von Mushin, dem Geisteszustand vollkommener Ruhe.

Ich schluckte, verbeugte mich vor Tomonosuke und bat ihn um sein Wohlwollen. Tomonosuke erklärte, wie er sich den Anfang vorstellte. Ich machte Track 6 an und rannte zur rechten

Bühnenseite. Während der langsamen Trommelschläge kamen wir uns entgegen, bis wir voreinander standen. Wir verbeugten uns einmal vor den Zuschauern und einmal voreinander. Dann nahmen wir jeder unseren Platz ein – und los ging es, zusammen mit der actiongeladenen Melodie.

»Zieh das Seil nicht zu kräftig«, sagte Tomonosuke. »Sonst schürfst du mir die Haut ab. Wenn du das Schwert neben meinem Hals aus der Schlinge ziehst, zieh es nicht mit Kraft heraus. Mach dabei nur ein Gesicht, als würdest du es mit aller Kraft herausziehen. Du musst immer sichergehen, dass du dich selbst und deinen Partner nicht verletzt.« Ich verbeugte und entschuldigte mich panisch, bedankte mich überschwänglich für seinen Rat und versprach aufzupassen. Wir gingen die Nummer zwei weitere Male durch. Er schien zufrieden.

Schließlich war es so weit. Mein großer Augenblick war gekommen. Durch Kashiras ewiges Hin und Her war er zwar nicht würdevoll herangerollt, sondern unvermittelt hereingestolpert, aber ich hatte nicht die Absicht, ihn mir dadurch verderben zu lassen. Man muss die Feste feiern, wie sie fallen, dachte ich. Nirgends lernte man das so gut wie unter der Fuchtel eines launischen Herren. Und nirgends wurde einem die Einzigartigkeit eines jeden Augenblicks so schmerzlich und aufregend-süß bewusst wie auf der Bühne – oder kurz bevor man sie betrat.

»Fühl dich groß«, hatte Dave mir geraten – und er war schließlich Profi. »Freu dich auf die Begegnung mit dem Partner und dem Publikum. Atme tief. Bevor du rausgehst, atme einmal tief ein. Dann halt die Luft an und atme erst wieder aus, wenn du auf der Bühne stehst. Wenn du das machst, atmen achtzig Prozent der Zuschauer mit dir und sind auf deiner Seite.« Daves Worte gaben mir Kraft. Ich atmete. Mit jedem Atemzug fühlte ich mich größer. Was auch immer Kashira, Uchinoura-san oder sonst irgendjemand zu meinem Auftritt sagen würden, sie würden es hinterher machen, nicht während ich auf der Bühne stand. Jetzt war Showtime, und ich freute mich auf die einzigartige Begegnung mit einem einzigartigen Moment.

Wie immer kam das richtige Lampenfieber, das seltsame, plötzlich aufsteigende Kribbeln im Bauch, erst in letzter Sekunde. Die Musik ging los, die Trommelschläge rollten heran. Ich atmete langsam und tief ein, drei – zwei – eins, dann war es soweit.

Langsam, im Tempo der dumpfen Schläge, ging ich auf die Bühne, Tomonosuke kam mir von der anderen Seite entgegen. Es war, als dehnte sich die Zeit aus und lief nun viermal so langsam. Mühevoll hielt ich die Luft an, bis ich auf meinem Platz angekommen war. Gleichzeitig merkte ich, dass der Einmarsch zum Rhythmus der Trommelschläge ein guter Einstieg war. Er vereinte Tomonosuke und mich im gleichen Rhythmus. Dadurch drehten wir uns automatisch gleichzeitig für unsere Anfangsverbeugung zum Publikum und ebenso gleichzeitig wieder einander zu.

Nach den zwei Verbeugungen, die eine halbe Ewigkeit zu dauern schienen, stieß ich einen kehligen Kampfschrei aus und ging in Position. Von da an war es, als hätte ich einen Knopf mit der Beschriftung »Seilnummer« gedrückt, und mein Körper spulte das dazugehörige Programm ab. Dieses magische Gefühl war der Grund, aus dem ich so lange einen Auftritt in einer Actionnummer herbeigesehnt hatte – im Gegensatz zur Begrüßungsrede. Das Körpergedächtnis war etwas Wunderbares. Wenn man es nur ausreichend darauf hindrillte, eine bestimmte Bewegungsabfolge auszuführen, ließ es einen so gut wie nie im Stich.

Ich ließ das Seil um mich fliegen. Es zischte links und rechts von mir durch die Luft. Aus dem Publikum vernahm ich das

Mitfiebern aufgeregter Stimmen. Tomonosuke machte angestrengte Grimassen und Bewegungen im vermeintlichen Versuch, mir näherzukommen. Ich schleuderte das Seil seinem Kopf entgegen, er wich aus. Es flog knapp über ihm hinweg, genau wie es sollte. Ich drehte mich um 270 Grad, sprang nach hinten und schleuderte es von Neuem in seine Richtung. *BAM!* Links, rechts flog es ihm um die Ohren – ohne ihn dabei wirklich zu treffen. Dann kam die erste entscheidende Hürde.

Ehe ich darüber nachdenken konnte, spulte mein Körper weiter sein Programm ab. Ein kleiner Schweißausbruch begleitete die nächsten Bewegungen. Gespannt fieberte ich der Stelle entgegen, in der sich zeigen würde, ob ich ihr gewachsen war.

Da war sie!

Das Seilende hatte die richtige Länge. Ich warf es mit der richtigen Intensität und in der richtigen Höhe. Tomonosuke fing das Seil! Ein Hauch Erleichterung fuhr mir durch die Glieder.

Ich hatte Glück, die erste Hürde war geschafft. Allerdings spürte ich in diesem Moment, der genau so in die Choreographie eingebaut war, dass wir hier noch einmal innehalten konnten, bevor das actionreiche Finale folgte, zum ersten Mal, wie das Adrenalin durch meine Adern schoss. Hatte ich anfangs noch langsam und ruhig geatmet, atmete ich jetzt schnell und sprunghaft. Dass mein Körper die Führung übernommen hatte, war charmant. Andererseits merkte ich nun, wie sehr ich mich plötzlich anstrengen musste, bei all diesem kribbelnden Tumult in meinem Körper die Verbindung mit meinem Verstand wieder aufzubauen, jetzt, wo ich ihn brauchte. Für den eigentlich entscheidenden Teil nämlich, der nun folgte, war es unabdingbar, dass ich die Führung wieder an ihn übergab.

Nach dem Auffangen des Seils kamen die zwei Stellen, vor denen ich mich am meisten fürchtete. Ausgerechnet zum Ende hin lungerten die hinterhältigsten Möglichkeiten zu scheitern. Die erste war das Herausziehen des Schwertes neben der Halsschlagader. Dass ich das Tempo hier selbst bestimmen konnte, war der einzige Vorteil. Den musste ich ausnutzen. Ich machte eine winzige Pause und gestattete mir, mitten in Aktion einmal tief durchzuatmen, sodass ich meine Gedanken darauf richten konnte, ein furchtbar angestrengtes Gesicht zu machen, während ich gleichzeitig meinem Arm befahl, all seine Muskeln bis auf die Finger, die das Schwert greifen und halten mussten, zu entspannen. Dann zog ich es aus der Schlinge. Es flutschte, als hätte man es mit Butter eingeschmiert. Dave und dem Kriegsgott Ashura, seines Zeichens Namenspatron unseres Clans, dankend, schwang ich es in einer eleganten Bewegung über meinem Kopf herum.

Nun galt es, nur noch eine einzige Hürde zu überwinden. Aber es war die schwierigste – und die wichtigste. Es war der Teil, in dem sich endgültig herausstellte, ob man am Schluss cool dastand oder nicht. Nachdem ich Tomonosuke mit dem Schwert den Todesstoß versetzt und es zur weiteren Verwendung wieder aus ihm herausgezogen hatte, wandte ich, wenn alles klappte, mit dem Ende des immer noch um seinen Hals gewickelten Seils in der Hand, dem Publikum den Rücken zu und blickte mich kühn nach dem nächsten Feind um. Das war zwar an sich nicht schwer, gelang jedoch nur, wenn das Seilende in meiner Hand lang genug für diese Körperdrehung war. War es zu kurz, sah sie gewollt und nicht gekonnt aus, und ich stand da wie eine bedröppelte Hundehalterin, die von ihrem Pudel an der Leine herumgerissen wurde. Ob das Seil an dieser Stelle lang genug war oder nicht, entschied sich zwar bereits viel früher, aber man merkte es immer erst, wenn es soweit war: ganz zum Schluss.

Ich hielt das Schwert einen Moment lang still in der Luft. Dann ließ ich meine Hüften abwärts schnellen und rammte es hinter Tomonosuke in den sandigen Boden, während mein Gesicht und die Soundeffekte es aussehen ließen, als versänke es ächzend in seinem Körper. Er krümmte sich, machte eine schmerzvolle Grimasse und ließ sich nach einem kurzen Todeskampf schlaff nach hinten fallen. Ich verzog noch einmal angestrengt das Gesicht und zog das Schwert mit einem Schmatzer aus der Soundkabine wieder heraus.

Der Moment war gekommen. Noch einmal atmete ich tief ein. Dann hielt ich die Luft an, drehte mich um und – das Seil war zu kurz. Ich fluchte innerlich. Spontan ging ich in die Knie, um den Patzer zu verbergen und spulte, so gut es in Anbetracht dieses katastrophalen Ausgangs noch ging, den Rest des Programms ab: Ich drehte, nunmehr panisch statt schwungvoll, den Kopf zur Seite und zwang mich, in einen kontrollierten Atemrhythmus überzugehen, während ich mich, nunmehr ängstlich statt cool, nach dem nächsten Feind umsah.

Kashira trat vor das Publikum und erklärte: »Das Seil war viel zu kurz zum Schluss. Na ja, es war heute das erste Mal, dass sie die Show gemacht hat.« Die Leute lachten.

Trotz meiner Aussetzer kam nach dem Auftritt eine junge Frau mit ihrem Freund zu mir und sagte bewundernd: »Das war cool! Können wir ein Bild zusammen machen?« Dankbar für den hellen Stern am dunklen Firmament, sagte ich: »Mit Vergnügen!« Ich ging in meine beste Ninja-Position, strahlte in die Kamera und bedankte mich mit einer tiefen Verbeugung.

»Das war unter aller Sau!«, bellte Kashira später, als alle Zuschauer gegangen waren. »Inakzeptabel! Warum musst du den wichtigsten Teil vermasseln? Das Seil muss lang sein, damit es gut aussieht. Deins war sooo kurz!« Er zeigte mir drei

Zentimeter zwischen Daumen und Zeigefinger. »Für sowas können wir doch kein Geld nehmen.« Mit tonloser Stimme entschuldigte ich mich.

Jetzt ist es vorbei, dachte ich. Der Tag, an dem ich zum ersten Mal in der Show aufgetreten war, würde mein letzter Tag als Ninja-Lehrling werden. Dann sagte Kashira: »Und in den Pausen musst du uns bitten, dass wir mit dir üben. Sonst wirst du es nie lernen. Das hast du heute kein einziges Mal gemacht.« Ich hatte ihn zweimal darum gebeten, mit mir zu üben, und war vor der Show noch mal alles mit Tomonosuke durchgegangen. Diese Ungerechtigkeit traf mich hart, wie immer, aber hauptsächlich war ich erleichtert. Denn was er sagte, bedeutete, dass er mich nicht gefeuert hatte. Zumindest noch nicht.

Nach all den leeren Versprechungen und drohenden Ankündigungen war mein Show-Ninja-Debüt letztendlich doch eine Überraschung gewesen. Auch mein Gefühl, als ich mich nach diesem Tag aus dem Ninja-Dorf verabschiedete, überraschte mich. Ich hatte nach einem solchen Durchbruch, nach einem Ereignis, auf das ich seit über einem Jahr hingearbeitet hatte, etwas Extremes erwartet. Extreme Glücks- oder auch Unglücksgefühle. Stattdessen war ich genauso verunsichert wie vorher. Kashira war wieder einmal den ganzen Tag lang wie ein ungestümes Wildpferd mit seinen Hufen auf mir herumgetrampelt. Das Ergebnis war, dass ich wieder einmal keine Ahnung hatte, wie es weitergehen würde mit meinem Weg als Kunoichi, und ob er mich überhaupt jemals irgendwo hinführen würde.

Hunde müssen draußen bleiben

Kaum kam ich in Iga an, schleuderte Kashira mehrere unsichtbare Eiszapfen in mein Herz und schickte mich raus.

»Heute will ich dich nicht mehr sehen«, sagte er. »Geh raus und verkauf Tickets!« Ich folgte seinem Befehl und stellte keine Fragen. Mein durchbohrtes Herz blutete. Mein Kopf war ein einziges Fragezeichen. Warum gab er mir ständig Rätsel auf? Was war denn so falsch daran, den Lernprozess mit etwas pädagogischer Raffinesse und Empathie für den Schüler kürzer und weniger schmerzhaft zu gestalten? Auch nach über einem Jahr war Kashira mit seinen angeblich so effizienten Lehrmethoden für mich ein Buch mit sieben Siegeln. Wahrscheinlich wollte er mich unbedingt durch alle Höhen und Tiefen des Shugyō schleifen und hätte meinen westlichen Ansatz des Es-sich-einfach-Machens mit einem verächtlichen Schnaufen für indiskutabel befunden.

Ich musste an Daves Hundetrainingsbuch denken. »Wenn man einen Hund bestraft«, stand darin, »und der Hund weiß nicht warum, bringt die Bestrafung nichts, und der Hund wird dadurch kein besserer Hund.«

Mein Lächeln zwischen Bellen und Beißen eingefroren, verkaufte ich den ganzen Tag lang Tickets und gab Wechselgeld heraus. Wollte Kashira mich weinen sehen? Wollte er meinen Willen brechen? Wollte er, dass ich das Handtuch warf und mich verabschiedete? Ich verstand es nicht.

Nachmittags nahm mich Uchinoura-san beiseite und fragte: »Anna, weißt du, warum er dich rausgeschickt hat?«

»Nein«, sagte ich verzweifelt.

»Du solltest heute eigentlich mit der Seilkampfnummer in der Show auftreten, aber weil du nicht gefragt hast, ging das natürlich nicht. Warum hast du nicht gefragt?«

Normalerweise legte Kashira vor meiner Ankunft das Tagesprogramm fest und hängte es auf einem Zettel an den Bühneneingang. An der Stelle war ich an diesem Tag noch nicht vorbeigekommen, hatte also ein eventuelles Fehlen des Programms nicht bemerkt. Woher sollte ich wissen, dass ich plötzlich danach fragen musste? Wieder einmal arbeitete ich mich mühevoll in dem schlammigen Burggraben voran, der mich zu den undurchdringlichen Mauern von Kashiras Gedankenwelt führen und mir einen erneuten Versuch ermöglichen würde, hineinzugelangen. Verzweifelt tastete ich im Matsch nach einem Stück Schilfrohr, durch das ich atmen konnte.

Ich beschrieb mein Verhalten aus meiner Sicht. Ich war wie immer angekommen, hatte alle begrüßt, die Bühne gefegt ...

»Die Bühne war schon gefegt«, sagte sie.

Ich hatte gerade sagen wollen: »... und auf Anweisungen gewartet.« Es war mir neu, dass ich die Bühne fegte, um sie sauberzumachen. Ich hatte diese Tätigkeit immer für eine Demutsgeste gehalten, eine metaphorische Reinigung meines Herzens und meines Geistes von Verlangen, Selbstsucht und Stolz zur Einstimmung auf den Rest des Tages. Als ich über die Bedeutung des Fegens nachdachte, verbeugte und entschuldigte ich mich. Jeder Versuch, mein Verhalten zu erklären, wäre als unverschämt aufgefasst worden, als schändlicher Versuch, meine Taten zu rechtfertigen in Anbetracht einer Bestrafung, die sich nur durch die Tatsache rechtfertigen ließ, dass ich mich offensichtlich unmöglich verhalten hatte. *Mea culpa*. Wie üblich. Trotzdem verstand ich es nicht. Was Uchinoura-san sagte, verdüsterte die Angelegenheit weiter, anstatt Licht in die Sache zu bringen.

Niedergeschlagen trat ich den Heimweg an. Um meinen Traum aus dem Sumpf zu ziehen, stellte ich mir vor, ich sei eine hoffnungsvolle Kung-Fu-Schülerin vor den Toren des Meisters, die Regen, Blitze, Donner, Wurf-Eiszapfen und, am schlimmsten, die wiederholte Ablehnung von Seiten des Meisters über sich ergehen ließ, schmerzhaft wie unerwiderte Liebe. Aber jedes Leid, das ich durchlaufen musste, brachte mich dem Herzen meines Meisters näher. Eines Tages würde ich es erobern. Da war mein Schilfrohr. Erleichtert sog ich einen Stoß Luft in meine Lungen und zog mich weiter durch den matschigen Burggraben.

Die Farbe des Todes

Was meine schriftliche Dokumentation angeht, lässt sich meine Ninja-Lehrzeit in drei Abschnitte einteilen. Man kann sich das Gesamtbild vorstellen wie eines dieser schlicht geschnittenen Jersey- oder Strickkleider – es gibt sie sowohl auf den Catwalks namhafter Designer als auch in den Grabbelkisten gängiger Discounter –, die oben viele dünne Streifen haben, in der Mitte weiter auseinander gerückte und unten nur noch einen einzigen, der sich als Fläche bis zum Saum erstreckt.

Am Anfang schrieb ich alles auf. Jedes Wort, jede Bewegung, jedes Detail, jeden Hintergrund, jeden Vordergrund. Alles. Ich war so gierig nach der Geschichte, die ich erlebte, dass ich nicht das kleinste Schnipselchen davon verpassen wollte.

Im zweiten Teil wurde ich zum Streber. Statt meine Erlebnisse als Vorlage für gestaltete Textwelten zu sehen und sie von diesem sicheren Blickwinkel aus zu betrachten, packte mich der Ehrgeiz, mich mittendurch zu kämpfen, direkt auf die Realität einzuwirken und mich in all ihrer riskanten Körperlichkeit selbstwirksam zu behaupten. Von diesem Zeitpunkt an machte ich mir nur noch praxisbezogene Notizen. Ich schrieb auf, was die Ninjas in der Show sagten und machten, welche Soundeffekte man dazu drücken musste, welche Waffen und Utensilien wann, wo und wie platziert werden mussten und was sonst noch so im Ninja-Dorf zu machen war. Hier wurden die Streifen breiter.

Inzwischen war ich im letzten Teil meiner Ninja-Lehre angelangt. Während dieser Zeit brachte ich es überhaupt nicht mehr zustande, irgendetwas über meine Erlebnisse im Ninja-Dorf zu schreiben. Sie zu erleben, war schon schlimm genug, sie durch Schreiben doppelt erleben zu müssen, undenkbar. Mühsam schleppte ich mich am Wochenende von Osaka nach Iga. Manchmal machte ich krank. Dann schleppte ich mich von Neuem hin. Wiederholt tröstete ich mich mit der romantischen Vorstellung von der bekannten Kung-Fu-Film-Szene. Wenn mir die Vorwürfe bezüglich meiner Nutzlosigkeit abwechselnd so ungerecht erschienen, dass ich würgen musste, und meine Selbstwahrnehmung annektierten, bis ich mich tatsächlich nutzlos fühlte, dachte ich an den motivierten Schüler vor den Toren des brillanten Meisters, der im Regen wartete, Tag und Nacht dort ausharrte und alle Flüche des unbarmherzigen, freien Himmels gerne auf sich nahm, um die Gunst des Meisters zu erwerben und ihn endlich davon zu überzeugen, dass er seiner Lehren würdig war. Der Meister lächelte während dieser Zeit weise vor sich hin, beobachtete ungesehen den Bittsteller und testete ihn.

Genau das macht Kashira, sagte ich mir. Er lässt mich im Regen warten, Tag und Nacht, und unterwirft mich diesem Test. Er will sichergehen, dass ich genügend Willenskraft und Loyalität besitze, um ihm eine gute Schülerin zu sein. Ich werde es ihm schon zeigen!

Diese Verklärung meiner und seiner Rolle tat sich beharrlich mit meinem Stolz zusammen, der mir grundsätzlich nicht gestattete aufzugeben, schon gar nicht aus verachtenswerten Gründen wie Mangel an Willenskraft oder Durchhaltevermögen. Wie konnte ich das Handtuch schmeißen, wo mir eine so einmalige Chance gewährt worden war? Wie konnte ich aufgeben und mir danach noch ins Gesicht sehen?

Im diesem letzten Teil meiner Ninja-Lehre waren narzisstische Romantik und Stolz die einzigen Dinge, die mich weitermachen ließen. Voller Widerwillen zwang ich mich jedes Wochenende nach Iga. Die Vorstellung von mir als edle Bittstellerin im Regen vor des Meisters Tor war nur noch ein Strohhalm, an den ich mich klammerte, um nicht in die Schlucht zu stürzen. Schon lange fand ich mich in dieser Rolle selbst nicht mehr überzeugend. Hier begann der letzte Streifen. Das Kleid wurde schlussendlich weiß und blieb weiß bis zum Saum. In Japan ist Weiß die Farbe des Todes.

Unbefriedigend

Es war August. Da Sommerferien waren, strömten die Leute in Scharen ins Ninja-Dorf. Wieder einmal verbrachte ich mehrere Tage hintereinander bei den Ukitas. Diesmal war auch Frau Ukita da, und ich lernte sie endlich persönlich kennen. Sie hatte kurze Haare, wache, freundliche Augen und schiefe Zähne. Ich mochte sie auf Anhieb. Frau Ukita behandelte mich wohlwollend, respektvoll und ohne Scheu.

Ich trat regelmäßig in der Show auf. Bei den Besuchern kam die Seilnummer gut an. Sie klatschten und jubelten, wollten Fotos mit mir machen, fragten mich, wo ich herkam und wie ich in Iga gelandet war. Nach einer langen Durststrecke schöpfte ich noch einmal Hoffnung. Vielleicht würde meine Ninja-Karriere mich doch noch auf den grünen Zweig bringen.

Eines Tages kam nach der Show eine japanische Familie zu mir, die in Düsseldorf lebte. Das Mädchen – sie mochte 16 sein – strahlte mich an und sagte in akzentfreiem Deutsch: »Anna-san, das war toll!« Ihre Mutter strahlte genauso und fragte mit großen Augen: »Darf ich ein Bild von euch beiden machen?«

»Aber gerne doch!«, sagte ich, ging in Position und hatte Spaß mit dem Mädchen, das mich imitierte wie ein Spiegelbild. Schließlich standen wir beide symmetrisch zueinander in Ninja-Position und lachten ihre Mutter an, die mit entzücktem Gesichtsausdruck drauflos knipste. Sie bedankten sich freudig.

»Alles Gute!«, rief das Mädchen. »Du bist so cool. Mach weiter so.«

Hinter der Bühne sagte Kashira: »Du bist einfach nicht gut genug. Das eben war noch schlechter als gestern. Du bist tausendmal schlechter als die vorige Kunoichi! Du hast deine Chancen verspielt. Du bist eine Schande für unseren Clan. Du hast einfach nicht die richtige Einstellung. Du bist viel zu lasch zu dir selbst. Deine Beine sind schwach. Du kannst niemals Profi werden. Mach es als Hobby. Gib mir 20,000 im Monat, und ich bringe es dir bei. Für deine miserablen Leistungen können wir doch kein Geld von den Leuten verlangen.« Er furzte laut.

Kaum kamen wir am frühen Abend im Hause Ukita durch die Eingangstür, verkündete Kashira: »Anna hat den ganzen Tag nur Ärger gekriegt. Sie ist nicht gut in Form.« Während ich duschte, hörte ich, wie er seiner Frau von meinen Unzulänglichkeiten berichtete. Er geriet so in Rage, dass sie versuchte, mich zu verteidigen.

»Und wenn sie euch nur hinter der Bühne hilft, so wie Uchinoura-san?«, fragte sie. Zum ersten Mal dachte ich ernsthaft darüber nach, das Handtuch zu werfen.

»Hier, guck dir das an«, sagte Kashira nach der Dusche zu mir und warf ein Video ein, das irgendjemand von mir in der Show gemacht hatte. »Dein Seilschwung ist immer noch unter aller Sau!« Er schüttelte den Kopf. »Statt besser zu werden, wirst du immer schlechter. Ich schäme mich, den Leuten dafür Eintrittsgeld abzunehmen. Ich schäme mich, dich ein Mitglied unseres Clans zu nennen.«

»Tut mir leid«, sagte ich, den Tränen nahe.

»Ich habe deine Entschuldigungen satt.« Er stand auf und ließ mich vor dem laufenden Videobeweis meines Versagens sitzen.

Während des Abendessens machte niemand einen Mucks. Es war schade um den herrlichen frischen Fisch mit Miso-Marinade, den knackigen Salat aus Sommergurken und den duftenden Reis, den die Frauen des Hauses gekocht hatten. Mir war überhaupt nicht nach Essen zumute. Ich zwang mich aus Respekt vor den Köchinnen und dem Leben, das durch diese Mahlzeit zugunsten meines eigenen geopfert worden war, meinen Teller leer zu essen, konnte den Geschmack jedoch nicht würdigen. Jede Stäbchenladung empfand ich als unnötige Bürde.

Kashira fraß wie ein Scheunendrescher. Nach vier Fischen und drei Schüsseln Reis legte er seine Stäbchen nieder und grunzte: »Morgen machst du die Nummer mit dem Pusterohr.«

Das Essen, das ich mir mühsam hineingezwungen hatte, krampfte sich in meinem Magen zusammen. Gleichzeitig wusste ich, dass Verzweiflung – und wenn ich sie noch so deutlich spürte – nicht die angemessene Reaktion war. Vielmehr wurde von mir erwartet, dass ich Kashira aus Dank für diese monumentale Chance, die er mir trotz all meiner Unzulänglichkeiten gewährte, den gespaltenen Ninja-Schuh küsste.

Im düsteren Schwefeldampf meiner Gedanken sank ich auf die Knie und zuckte vor dem rußschwarzen Ziegenfuß meines Gegenübers zusammen.

Aus der Puste

Die Nummer mit dem Pusterohr bestand aus einer kleinen Einführung, in der, wie immer in altmodischem Japanisch, erklärt wurde, dass die Ninjas häufig ein als Flöte getarntes Pusterohr namens *Fukiya* mit sich herumgetragen hatten. Wie auch die Ninja-Sterne tunkten sie die kleinen Pfeile, die sie damit verschossen, vorher in Pferdeäpfel. Deren Gift legte das Muskelsystem des Gegners in kürzester Zeit lahm, selbst wenn der Pfeil seine Haut nur streifte.

Danach wurde ein Luftballon an eine aufrecht stehende Strohmatte geheftet. Der jeweilige Ninja – meistens Masanosuke – ging fünf große Schritte davon weg und pustete einen Pfeil in Richtung des Luftballons, der daraufhin zerplatzte und unverzüglich begeisterten Applaus bei den Zuschauern auslöste.

Das einzige Mal, dass ich eine Pusterohrflöte in der Hand gehabt hatte, war irgendwann letzten Sommer gewesen. Kashira hatte mich ein paar Mal versuchen lassen, Ballons zu zerschießen. Manchmal hatte ich es geschafft, manchmal nicht. Überwältigt von den unzähligen Einbahnstraßen, in die Kashira mich hatte rennen lassen, hatte ich den Fehler gemacht, an der Hauptstraße darauf zu warten, dass mir jemand sagte, wie es weiterging, anstatt wie ein richtiger Lehrling mit dem Kopf gegen die Wand zu rennen, bis sie durchbrach und ich weiter konnte.

Den Text der Nummer hatte ich in einem meiner zahlreichen Notizbücher aufgeschrieben, so gut ich konnte. Das Notizbuch hatte ich nicht dabei. Natürlich hatte ich sie viele Male gesehen. Offensichtlich war ich wieder einmal an der wichtigsten Fähigkeit eines Ninjas gescheitert: zugucken und nachmachen. Erwartete Kashira wirklich von mir, dass ich in einem übermenschlichen Anflug von Motivation und Konzentration über mich hinauswuchs wie eine Superheldin in einem Ninja-Film? Oder wollte er mich scheitern sehen?

Die Sache machte mich fertig. Noch bevor ich das Pusterohr auch nur berührt hatte, war ich vollkommen aus der Puste. Ich lag auf einem dünnen Futon im winzigen Kämmerchen der alten Ukitas, um mich herum ihr Hab und Gut in Regale gestopft, die direkt an den Futon angrenzten. Wie sie zu zweit hier schliefen, war mir ein Rätsel. Wo waren sie jetzt, da sie mir ihr Mauseloch überlassen hatten? Auf dem Dach? In der Badewanne? Draußen auf der Terrasse, wo die kleinen Marderhunde morgens das Katzenfutter stahlen? Vor mir an der Wand hingen, fein säuberlich aufgereiht, mehrere Urkunden in Bilderrahmen. In großen, breit gepinselten Schriftzeichen stand darauf der Name des alten Ukita. Die Urkunden bescheinigten ihm seinen LKW-Fahrerlaubniserwerb, fünf Jahre unfallfreies Fahren für Firma X, zehn Jahre unfallfreies Fahren für Firma X, 15 Jahre unfallfreies Fahren für Firma X, 20 Jahre unfallfreies Fahren für Firma X. Ich war eine gescheiterte Existenz, die einem ausgezeichneten Fahrer den Schlafplatz stahl. Die ganze Nacht lang wälzte ich mich von einer Seite auf die andere und versuchte, den Text für die Pusterohrnummer zusammenzukriegen, fühlte mich heillos überfordert, stellte mir vor, wie ich mich vor dem Publikum blamierte, fing wieder von vorne an und verzweifelte zunehmend an der Situation.

Es war 3 Uhr morgens, als ich, einem Nervenzusammenbruch nahe, Dave anrief. Er ging ran, hörte zu und sagte: »Du musst kündigen, was sonst? Was glaubt der Kerl denn, wer er ist? Ich möchte ihn mal sehen, wie er ohne Vorbereitung Goethes ›Faust‹ auf Deutsch gibt, und zwar gleich morgen nach dem Frühstück.«

Endlich konnte ich über die Angelegenheit lachen. Endlich sah ich vor mir nicht mehr ein ausweglose Problem, sondern einen problemlosen Ausweg.

»Pusterohr?«, dachte ich. »Pustekuchen! Ich fahre nach Hause. Und zwar gleich morgen nach dem Frühstück.«

火
術

Kajutsu

[Feuerkunst]

Wenn es die Situation erfordert,
bedient sich ein Ninja der Feuerkunst
und verschwindet durch Einsatz von
Schießpulver in einer Rauchwolke.

Eine harmonische Sache

Ich kam zurück mit einer Tüte frischer Vollkornreisbrötchen von *Cascade* in Umeda. In diesem Bäckerei-Café gab es das beste Genmaipan der Welt. Die großen, malzgoldenen Kugeln enthielten feines, geröstetes Reismehl, wurden noch warm verkauft und verströmten einen frisch gebackenen Duft.

Mein Mitbringsel war ein Symbol. Ich wollte etwas Positives von meiner Reise mitbringen. Ich fühlte mich furchtbar. Ich hatte versagt.

Dave breitete die Arme aus, und ich fiel hinein wie ein schlaffer Sack.

»Schön, dass du wieder da bist«, sagte er. Immerhin – das fand ich auch.

Wir machten einen langen Spaziergang mit Poochie über die hellgrünen Rasenflächen Nishinomiyahamas, direkt am Wasser. Die Bucht von Osaka blies eine leichte Brise herüber, was sich zu dieser Jahreszeit wie himmlisches Flügelschlagen anfühlte. Wir trafen ein paar Hausfrauen, die oft zur gleichen Zeit mit ihren Chihuahuas oder Mini-Pudeln draußen waren. Sie kicherten hinter vorgehaltener Hand über Daves rohe Witze bezüglich Poochies Eroberungsverhalten und seiner darauffolgenden Asthmaanfälle. Die grünen Rasenflächen, der Wind vom Meer, die Tänze der Hunde, das Kichern der Hausfrauen und Poochies Asthmaanfälle übten eine beruhigende Wirkung auf mich aus. Es war, als kämen Teile von mir jetzt erst aus Iga zurück.

玄米パン Genmaipan beschreibt Vollkornreisbrot oder -brötchen, eine herrliche Kombination westlicher Backkunst und östlicher Zutaten mit einem fluffigen Teig und einem malzigen Geschmack. Das beste Genmaipan gibt es im Bäckerei-Café *Cascade* gleich neben der Hankyu-Bahnstation in Umeda, unten, kurz vor der Brücke, die zu den JR-Zügen hinüber führt.

Zu Hause machten wir uns Kaffee, toasteten Genmaipan und ließen Butter darauf schmelzen. Über 300 Yen kostete ein kleines Stück Butter, aber dieses Geschmackskunstwerk in seiner einfachen Eleganz war es wert. Ich dachte an eine japanische Art der Essenskomposition, von der Shihan einmal gesprochen hatte. Sie hieß *Aemono*. Das bedeutete wörtlich »harmonische Sache«. Das Gericht, das man komponierte, bestand jeweils aus zwei Zutaten, die für sich genommen nicht besonders schmeckten, zu trocken zum Beispiel oder zu fettig. Vereinte man jedoch beide miteinander, hoben sich die negativen Eigenschaften gegenseitig auf und man erhielt eine »harmonische Sache«.

Dave packte seine Utensilien zusammen. Der große Platz vor dem Aquarium in Tempozan wartete auf ihn und seine Show. Er würde mit dem Hut zu den sibirischen Surf-Rock-Klängen der Red Elvises tanzen, zum Abschluss posieren und seine Krawatte gen Himmel recken, zusammen mit einem plötzlich riesigen Daumen. Die Leute würden sich um den kleinen Mann mit der dicken Brille und dem rotkarierten Anzug scharen. Er würde dem ersten Kind einen kunstvollen Luftballonpudel machen. Wenn das zweite Kind kam und auch einen Luftballon wollte, würde er ihn kurz in der Luft kneten und ihn mit den Worten überreichen: »Hier, ein Aal.«

»Kommst du mit?«, fragte Dave.

»Nächstes Mal«, sagte ich. »Heute muss ich noch einen Brief schreiben.«

»Und?«, fragte er. »Was schreibst du?«

»Dass ich kündige.«

»Klingt gut«, sagte er. »Ich nehm mir noch eine mit.« Er holte eine der goldenen Genmaipan-Kugeln aus der Tüte, warf sie in die Luft und fing sie nach mehreren Umdrehungen mit dem Mund wieder auf.

Gegenseitigkeit

Meine Erleichterung darüber, nicht mehr bei den Ninjas zu sein, war überwältigend. Ebenso mein Widerwille, zu ihnen zurückzukehren. Das sprach für sich. Ich hatte mich entschieden. Dennoch hasste ich es, das Handtuch zu werfen. Das Gefühl, versagt zu haben, nagte an meinen Eingeweiden und drückte auf mein Gemüt. Deshalb konnte ich die Erleichterung nicht genießen.

Um die Knoten zu lösen, hatte ich, während Poochie die frisch rasierte Pudeldame Happy von allen Seiten beschnüffelt hatte, beschlossen, Kashira einen Brief zu schreiben. Das allein war verdächtig. Man beendete eine Beziehung nicht per Brief oder am Telefon. Auch ein Arbeitsverhältnis wie das unsere musste man persönlich beenden. Ich hätte innerlich aufhorchen sollen. Aber ich war zu aufgewühlt. Das Rauschen der Wogen übertönte alles. Also setzte ich an dieser Stelle mein Versagen fort.

Ich hatte den Sinn des Briefes schon vergessen, bevor ich anfing zu schreiben. Vielleicht schrieb ich, dass ich beschlossen hatte, meine Ninja-Lehre abzubrechen und nicht mehr nach Iga zurückzukehren. Vielleicht auch nicht. Statt das zu kommunizieren, was ich mitteilen wollte, sprudelten Rechtfertigungen aus mir heraus. Ich fühlte mich wie eine Versagerin. Es war kaum auszuhalten. Ich hatte das Bedürfnis, mich vor mir selbst zu rechtfertigen, und tat es per Brief an Kashira. Über ein Jahr lang hatte ich mir jedes Mal auf die Zunge gebissen, wenn er oder Uchinoura-san mich in einer Weise behandelt hatten, die Protest in mir hervorrief. Ich hatte jeglichen Protest heruntergeschluckt und versucht, mich anzupassen.

Vielleicht hätte ich mich mehr auf mein Aikido-Training konzentrieren sollen. Dort lernte man, dass erfolgreiche Anpassung Mitfließen bedeutete. Um sich anzupassen, musste man sich überzeugen und einsaugen lassen. Widerstand führte dazu, dass man sich nicht wahrhaftig mit dem Gegenüber vereinen und es deshalb auch nicht kontrollieren konnte. Man hatte die Situation niemals im Griff, solange man – innerlich oder äußerlich – gegen sie protestierte.

Die Situation in Iga entzog sich schon lange meiner Kontrolle. Jetzt versuchte ich mit aller Kraft, die Oberhand zu gewinnen. Es brach nur so aus mir heraus. Sicher waren die ständigen offenen bis versteckten Annahmen Kashiras und Uchinoura-sans, meine Unfähigkeit gründe sich darauf, dass ich Ausländerin sei, nicht ganz unschuldig daran. Letzten Endes hätte ich jedoch darüberstehen müssen. Stattdessen fühlte ich mich angegriffen. Jedes Mal. Im Grunde meines Wesens, das hier vorurteilsbeladen in eine ganze Gruppe von Menschen eingeordnet wurde, derer ich entstammte und aus der ich viele Menschen liebte und Familie nannte. Ich hatte versucht, die Vorurteile durch mein Verhalten endlich zu widerlegen und aus der Welt zu schaffen. Jetzt, da ich es zuließ, schwappte die ganze gedeckelte Energie, die ich auf die Unterdrückung meiner Gegenreaktion verwendet hatte, unkontrolliert aus mir heraus und landete in dem Brief.

Ich begründete meine Entscheidung, die Ninja-Lehre zu beenden, systematisch mit Dingen wie: »Dort, wo ich herkomme, unterrichtet man anders. Man zeigt seinem Schüler, wie er etwas zu machen hat und gibt ihm Orientierung, indem man ihm sagt, was er bereits gut macht und was er noch auf welche Weise verbessern muss. So bin ich es gewohnt zu lernen.« Und so weiter. Seitenlang strömte meine Frustration aufs Papier. Ich wollte endlich sein und zeigen können, wer ich war und wo ich herkam. Ich wollte Verständnis. Ich wollte Nähe. Stattdessen zementierte ich Kashira gegenüber die Unterschiede, für deren Annahme ich ihn hasste.

Es war die Art von Brief, die man nicht abschicken sollte. Aber ich war zu aufgewühlt, um vernünftig zu sein. Ich hätte Zeit und Abstand gebraucht. Ich hätte warten sollen, bis der Sturm sich legte und die Wasseroberfläche wieder glatt war, bis das Spiegelbild des Mondes darin wieder aussah wie der echte Mond. Stattdessen unterlag ich dem Rauschen der Wogen. Mir unterlief ein schlimmer Fehler. Ich vermasselte den Abschied.

Mit meiner fiktiven Figur Uchinoura-san hatte ich es besser hinbekommen. Sobald die echte Uchinoura-san aus meinem Leben verschwunden war, hatte ich auch sie nicht mehr gebraucht, die feministische Ninja-Story über sie abgeblasen und sie in den Wind geschossen. Mühelos hatte ich sie als Kompensationswerkzeug meiner psychischen Unausgeglichenheit entlarvt. Das machte sie zwar nicht zwingend uninteressant, aber auch nicht unbedingt unterhaltsam oder künstlerisch wertvoll. Ich war froh, sie los zu sein.

Vielleicht hätte ich mich vor dem Drama mit dem Brief retten können, wenn ich auch Kashira zu einer fiktiven Figur, einem literarischen Charakter, gemacht hätte. Aber selbst, wenn mir der Gedanke gekommen wäre, es wäre mir nicht gelungen. Ich hätte es mit einer Art japanischer Version von »Dr. Jekyll und Mr. Hyde« versuchen können, aber selbst das hätte nicht funktioniert. Sein Innenleben blieb undurchschaubar für mich. Ich verstand ihn nicht.

Natürlich war es die richtige Entscheidung zu gehen. Ich war auf eine Weise behandelt worden, die dazu führte, dass ich bei der Arbeit mehr Leid als Freude empfand, und Freude an der Arbeit war meine Hauptmotivation gewesen, die Stelle anzutreten. Abgesehen davon war es keine besonders nachhaltige Zukunftsplanung, als Ninja in Iga zu arbeiten. Selbst wenn ich keine Kinder gewollte hätte – Familiengründung war der Grund, aus dem Sugita-san ihre Ninja-Stelle bis auf wenige Aushilfs-tätigkeiten aufgegeben hatte –, wurde ich älter, und diese Tatsache holte einen als Frau im Showbusiness erfahrungsgemäß besonders schnell ein, umso mehr, wenn es um körperlich anspruchsvolle Inhalte wie Ninja-Actionshows ging.

Trotzdem gräme ich mich bis heute über mein unreifes Abschiedsmanagement und dessen Folgen. Da ich unglücklicherweise dem Impuls folgte, den Brief abzuschicken, kann ich seinen verkorksten Wortlaut voller Allgemeinplätze über meine Herkunft nicht mehr vollständig wiedergeben. Die Antwort jedoch hat sich bis heute in mein Gedächtnis eingebrannt. Sie war kurz, knapp und schmerzhaft: »wir werden nie wieder einen gaijin bei uns aufnehmen«.

Damit bestätigten sich meine schlimmsten Befürchtungen, und ich fühlte mich in meiner Abkehr von den Ninjas bekräftigt.

»Liebe Gaijin-Brüder und -Schwestern«, dachte ich zynisch, »jetzt habe ich euch die Möglichkeit einer Karriere als Gaijin-Ninja in Iga ein für alle Mal verwirkt.« Dann fügte ich entschlossen hinzu: »Seid froh!«

Natürlich war Kashiras Antwort ausländerfeindlich und inakzeptabel. Andererseits hatte ich mit meinem Brief genau diese Antwort provoziert. Wenn ich schrieb »Aber bei uns ist es so!« und das als Rechtfertigung dafür benutzte, dass ich unter seiner Führung nicht erfolgreich gewesen war, dann hatte ich damit genauso impliziert: Zwischen euch und uns kann es eben nicht klappen.

Ich hatte einen beliebten Fehler gemacht. In einem Streit mit seinem Partner sollte man die Worte »nie« und »immer« vermeiden und sich stattdessen auf die konkrete Angelegenheit konzentrieren, um die es in dem Streit geht. Anstatt mich auf unsere konkrete Situation zu beziehen, hatte ich

Allgemeinplätze verwendet, die die Angelegenheit verzerrten und ihr, statt sie klärend aufzulösen und ins Nichts zu überführen, einen aufgeblähten, überhöhten Stellenwert einräumten.

Als ich Kashiras Antwort las, sah ich darin sofort mein eigenes hässliches Spiegelbild. Das war es, was mich daran wirklich traf. Wie ein Ninja-Stern direkt ins Herz.

Verdient

In der ersten Zeit, nachdem ich meine Ninja-Lehre abgebrochen hatte, genoss ich meine neugewonnene Freiheit. Gleichzeitig drängte die Erfahrung immer wieder an die Oberfläche. Manchmal war ich voller Reue und hatte das Bedürfnis, Harmonie zwischen den Ninjas und mir herzustellen. Als Frau Ukita mir meine letzte Abrechnung schickte, der Form halber – und falls ich sie für die Steuer bräuchte –, schrieb ich an die ganze Familie eine Karte, in der ich mich bedankte, ihnen alles Gute für die Zukunft wünschte und ihnen versicherte, ich würde sie aus der Ferne anfeuern.

Andere Male fühlte ich mich schlecht, wenn ich an die Ninjas dachte, wusste aber nicht warum. Es war, als hätte jemand meine Eingeweide in unregelmäßigen Abständen mit einem Seil zusammengebunden, es festgezurrt und zusammengeknotet. Ich versuchte, die Knoten mit Fragen zu lösen. Hatte ich mich trotz all meiner Mühen wirklich als so viel schlechtere Kunoichi entpuppt, als Kashira erwartet hatte? Warum hatte er mich so schlecht behandelt, warum hatte er mich vergrault, nachdem er mich anfangs so freundlich aufgenommen hatte?

Über diese Frage grübelte ich immer und immer wieder nach. Dave und meine Freunde sagten: »Er ist eben ein konservativer, frauen- und ausländerfeindlicher, sadistischer, alter Sack.« Dass andere es so empfanden und formulierten, barg eine gewisse Befriedigung für mich, vor allem dann, wenn ich mich gerade besonders dafür schämte, dass ich das Handtuch geworfen hatte. Aber wenn ich ehrlich war, konnte ich diese Antwort nicht unterschreiben. Eine, die mich von dem Seil befreite, fand ich nicht.

Einmal träumte ich von den Urkunden des alten Ukita. Ich war bei den Ukitas zu Gast. Wir waren draußen. Kashira, Tomonosuke und Masanosuke reparierten gerade das Dach und pflegten ihre Waffen. Der alte Ukita kam und zeigte uns eine neue Urkunde, die er erhalten hatte: »30 Jahre unfallfreies Fahren für Firma X«. Er wollte sie zu den anderen Urkunden hängen, meinte jedoch, da sei kein Platz mehr. Kashira sagte: »Doch, Vater, da ist genug Platz. Ich mach das, gib mal her.« Kashira ging mit ihm in die kleine Kammer und hielt die Urkunde an die Wand. Sie passte ohne Weiteres neben die 20-Jahre-Urkunde. Ich ging mit und beobachtete die beiden, ohne dass sie Notiz von mir nahmen.

»Komisch«, sagte Kashira. »Eine Urkunde für 25 Jahre hast du nicht bekommen.«

»Stimmt«, sagte sein Vater.

»25 Jahre ist nicht dabei.« Mit diesen Worten in den Ohren wachte ich auf.

Kashiras Vater war LKW-Fahrer gewesen. Jahrelang hatte er vieles bewegt, was Leute brauchten, ohne irgendjemandem zu schaden, hatte damit seine Familie ernährt und ihr ein Dach über dem Kopf gegeben. Er war mehrfach dafür ausgezeichnet worden. Für ihn und seine Errungenschaften war im Hause der Ukitas Platz. Für mich hingegen war kein Platz. Ich hatte mich mit meinen 28 Jahren – einer Zahl, die zwischen 20 und 30 lag, einer Zeitspanne, die in diesem Traum als »fehlend« vorkam, lediglich hierher verirrt.

An den Urkunden sah ich Kashiras Herkunft. Er kam aus einer redlichen, bescheidenen Familie und hatte es aus eigener Kraft geschafft, einen Künstlerberuf zu ergreifen und eine Nische für sich und seine Leidenschaft zu finden. Auf der Straße hatte er sich durchgeboxt, mit Schweiß und Training, ohne intellektuelle Fähigkeiten und akademische Bildung. Seine erste Frau war ein Fehlgriff gewesen, aber er hatte immerhin seine zwei Söhne aus dieser Ehe zu tüchtigen Gehilfen gemacht. Inzwischen hatte er eine Frau, deren Klugheit und Vernunft seine intellektuellen Mängel und sein impulsives Wesen wettmachte. Sein Leben war eine harmonische Sache. Wie getoastetes Genmaipan mit geschmolzener Butter.

Ich sah, wie in seiner Familie alle Zahnräder ineinandergriffen und das Uhrwerk am Laufen hielten. Ich sah den Stolz des alten Ukita auf seine Arbeit. Die Anerkennung dafür hing ganz oben unter der Decke an den wenigen Quadratzentimetern Wand, die der winzige Raum noch hergab. Sein Stolz hatte einen hohen Stellenwert und war berechtigt, aber das, was er mit seiner Arbeit geschaffen hatte, und das, was Kashira, seine Frau und seine Söhne nun durch ihre Arbeit erwirtschafteten, konnte man in überschaubaren Zahlen ausdrücken. Es war nicht grenzenlos. Auch wenn das Herz noch so groß sein mochte. Auch wenn Kashira vielleicht tatsächlich väterliche Gefühle für mich gehegt hatte.

Gerade einmal 200 Yen zahlte jeder Zuschauer für den Eintritt der Ninja-Show. Und ab und zu verdienten sie zusätzlich mit Shows außerhalb des Ninja-Dorfes Geld. Aber dafür blieb natürlich nicht viel Zeit, und mit dieser Arbeit mussten sie die ganze Familie ernähren.

Alle Ukitas lebten zusammen unter einem Dach. Masayoshi hatte eine Freundin und würde wahrscheinlich in nicht allzu ferner Zukunft eine Familie gründen. Sicher war es sinnvoll, dass er seine Braut mit ins Haus brachte, damit sie sich am Garten- und Küchenmanagement sowie an der Pflege der alternden Großeltern beteiligen und sich mithilfe ihrer Schwiegermutter in die Ninja-Finanzbuchhaltung einarbeiten konnte.

Hätte ich in Iga eine Wohnung bezogen, hätte das immerhin 50,000 Yen Miete im Monat gekostet. Kalt. Der Traum von den Urkunden des alten Ukita half mir dabei, einer befriedigenden Antwort ein Stück näherzukommen. Mich zur Familie hinzuzufügen, wäre unwirtschaftlich und unpraktisch gewesen. Ich war ein überflüssiges Zahnrad, das in diesem Uhrwerk nur störte. Von dieser Warte aus betrachtet waren Kashiras Wutausbrüche verständlich. Vielleicht hatte seine vernünftige Frau ihm etwas geflüstert, vielleicht auch nicht. Vielleicht hatte er gar nicht mein mangelndes Können und meine mangelnde Präsentierbarkeit auf der Bühne beschimpft, sondern meine unpassende Anwesenheit und seine unvernünftige Idee, mich in sein Leben einzuladen.

Ninja-Romanze

Kashira tat es aus Liebe. Irgendwann stellte er fest, dass es besser für mich war, meine Ninja-Laufbahn in Iga nicht weiterzuverfolgen. Erst versuchte er, mir gut zuzureden. Ich blieb trotzig. Dann verstümmelte er heldenhaft seine linke Hand, die Hand, die den größten Beitrag zu dem geleistet hatte, was er mit Kraft und Mühe aus seinem Leben gemacht hatte. Drei Finger durchtrennte er so weit, dass sie in einer sechsstündigen Operation wieder angenäht werden mussten und seine Handfertigkeit dennoch lebenslang beeinträchtigt blieb.

Als ich auch diesen Wink mit dem Schwert verständnislos verschmähte, schritt er zum Äußersten. Er brachte das ultimative Opfer. Er benahm sich so, dass ich ihn hassen musste. Er ekelte mich raus. Befahl mir das Unmögliche und verurteilte mich endgültig zum Scheitern als Iga-Ninja. Die einzige Entscheidung, die mir noch blieb, war, es nicht auf der Bühne zu tun, sondern still und heimlich. Endlich verließ ich ihn. Mit gebrochenem Herzen. In meiner blinden Liebe erkannte ich nichts von seiner Größe. Ich sah nur Grausamkeit und Willkür.

»Warum?«, schrie ich in die Sommerhitze. »Warum?«, schrie ich in den Schneeregen. »Warum?«, schrie ich in den Blütensturm. Ich bekam keine Antwort. Heute verstehe ich es endlich. Kashira tat es aus Liebe.

Die richtige Größe für einen Ninja

In die leichten Baumwollbademäntel des Hotels gehüllt, standen wir vor unserem Ziel. Dave ging hinein.

»Die Luft ist rein«, sagte er. Ich schlüpfte hinterher. Vor uns lag unter einem dunklen Felsengewölbe eine Grotte, in der vulkanbeheiztes Meerwasser herumschwappte. Der Rest des Meeres war durch ein Gitter abgetrennt. Man konnte also sicher im Meer baden und dabei auf die offene See hinausblicken. Die Grotte war zweigeteilt. Eigentlich lag der für Frauen bestimmte Teil rechts hinter der Felswand. Aber wir wollten unseren Ausflug zusammen genießen, vor allem das Bad in der Meerwassergrotte.

Ich beeilte mich, meinen Bademantel aufzuhängen und ins Wasser einzutauchen. Dann versteckte ich mich ganz vorne, wo die Grotte sich zum Meer hin verbreiterte und man mich vom Eingang aus nicht sehen konnte.

Nach einer Weile trat das ein, was ich befürchtet hatte. Ein weiterer Badegast kam herein. Ich hoffte, dass er nicht zu weit nach vorne kommen würde. Er kam nach vorne, blieb jedoch auf der anderen Seite der Verbreiterung. Dave stellte sich neben mich, in der Hoffnung, mich zu verdecken. Der Mann machte keine Anstalten zu gehen. Auch nicht, als unsere Körper im Wasser bereits die Farbe gekochter Krebse angenommen und unsere Fingerkuppen sich in Dörraprikosen verwandelt hatten.

»Egal«, sagte Dave weichgekocht. »Komm.« So schnell und unauffällig ich konnte, schwamm ich an dem Mann vorbei. Er badete inzwischen im mittleren Teil der Grotte. Die Grotte war klein. Wir waren zu dritt. Ich konnte mich noch so sehr um Unauffälligkeit bemühen, wenn er nicht blind war, musste er sehen, dass eine nackte Frau die einzige Treppe hochging, die aus dem Wasser führte, sich hastig ihren Bademantel von der einzigen Hakenleiste schnappte, an der genau drei Bademäntel hingen, und ihn ebenso hastig überwarf.

Ruhig sagte er zu Dave: »*Dame.*« Das japanische Wort hat nichts mit dem Deutschen zu tun. Vielmehr ist es eine sehr knappe Form von: »Das ist nicht gestattet.« Als ich meinen Bademantel anhatte – Dave hielt mir bereits die Tür auf –, warf ich einen scheuen Blick auf den Mann. Sein Oberkörper war vollständig tätowiert, als trüge er im Wasser ein T-Shirt.

Ich dachte an meine erste Begegnung mit Kashira. Er hatte Jesse verachtungsvoll angesehen und mehrmals wiederholt, dass er mit Tätowierten und der Yakuza nichts zu tun haben wollte. Ich überlegte, warum er es für nötig gehalten hatte, sich so scharf von ihnen abzugrenzen. Vielleicht deutete es eher auf eine vergangene oder potenzielle Nähe hin, von der er sich distanzieren wollte. Wie ein Alkoholiker, der nicht in die Kneipe geht. Jetzt, wo er nicht mehr in meinem Leben war und ich mich von meinem Ninja-Traum verabschiedet hatte, sah ich ihn in einem anderen Licht. Trotzdem blieb er ein Mysterium.

Was den Tätowierten anging, so fand ich, dass er sich angesichts unseres Regelverstoßes ziemlich zivil verhalten hatte. Vielleicht lag es aber auch daran, dass er mit seinem Tintengewand in keiner besonders starken Position war, Protest gegen Regelverstöße zu äußern.

Wir gingen zum Abendessen in den Speisesaal. Das Buffet war umfangreich. Auf den reservierten Tischen standen zweisprachige Klappzettel. Man konnte sie sich am Eingang selbst nehmen und auf den Tisch seiner Wahl stellen, bevor man zum Buffet ging. Der japanische Teil lautete: *shokujichū* – am Essen. In Deutschland hätte wahrscheinlich etwas darauf gestanden wie »Reserviert« oder »Dieser Tisch ist bereits besetzt«. Die engrische Version lautete: »It is eating.«

Dave und ich fühlten uns angesprochen, peinlich berührt und amüsiert zugleich. Wir nahmen uns einen der Zettel, stellten ihn auf einen freien Tisch, posierten, Hummer auf dampfendem Reis essend und rote Miso-Suppe mit Muscheln schlürfend, als »It« und schossen ein paar Fotos mit dem amüsanten Schriftzug.

Nach dem Essen fuhren wir nach oben und traten aufs Dach hinaus. Wir ließen den Blick über das Meer schweifen und sahen dem glitzernden Tanz des Wassers zu. Der Wind durchpustete unser Haar und seufzte ein melancholisches Lied. Das Knattern und Schlagen herumgepeitschter Schiffsbestandteile gesellte sich dazu. Wir verschmolzen mit den Geräuschen zu einem Akkord. Anschließend lösten wir uns für einen kurzen, befriedigenden Moment in Stille auf.

Zurück im Zimmer sagte Dave: »Hier, ich hab was für dich.«

»Noch was?«, fragte ich. Immerhin hatte er mir schon ein Wochenende im *Hotel Urashima* geschenkt. Er gab mir eine kleine weiße Papiertüte, die genau in meine linke Hand passte. Ich öffnete sie und drehte sie um. Ein winziger Ninja mit einem piksigen, kleinen Schwert purzelte heraus, gekleidet wie Kashira als Hanzo.

»Hab ich in dem Ninja-Laden in Tempozan gefunden«, sagte Dave. »Er hat mich an deinen Hanzo erinnert, und ich dachte, das ist eine gute Größe für einen Ninja. Größer sollte er nicht sein.«

Ich verpasste Dave einen Dankeskuss und verschwieg ihm, dass mir die kleine Figur unheimlich war. Sie erinnerte mich an eine Voodoopuppe.

Am nächsten Morgen wachte ich früh auf und musste auf Toilette. Als ich den kleinen Ninja auf dem Tisch liegen sah, überkam es mich. Ich legte ihn in Daves linken Hotelpantoffel. Er passte genau hinein. Jetzt lag er lautlos darin und wartete auf seinen Einsatz. Als es soweit war, pikste er zu.

Dave schrie auf, atmete ein paar Mal kurz und schnell, hielt mir den kleinen Ninja entgegen und sagte: »Aha. So ist das also!«

»Ich mein ja nur«, sagte ich und zuckte mit den Schultern. »Bleiben wir auf der Hut!«

Dave sah den Ninja verächtlich an.

»Ich hab keine Angst vor dir«, sagte er. Dann ließ er ihn verschwinden. Das konnte nur eins bedeuten: Er würde an unerwarteter Stelle zu einem unerwarteten Zeitpunkt wieder auftauchen.

Die nächste Generation

Im Sommer kam uns Yuri mit ihrem Zweijährigen besuchen, der trotz seines zarten Alters bereits ein großer Ninja-Fan war. Niemand wusste, warum. Dave ließ ihn mit seinem Holzschwert spielen, und er brachte erstaunliche Kämpferposen mit dem schweren Ding zustande. Wir fuhren nach Iga, mieteten Ninja-Kostüme, banden uns die länglichen Stoffbahnen am Kragen fest um den unteren Teil des Gesichts wie alle anderen Touristen und sahen uns die Show an.

Als Kashira auf die Bühne kam, flüsterte ich in die vor Aufregung geröteten Ohren des kleinen Yoshi: »Das ist der berühmte Ninja Hattori Hanzo.« Nicht ohne Stolz fügte ich hinzu: »Mein früherer Chef.«

Schwungvoll wie eh und je köpfte Kashira die Strohmatten.

Epilog

Im Jahr 2020 schrieb ich meine Ninja-Erfahrungen auf. Zwölf Jahre, nachdem sie sich ereignet hatten. Seitdem hatte ich alle japanischen Tierkreiszeichen einmal durch – von Ratte bis Ratte, dazwischen Stier, Tiger, Hase, Drache, Schlange, Pferd, Schaf, Affe, Hahn, Hund und Wildschwein. Ich rekonstruierte die Geschichte – über die reine Erinnerung hinaus – mithilfe alter Tagebucheinträge, gedruckter Artikel, die ich aufgehoben hatte sowie Aufzeichnungen über Showabläufe, Soundeffekte, Werkzeuge und andere Fachbereiche meiner Ninja-Lehre, die ich mir damals gemacht hatte, um eine gute Kunoichi zu werden.

Während ich die Erlebnisse zu Papier brachte, fragte ich mich, was das Ganze damals eigentlich sollte. Nachdem so viel Zeit vergangen war, schien es noch wahnwitziger als damals, mir mit 26 vorzunehmen, mein zukünftiges Leben als Ninja in einer japanischen Kleinstadt zu verbringen.

Damals begründete ich meine Entscheidung mit beruflicher Unzufriedenheit in meinem Job, mit Abenteuerlust, Neugier und Geschichten-Sammelwut – und mit dem Wunsch, mein Künstlerherz auszuleben. Ich sah die Ninja-Lehre als einzigartige Gelegenheit, Kampfkunst und Japanisch, zwei Bereiche, in die ich viel Zeit und Arbeit investiert hatte und die mir über die Jahre ans Herz gewachsen waren, gewinnbringend zum Einsatz zu bringen und darin Erfüllung zu finden. Das war zumindest einigermaßen nachvollziehbar, auch wenn nicht jeder die Auffassung geteilt hätte, dass der Job für mich zukunftstauglich war.

Inzwischen dämmerte mir jedoch, dass es auch unbewusste Gründe gegeben haben musste, die mich zu Kashira und seiner Auffassung von Shugyō hingezogen hatten und die mich – nach Ansicht aller, die mir wohlgesonnen waren und mich bei meiner

Ninja-Lehre von der Seite beobachtet hatten – viel zu lange in einer Situation hatten ausharren lassen, unter der ich litt.

»Du bist masochistisch«, hatten sie gesagt. Oder wie Dave es ausdrückte: »Ich verstehe nicht, warum du dir immer mehr davon holst.« Das war ein von ihm instinktiv gewählter und wie so häufig besonders treffender Ausdruck für das, was geschah. Ich holte mir immer mehr davon. Ohne zu merken, dass ich mir etwas holte, und ohne mir etwas holen zu wollen. Wie eine ansteckende Krankheit.

Außerdem wollte ich mich beweisen. Das war ein wiederkehrendes Motiv in meinem Leben. Ich wollte mir und anderen zeigen, dass ich etwas Außergewöhnliches leisten konnte. Dass ich hart trainieren, alles lernen und – in jeder noch so fremden Kultur – dazugehören konnte.

Zu diesem Gefühl fiel mir, während ich über meine damaligen Erlebnisse und Motivationen nachdachte, ein Traum ein, den ich kürzlich gehabt hatte. Ein Albtraum, aus dem ich verstört aufgewacht war: Ich wollte ausparken und manövrierte wie verrückt zwischen anderen Autos hin und her, die in einem chaotischen Kreis überall um mich herum geparkt waren. Ich musste lenken, vor, bremsen, lenken, zurück, bremsen, immer und immer wieder. Es war furchtbar stressig. Dann ging plötzlich die Bremse nicht mehr. Jetzt hatte ich richtig Angst und wachte mit panisch rasendem Herzen auf.

Zunächst bezog ich den Traum auf meine Jobsuche. Nachdem ich jahrelang zunehmend erfolgreich als freiberufliche Dolmetscherin und Übersetzerin gearbeitet hatte, hatte die Corona-Pandemie mir seit Februar 2020 wie so vielen anderen den Boden unter den Füßen weggezogen, was meine berufliche Existenz anging. Gleichzeitig gab mir die Situation endlich die Chance, an meinem Traum vom Schriftstellerdasein zu arbeiten.

Meine Interpretation des Traumes war: »Ich will in Ruhe leben (parken) und in Ruhe schreiben können (fahren), muss jedoch zwischen Jobsuche und Schreiben hin und her manövrieren und kann mich auf keines von beidem richtig konzentrieren. Dieses Hin und Her stresst mich so sehr, dass ich Angst habe, vollends die Kontrolle, den Verstand und den Anschluss zu verlieren. (Die Bremse ist kaputt.)«

Mein Mann erinnerte mich daran, dass er weiterhin seinen Beruf als Psychotherapeut ausüben konnte, dass ich mit ihm verheiratet war und in recht sicheren Umständen lebte. Er meinte, solche Ängste seien unangemessen. Dann fragte er, woran mich der Traum erinnerte. Über meine Assoziationen mit der derzeitigen Lage hinaus konnte ich die Frage nicht beantworten. Mir fiel lediglich auf, dass mich diese Art von Stress schon begleitete, seit ich denken konnte. Das Gefühl, dass ich meinen Teil beitragen musste, dieses überstarke Pflichtgefühl, das stets vor der Verwirklichung meiner Träume, vor dem Kümmern um mich selbst stand. Erst musste ich alle Pflichten erfüllen, den Anforderungen aller anderen gerecht werden und alle anderen glücklich machen, dann erst hatte ich mir das Recht verdient, mich selbst an meinem Leben zu erfreuen.

Er merkte an, dass derartige Berichte von Dingen, die einen beschäftigten, seit man denken konnte, häufig aus früheren Generationen stammten. Gerade weil man nicht selbst die ihnen zugrunde liegenden Erfahrungen gemacht hatte, war es so schwierig, ihre Gründe zu begreifen und aus den durch sie gleichsam in das eigene Verhalten einprogrammierten Mustern auszubrechen. Seit Langem beschäftigte er sich ausgiebig mit der transgenerationalen Weitergabe von Traumata und unbearbeiteten Konflikten und bezog daraus wichtige Impulse für seine Arbeit mit Patienten.

Warum war ich eigentlich so süchtig danach, mich zu beweisen? Meine Eltern waren in meiner Kindheit weder besonders streng noch besonders anspruchsvoll gewesen. Auch indirekt – etwa durch emotionale oder reale Abwesenheit – hatten sie mich nicht zu außergewöhnlichen Leistungen oder anderen verzweifelten Methoden herausgefordert, um ihre Aufmerksamkeit zu gewinnen. Sie waren liebevoll und präsent gewesen und hatten mich in allem, was ich mir vornahm, unterstützt. Ich war in meinem Leben niemals in eine existenziell bedrohliche Lage geraten, die es erfordert hätte, dass ich über mich hinauswuchs.

Trotzdem war das Gefühl, mich beweisen zu müssen, schon vor meiner Ninja-Lehre ein Leitmotiv in meinem Leben gewesen. Immer wieder hatte ich mir Herausforderungen gesucht und sie überwunden, häufig unter erheblichen Qualen. Mit 14 bewies ich, dass ich die Willenskraft hatte, mich zu Tode zu hungern, was ich vielleicht auch getan hätte, wenn meine Mutter mich nicht gerade noch ins Krankenhaus gebracht hätte. Mit 20 ging ich allein nach Schottland, dann nach Japan, um Japanisch zu studieren. Mit 25 setzte ich noch eins drauf, indem ich in England Dolmetschen und Übersetzen studierte – zwischen zwei Sprachen, von denen eine Japanisch und keine meine Muttersprache war. Nach meiner letzten mündlichen Prüfung brach ich in der nächstgelegenen Telefonzelle heulend zusammen, bevor ich mich dazu durchringen konnte, meine Eltern anzurufen und ihnen zu beichten, dass ich es versemmelt hatte. Erstaunlicherweise stellte sich heraus, dass ich es nicht versemmelt hatte.

Hinzu kamen alle möglichen sportlichen Herausforderungen – 500 Sit-ups vor jeder Mahlzeit, dreimal die Woche zwei Stunden laufen, zehn Kilometer in 45 Minuten, 300 Kalorien auf dem Stepper in zwanzig Minuten, unter 60 Kilo Körpergewicht für den nächsten Karate-Wettkampf, auf gar keinen Fall jemals über zwölf Prozent Körperfett –, mit denen ich mir täglich aufs Neue bewies: Ich schaffe es! Wenn ich mich zusammenreiße, schaffe ich es!

Als Dolmetscherin nehme ich bis heute immer wieder Jobs an, bei denen mir schon, während ich »Ja« sage, das Herz in die Hose rutscht, weil das Themengebiet so komplex ist und mir nicht im Geringsten liegt, zum Beispiel weil ich vor Gericht muss, ohne zu wissen, welches Verbrechen begangen wurde, weil ich halogenbeleuchtet in großen Sälen vor wichtigen Delegationen stehen oder hochrangige Politiker in ihrer Kommunikation über für unzählige Menschen potenziell lebensverändernde Themen unterstützen muss. Jedes Mal denke ich, ich muss damit aufhören. Und dann mache ich es wieder.

»Denk mal an deinen Großvater väterlicherseits«, sagte mein Mann. Er war Halbjude und hatte als überzeugter deutschnationaler Soldat in der Armee gedient, wurde jedoch ausgeschlossen, als die antijüdischen Gesetze eingeführt wurden, und musste sich anschließend in Berlin den ganzen Krieg über verstecken. Er hatte einen Job als Wartungsreperateur für Zigarettenautomaten und das Glück, dass sein Chef ihn nicht nur schätzte, sondern auch dann noch schützte, als eines Tages ein Gestapo-Offizier in sein Büro kam und sich von der »arischen und moralischen Reinheit des Betriebes« überzeugen wollte.

Ich hatte mit Opa Berlin kein besonders enges Verhältnis gehabt. Wir besuchten Oma und Opa Berlin ungefähr einmal im Jahr. Oma Berlin machte uns dann irgendetwas Gutdeutsches zu essen – eingelegte Heringe, Königsberger Klopse oder mit Gurken und Kresse auf Silberplatten drapierte, hartgekochte Eier mit Senf- und Kräutercreme. Opa Berlin sprach nicht viel.

Er war ein stiller Typ, dessen verschmitztes Lächeln ihn sympathisch machte. Er starb mit Anfang 70, und Oma Berlin vermisste ihn Zeit ihres verbleibenden Lebens sehr.

»Ich vermiss dich so, Kutte!«, schrieb sie in ihr Tagebuch. Und am nächsten Tag: »Kutte, wo bist du?«. Bis sie ihm schließlich folgte.

Mein Verhalten und meine Neigungen hatte ich nie mit Opa Berlin in Verbindung gebracht. Ich hatte auch nicht viele Informationen über ihn. Jetzt, da mein Mann ihn erwähnte, fiel mir jedoch eine gewisse Parallele zwischen seinem Leben und meinen Gefühlen auf. Im Krieg musste er unter echtem existenziellen Druck gestanden haben, seinen Job gut zu machen und seine Pflichten überdurchschnittlich gut zu erfüllen, da er bereits durch seine pure Anwesenheit Chef und Kollegen in Gefahr brachte. Für ihn war es wirklich wichtig gewesen, zuerst alle anderen glücklich zu machen und den Anforderungen aller anderen zu genügen. Nur so konnte er seine eigene Existenz unter ihnen rechtfertigen.

Ich war erstaunt über diesen Gedanken. Zwar war damit mein Problem nicht gelöst, aber es ergab sich eine mögliche Kausalkette, es wurden persönliche Umstände eines Lebens sichtbar, das ich nie mit meinem eigenen in Verbindung gebracht hatte, und doch gäbe es ohne dieses Leben auch das meine nicht. Vielleicht wirkte sich diese Verbindung nicht nur auf körperliche Faktoren wie Haarfarbe und Zehenform aus. Vielleicht gab es außer den physischen auch so etwas wie psychische Gene. Sprach man nicht von »Psychogenese«?

Vielleicht waren auch meine frühen Freundschaften bereits auf diesem seltsamen Fundament aufgebaut worden. Eine meiner engsten und zugleich destruktivsten Freundschaften war ebendiesem Muster gefolgt. Meine Freundin hatte gefordert, ich hatte erfüllt, bis ich erschöpft war und nicht mehr wollte. Ich fühlte mich abhängig, sie war von mir ebenso abhängig. Nachdem ich mich aus dieser Freundschaft gelöst hatte und sie aus größerer Entfernung betrachten konnte, war ich meiner Freundin nicht mehr böse. Vielmehr hatte ich das Gefühl, dass ihre Neigungen und Impulse genau wie meine aus einer Schattenwelt entsprungen waren, die in ihr lebte, ohne dass sie es merkte. Dass sie ebenso von ihren »Dämonen« kontrolliert worden war wie ich von meinen. Unsere Dämonen hatten sich auf fatale Weise gegenseitig angezogen und in einen düsteren Strudel gerissen, in dem wir vollends die Kontrolle verloren hatten. Vielleicht war es mir mit Kashira ähnlich ergangen.

Das Herausklingen eines Leitmotivs in der Kakophonie meiner Ninja-Erfahrung, das über dieses Kapitel hinaus mein Leben zu bestimmen schien, ließ mich aufhorchen. Der Gedankengang, den mein Mann angestoßen hatte, schlug eine hoffnungsvolle Richtung ein. Wenn man wusste, dass es derartige Dämonen gab, konnte man gezielt auf Dämonenjagd gehen. Vielleicht konnte man es schaffen, durch Beobachtung der Situationen, die sie regelmäßig heraufbeschworen, Rückschlüsse über ihre Natur zu ziehen und dadurch lernen, sie zu bändigen. Der Song »Ghostbusters« erklang in meinem Kopf und lieferte einen motivierenden Soundtrack.

Die Dämonen waren wie Ninjas, die sich unbemerkt an die wesentlichen Stellen des Geschehens schlichen und dort mit ihren übermenschlichen Fähigkeiten Eingriffe tätigten, die ihren Auftraggebern – jenseits aller Öffentlichkeit, Etikette und Moral – zu Macht verhalfen. Es bedurfte viel Mut und Arbeit, ihnen auf die Schliche zu kommen, aber wer es schaffte, konnte sie mit etwas Überzeugungskraft abwerben und selbst zu ihrem Auftraggeber werden.

Zufällig las ich zu dieser Zeit einige Werke von Irvin D. Yalom. In »Was Hemingway von Freud hätte lernen können« beschreibt er anhand von Auszügen aus seinen früheren Werken, wie er sich vom Arzt und Therapeuten zum Schriftsteller entwickelte. In dem Kapitel »Ist Fiktion fiktiv? Wahrheit wahr?« las ich vor dem Hintergrund meiner autobiografischen Schreibarbeit mit großem Interesse, dass man in der Psychotherapie mittlerweile von einer peniblen, faktengetreuen Rekonstruktion des Patientenlebens weggekommen war und stattdessen zunehmend eine erzählerisch-konstruktive Arbeitsweise anstrebte. In diesem Zusammenhang erwähnt Yalom Donald Spences wegweisendes Buch »Narrative Truth and Historical Truth«. Diesen Titel brachte ich sofort in Zusammenhang mit den Ninjas in Iga, die die spärlich überlieferte historische Wahrheit der Ninjas zu einem actiongeladenen, heroischen Narrativ ausgeschmückt hatten, dessen Zusammenhang mit den Fakten fragwürdig war, auf denen aber nichtsdestotrotz ihr Lebensmodell, ihr Lebensunterhalt und die Lebensgrundlage der gesamten Stadt Iga fußten.

In diesem Kontext reizten mich auch Yaloms Hinweise auf Nietzsches Definition von Wahrheit. Der Philosoph verglich sie mit einer Schlangenhaut, die man als Mensch abwarf, sobald man nicht mehr hineinpasste. Das wiederum erinnerte mich daran, dass Shihan uns häufig geraten hatte, uns immer wieder zu häuten und neue, größere Menschen zu werden – im Sinne der Selbsterkenntnis und der Selbstentwicklung, hin zu psychischer, körperlicher und moralischer Integrität. Wahrheit war eine Frage der Perspektive und Wachstum eine Frage der Motivation.

Schließlich fand ich bei Yalom noch einen Schlüsselmoment. Im Kapitel »Träume« schreibt er: »Man kann sich die Psychotherapie auch als ›Zyklotherapie‹ vorstellen: Wir kehren immer und immer wieder zurück, um auf immer tieferen Ebenen an den gleichen Themen zu arbeiten.« Ich stellte mir dabei eine Spirale vor, die auch in den Bewegungen und der Symbolik des Aikido eine entscheidende Rolle spielte: Spiralförmig schickten wir unsere Energie gleichzeitig aufwärts in den Himmel und abwärts in die Erde. Über dem Himmel begann das Weltall, auf der anderen Seite der Erde begann der Himmel und darüber wiederum das Weltall. Wir verbanden uns mit unserem Gegner, mit der Geschichte und mit der Unendlichkeit des Universums und blieben doch als individueller Körper im Moment manifestiert. Als Körper, der durch sein bewusstes Wirken mit sich und der Welt um ihn herum Frieden schloss.

Die psychischen Leitmotive des Lebens waren Ninjas, die in einer Schattenwelt jenseits des Bewusstseins unbemerkt angriffen, ihre Aufträge durchführten und dadurch die Machtverhältnisse beeinflussten. Bei ihnen in die Lehre zu gehen, war keine gute Idee. Ihnen zu dienen, bedeutete lebenslange Leibeigenschaft. Man diente Meistern, die man nicht einmal kannte.

Man musste es umgekehrt machen. Man musste die Ninjas und ihre Machenschaften aufspüren, sie erwischen, wann immer es ging, und dafür sorgen, dass sie für einen arbeiteten, nicht gegen einen. Nur dann würde man in der Lage sein, die Kontrolle zu übernehmen und das chaotische Land, in dem sie operierten, in geordnete Verhältnisse zu überführen. Nur so hatte man eine Chance auf Einheit, auf Frieden.

Selbst als Mensch, der ausgerüstet mit therapeutischer Hilfe aktiv seinen Ninjas nachstellte und versuchte, sie auf seine Seite zu bringen, begegnete man laut Yaloms Zyklotherapieprinzip immer wieder den gleichen Gegnern und musste sie Runde um Runde neu bearbeiten. Immerhin konnte man so nach und nach in tiefere Schichten vordringen. Die Vorgehensweise der Ninjas zu kennen, konnte dabei nur von Nutzen sein. Wie der große Militärstratege Sun Tzu bemerkte, sollte man seinen Feind so gut kennen wie möglich, wenn man ihn besiegen wollte.

Nachdem ich nun einmal von Ratte bis Ratte gekommen bin, gehe ich mit neuer Motivation in die nächste Runde. Ich bin gespannt, was ich zu erzählen habe, wenn ich der nächsten Ratte begegne. Zumindest bin ich einen entscheidenden Schritt weitergekommen. Statt den Ninjas zu dienen, nutze ich inzwischen alles, was ich von ihnen gelernt habe, um ihre Auftraggeberin zu werden und mit ihrer Hilfe dem Frieden entgegenzuziehen.

Danksagung

Ich danke meinen Eltern und Ahnen für mein Leben.

Ich danke meinen Kindern für mein Glück und mein tägliches Ausdauertraining.

Ich danke meinem Mann für seine Liebe und seine wertvollen Anregungen.

Ich danke allen, die in dieser Geschichte vorkommen, dass ich sie erleben durfte.

Ich danke meinen Verlegern Marianna Hillmer und Johannes Klaus von *Reisedepeschen*, dass sie das Buch mit ihrem Vertrauen, ihrer offenen und zugewandten Betreuung und ihrem mutigen Unternehmergeist in die Welt hinausgebracht haben.

Ich danke meinem Lektor Christoph Karrasch, dass er das Buch mit so viel Herz und Köpfchen gelesen und mitgeformt hat, mich zu etlichen, nicht unwesentlichen Änderungen bewegt hat, die der Geschichte gutgetan haben, und dabei auch noch rücksichtsvoll mit meinem sensiblen Schriftsteller-Ego umgegangen ist.

Quellen

Shively, Donald H. »Bashō-The Man and The Plant.« *Harvard Journal of Asiatic Studies, Vol. 16, No. 1/2, 1953, pp. 146–161,* www.jstor.org/stable/2718113, *Zugriff: 01. Oktober 2020*

Hagakure-Zitat: https://www.kumizaza.ch/philosophie/hagakure/aus-dem-ersten-kapitel/, *Zugriff: 14. Dezember 2020*

Yalom, Irving D., »Was Freud von Hemingway hätte lernen können«, *2. Auflage, Deutsche Erstveröffentlichung Oktober 2003, btb Verlag in der Verlagsgruppe Random House GmbH, München*

https://genbukan-ninpo.ch/?page_id=28, *Zugriff: 10. Dezember 2020, 10.46 Uhr*

https://www.faz.net/aktuell/reise/eine-reise-nach-iga-stadt-der-ninja-15308028-p3.html, *Zugriff: 10. Dezember 2020, 12.40 Uhr*

https://en.wikipedia.org/wiki/The_Kouga_Ninja_Scrolls, *Zugriff: 10. Dezember 2020, 13.05 Uhr*

https://de.wikipedia.org/wiki/Pachinko, *Zugriff: 30. März 2021, 12.12 Uhr*

Anna Sanner, geboren 1980 in Hannover, studierte Japanologie in Schottland und Japanisch Dolmetschen und Übersetzen in England. Nach dem Studium verbrachte sie fünf Jahre als Lehrerin, Übersetzerin, Dolmetscherin, Show-Ninja und Go-go-Girl in Japan, dann ein Jahr als Zirkuslehrerin in einem Künstlerökodorf im hawaiianischen Dschungel. 2012 kehrte sie nach Hannover zurück. Dort lebt sie mit ihrer Familie als freiberufliche Dolmetscherin, Übersetzerin und Autorin. Sie hat Gedichte in Anthologien veröffentlicht und erhielt 2019 mit der Kurzgeschichte *Winteranfang* den 3. Platz beim Bonner Literaturpreis. 2020 erschien ein Beitrag in der Anthologie »Die erste Reise« bei *Reisedepeschen*. 2021 erhielt sie das Translasien-Stipendium für Übersetzer asiatischer Literatur.